열아홉 꽃 같은 나이에
경북 영주 용상리 산골에 시집 오셔서
저희 삼남매를 낳아 길러주시고
평생을 희생하시고
이웃들에게 베풀며 살아오신
아흔셋 엄마에게 바칩니다.

야수의 본능으로 부딪쳐라

야수의 본능으로 부딪쳐라

유승민

도서출판 나루

프롤로그

2017년 대선 직전에 『나는 왜 정치를 하는가』라는 책을 썼습니다. 정치에 들어와서 17년 만에 처음 썼던 책이라 애착이 컸습니다. 그 후 5년의 시간이 흘렀고, 저에게도 많은 일들이 있었습니다. 2017년 대선에 기호 4번 바른정당 후보로 출마했으나 220만 8,771표를 얻고 낙선했습니다. 그 때 저에게 소중한 한 표를 주신 분들을 지난 5년간 전국의 거리에서, 식당에서, 기차에서, 대학에서 많이 만났습니다. 참 고마웠습니다.

지난 대선에는 국민의힘 대선후보 경선에 출마했으나, 본선에서 여러분을 만날 기회를 갖지 못했습니다. 지난 5년 동안 대한민국이 잘 되려면 무엇을 어떻게 해야 하나, 치열하게 가다듬어 온 생각들을 한 권의 책으로 내고 싶었습니다. 사실 책을 쓰겠다고 노트북 앞에 앉은 건 2년이 넘었습니다. 쓰다가 말다가, 쓰다가 고치고, 노트북에 저장했다 한동안 지난 뒤에야 다시 꺼내 보고... 그러다가 대선 경선 레이스가 시작되면서 출판 시기를 놓쳐 버렸습니다. 경선 패배 후 늦가을 허한 마음과 함께 그동안 썼던 원고를 사장해 버릴까 생각도 했지만, 그래도 제가 고민한 정치와 경제 이야기를 함께 나누고 싶어 용기를 내었습니다.

40년 전 미국 위스콘신 대학 미시경제학 강의실에서 존 러스트John Rust 교수는 "어려울 땐 야수의 본능brutal instinct으로 부딪쳐라"고 했습니다. 그 때 그 말이 제 가슴에 꽂혔습니다. 그 후 살아오면서 어려운 선택의 기로에 서게 되면 내 안에 있는 야수의 본능이 시키는 대로 길을 찾아

여기까지 왔습니다. 경제학자와 정치인, 평생 이 두 가지 일을 해볼 수 있었던 것에 감사드리며, 대한민국이 잘되기를 바라는 시민의 한 사람으로서 제 생각을 동료 시민들과 나누고 싶습니다.

정치란 무엇입니까?

지난 22년의 정치인생을 돌아보면서 다시금 이 질문을 던집니다. 정치가 무엇이기에 그토록 오랜 세월을 부여잡고 힘든 시간을 보내왔던 것일까요?

나는, 우리는 왜 정치를 합니까?

우리 공군은 "대한민국을 지키는 가장 높은 힘"이라고 자부합니다. 정치가 그런 것입니다. 세상을 만들고, 세상을 바꾸는 가장 센 힘이 정치입니다. 아무리 욕을 먹어도 결국 세상을 바꾸는 것은 정치입니다.

문제는 그 힘이 좋은 쪽으로만 쓰이지 않는다는 것입니다. 왜 어떤 나라는 잘살고 어떤 나라는 못사는지, 왜 어떤 나라는 강하고 어떤 나라는 약한지... 나라와 국민의 운명이 갈리는 것은 결국 그 나라 정치 때문입니다. 이처럼 세상 일들의 최종적인 책임은 정치에 있습니다. 그런데 민주주의에서 정치는 국민이 선택하니까, 결국 그 나라 정치의 책임은 국민에게 있다고도 할 수 있습니다.

1997년 겨울에 닥친 IMF위기는 저에게는 크나큰 충격과 좌절이었습니다. 경제학을 공부했다는 게 부끄러워 고개를 들 수가 없었습니다. 이런 경제위기를 못 막는다면 경제학이 다 무슨 소용이 있는가? 도대체 어디서부터 무엇이 잘못되었길래 우리가 이런 어려움을 겪어야 하나? 고통받는 국민들을 어떻게 구할 수 있을까? 긴 고뇌의 시간이 이어졌습니다. 결국 경제도 정치이고, 정치가 제대로 서야 경제를 살릴 수 있다는 결론에 도달했습니다. 그런 생각 끝에 국민들의 먹고 사는 문제를 풀어보겠다는 꿈을 품고 경제학자의 인생을 접고 정치에 뛰어들었습니다.

많은 경우, 문제는 경제인데 해법은 정치에 있습니다. 우리 시대의 문제인 저성장, 저출산, 양극화는 나라 전반의 문제이지만 그 근저에는 경제 문제가 있습니다. 그래서 이 책에서 저는 다시 성장하는 경제를 만들어야만 성장과 복지의 선순환으로 나아갈 수 있다고 강조합니다. 성장의 가치를 재인식하고 새로운 성장전략으로 우리 경제를 다시 성장하는 경제로 만들어야, 이 경제성장이 방아쇠가 되어 일자리, 인구, 복지 문제를 해결할 수 있다는 점을 강조합니다.

『야수의 본능으로 부딪쳐라』는 우리 경제의 미래를, 성장과 복지를 이야기하기 위해 평소의 생각을 쓴 것입니다. 오랜 시간 동안 대학생들, 젊은 직장인들을 많이 만났습니다. 저는 성장의 가치를 역설하고 우리가 진정한 복지국가를 만들기 위해 왜 성장을 포기하면 안되는지, 왜 다시 성장으로 가야 하는지를 역설했습니다. 그 생각들이 이 책에 있습니다.

정치를 하면서 따뜻한 공동체, 정의로운 세상을 추구하는 공화주의의 가슴 벅찬 가치를 깨우친 것을 늘 감사하게 생각해왔습니다. 자유시장경제만을 강조하는 상아탑의 경제학자가 아니었던 것을 감사하게 생각해왔습니다. 다수결 민주주의의 한계를 넘어서서 대한민국이 진정한 민주공화국이 되는 꿈과 희망을 가지고 이 책을 썼습니다. 1919년 중국 상하이에서 우리 선조들이 대한민국 임시헌장 제1조에 '대한민국은 민주공화제로 함'이라고 천명한 그 정신이 영원히 살아 숨쉬기를 소망합니다.

이 책이 여러분께서 우리 경제와 정치에 더 관심을 가지는 조그만 계기가 되기를 희망합니다.
여러분 모두 잘되면 좋겠습니다.

2022년 5월 유승민

집필에 도움을 주신 이종훈 명지대 교수, 유경준 의원, 이상영 명지대 교수와 박영미 보좌관, 김범준 비서관, 김광연 비서관, 그리고 편집과 출판을 맡아주신 포항의 이재원 원장, 도서출판 나루의 박종민 사장, 홍선우 디자이너에게 깊은 감사의 말씀을 드립니다.

1

경제를 선택하다

서울대 사회계열 경제학과로 진학하다

문과를 갈까? 이과를 갈까? 늦어도 고등학교 1학년 때면 반드시 해야 하는 인생의 중요한 결정이다. 나는 흔히 '문사철'이라고 말하는 문학, 역사, 철학을 좋아했던 터라 문과와 이과를 고르는 첫 번째 결정에선 별 고민 없이 문과를 선택했다. 요즘 입시제도로 말하자면 과학탐구보다 사회탐구를 좋아해서 문과로 결정한 셈인데, 돌이켜보면 수학을 좋아하는 문과형 아이였던 것 같다.

대학입시를 앞둔 고3 때는 중요한 두 번째 결정, 전공을 정해야 했다. 대학에서 무엇을 공부할지를 정하는 것은 누구에게나 어려운 일이다. '평생 뭘 하고 살 것인가?'라는 인생의 문제와 직결되니 쉬울 리가 없다. 불확실한 미래에 대한 고민이 시작되는 때다.

우리 집은 아버지, 형, 사촌형, 매형 등 법대 출신들만 있던 집안이라 어려서부터 법과 재판 얘기는 신물 나도록 들었다. 자식이 부모님 직업을 이어받는 경우도 많다는데 나는 오히려 법대만은 가기 싫다는 생각을 하게 되었다. 보통 무엇을 하겠다는 것이 결심인데, 무엇을 안하겠다는 결심부터 한 셈이다. 내가 막내여서인지, 형이 법대에 이미 진학해서 그런지 그 뜻을 짐작할 수는 없지만 다행히도 아버지는 법대는 가지 않겠다는 내 결정에 흔쾌히 동의해주셨다.

경북고 시절(왼쪽 두번째가 필자)

야수의 본능으로 부딪쳐라

요즘은 입학 때 전공을 정해야 하는 경우가 대다수지만, '라떼 얘기'를 잠시 하자면 그때는 이런 고민을 1학년 마치고 할 수 있었다. 당시 서울대는 사회, 인문, 자연 등 계열별로 모집해서 1년간 강의를 들은 후 1학년 성적과 입학성적을 합산해 2학년 진학 전에 학과를 선택하도록 했다. 사회계열에는 사회과학대의 경제학과, 정치학과, 사회학과, 심리학과, 인류학과 등과 법대, 경영대가 있었다. 나는 사회계열로 진학했지만 문학, 철학도 하고 싶었고, 심리학, 사회학, 경제학도 하고 싶었던 터라 다양한 과목을 수강했다. 법대는 처음부터 선택지가 아니었으니, 이런 고민과 방황 끝에 선택한 곳이 경제학과였다.

　　내 마음 속의 경제학은 고등학교 사회 시간에 배운 '경세제민經世濟民의 학문'이었다. 이 한자처럼 어려운 경제문제들을 해결하여 '세상을 경영하고 백성을 구하는 데' 뭔가 쓸모가 있는 학문처럼 느껴졌다.

　　대학에 진학하던 1976년은 박정희 정권 말기였고 1인당 국민소득이 834달러, 경제성장률은 13%이던 시절이었다. 내가 태어난 1958년의 1인당 국민소득이 그 10분의 1도 안되는 81달러였으니, 1960년대와 1970년대는 고속성장의 열기 속에서 농촌에서 도시로 사람들이 모여들고 많은 사람들이 잘 살고 싶은 본능을 열심히 추구하고 있을 때였다. 당시 유신독재의 숨 막히는 억압 속에서 핀 민주주의에 대한 열망 못지않게, 더 잘 살아보고 싶은 경제적 열망도 뜨거울 때였다.

　　그래! 경제학을 공부해보자. 경제학을 배워서 국민들의 '먹고 사는 문제'를 해결하는 데 조금이라도 도움이 되는 사람이 되어보자. 우리보다 훨씬 앞서가는 미국, 영국, 독일, 프랑스, 일본 같은 나라들을 따라잡고, 우리도 한 번 선진국 국민이라는 소리를 들어보자, 5천년 역사를 새로 써보자... 이런 야무진 꿈을 처음 품게 되었다.

경북고 시절(뒷줄 왼쪽 두번째가 필자)

경북고 졸업식

그런데 막상 경제학과에 진학해보니 공부에 집중하기 어려웠다. 공부가 쉽지 않기도 했지만, 내가 제일 좌절을 느꼈던 것은 문·사·철이나 다른 사회과학들에 비해서 도무지 경제학 공부에 흥미를 느낄 수 없었다는 점이었다. 스무 살 젊은이의 감수성을 자극하는 폼나는(?) 형이상학形而上學과는 어쩌면 가장 거리가 먼 공부였다. 무미건조하고 멋이라고는 조금도 없는 형이하학形而下學의 대표선수가 바로 경제학 아닌가 싶었다. 이런 생각이 들면서 흥미를 잃으니 나는 점점 경제학 수업에 충실하지 않은 농땡이 학생이 되어갔다. 경제학이 무슨 수학과 통계학을 그렇게 많이 쓰는 줄도 미처 몰랐다. 수학과 통계학을 싫어하진 않았지만, 경제를 공부하는데 왜 굳이 수학을 이렇게 많이 써야 하는지 이해할 수 없었다. 진작 알았더라면 아마 다른 전공을 택했을지도 모르겠다. 그러다보니 경제학은 적성에 맞지 않는 것이 아닐까라는 생각도 들었다.

대구에서 올라온 나는 신림동과 봉천동을 오가며 하숙을 했다. 1학년 때 첫 하숙집은 신림여중 담벼락에 바로 붙어 있는 3층 벽돌집이었다. 주변에 집이라고는 그 한 채 뿐이고 부근은 논밭이었는데, 담도 없고 마당엔 닭과 개를 키웠는데 마치 시골집 같았다. 경북고 선배들이 하숙하던 집인데 후배가 새로 왔다고 좋아했다. 환영회를 한답시고 학림이라는 허름한 선술집에서 소주를 열 병 가량 마시고 하숙집에 와서 필름이 끊길 때까지 더 마셨던 기억, 하숙집 선배들이 주선해준 미팅에 나가서 어여쁜 여학생을 만났는데 대구가 고향이라고 하니까 "부모님은 대구에서 과수원 하세요?"라고 묻길래 황당했던 기억이 생생하다. 지리 시간에 '대구는 사과'라고 배워서 서울 아이들은 대구 출신이라고 하면 전부 과수원 하는 줄 아나 보다... 라고 생각하니 두고두고 웃음이 났다. 2학년 때에는 분위

대학시절

기도 바꿀 겸 봉천동 봉천당약국 뒷골목 하숙집으로 옮겼는데 주인 아주
머니가 충청도 출신이라 아침 저녁으로 청국장을 정말 실컷 먹었다. 3학
년 때에는 다시 신림동 원래 하숙집이 그리워서 돌아왔다. 그 사이에 경
북고 출신들은 다 나가고 어느새 마산고 출신들이 하숙집을 점령하고 있
었다. 가끔 마녀고(마산고 출신들은 마산여고를 줄여서 마녀고라고 불렀다) 출
신 여학생들도 놀러오면 하숙집이 마산 사투리로 가득 찼다. 그 때 같이
하숙하던 마산 출신 약대생은 마산에서 약국을 경영하다가 메가스터디
부회장이 되어 있다.

1979년 1월, 63070011

이렇게 '재미없는' 경제학 공부를 3학년까지 하다 군에 입대했다. 공부에 집중을 못하니 군대라도 빨리 갔다 오면 뭔가 생각이 정리되지 않을까 막연한 기대도 있었다. 병무청에 자원하면 남들보다 일찍 군에 보내준다고 해서 조기입대자원서를 썼다. 그랬더니 1979년 1월 5일 경북 안동의 36사단 신병훈련소에 입대하게 되었다 (당시에는 36사단이 안동 송현동에 있었다).

1월 초의 겨울 치고는 덜 추운 날이었는데 막상 훈련소의 어두침침한 막사에 들어가니 그 실내의 냉기가 어찌나 차갑게 느껴지던지... 군 입대는 나에게 도피처이기도 했다. 대학 3년을 미래에 대한 계획도 없이 경제학 공부에 집중하지 못하고 다른 학과 과목들을 기웃거리면서, 또 인생에 대한 여러 생각들을 하면서 마음을 잡지 못하고 방황했다. 당시는 유신독재 말기라 캠퍼스의 분위기는 늘 스산했다. 캠퍼스에는 사복경찰인지 안기부(현 국정원) 직원인지 정체불명의 남자들이 돌아다니다가 누가 데모 모의라도 하면 이걸 귀신같이 알아내서 학생을 잡아가곤 했다. 학생을 잡아가느라 후다닥 한바탕 소동이 나고 끌려가는 학생이 유신독재 타도를 외치며 시야에서 사라지고 나면 캠퍼스는 공동묘지 같은 음산한 고요함에 빠져들었다. 신림동, 봉천동의 하숙집에서 밤늦게 선후배들과 새우깡 안주에 소주를 들이키면서 인생 이야기를 하는 날도 많았다. 이런 모든 것들이 나를 어디론가 떠나게 만들었고, 당시에 그 현실을 벗어나서 내가 떠날 수 있었던 곳은 군대 말고는 없었다.

안동 36사단에서 4주간의 신병훈련을 마치고 수도경비사령부(현 수도방위사령부)에 배치를 받았다. 36사단에서는 신병훈련을 열심히 잘 받았는지 수료식에서 사단장상을 받았다. 내 인생에 수석졸업을 해보기는 난생 처음이었다. 그 때 부상으로 36사단 마크가 새겨진 국산 지포 라이터를 받았는데, 요즘 신병훈련소에서 라이터를 부상으로 줬다면 비난 대상이 되었을 것이다. 수경사 보충교육대에서는 논산에서 훈련을 마친 신병들과 합류해서 2주간의 훈련을 받았다. 보충교육대는 후암동의 남산 기슭에 있었는데, 이 2주간의 수경사 훈련이 얼마나 빡셌던지 36사단에서의 4주보다 훨씬 더 길게 느껴졌다. 수경사의 신병훈련을 마치고 빛나는 이등병 계급장을 달고 33경비단에 배속되어 군생활을 시작하게 되었다.

63070011. 내 군번이다. 자주 쓸 일도 없는데 예순이 넘은 이 나이에도 또렷하게 기억나는 숫자다. 그만큼 군에서 보낸 하루 하루는 아직도 기억이 생생하다. 아마 고된 훈련과 근무, 몸도 마음도 힘든 내무반 생활, 그리고 졸병으로서의 긴장 때문에 세월이 흘러도 쉽게 잊혀지지 않는 것 같다. 상병, 병장 시절보다 이병, 일병 시절의 시간들이 훨씬 더 선명하게 기억나는 걸 봐도 지난날에 대한 사람의 기억은 고생과 비례하는 것 같다. 군에 다녀온 남자들은 대개 술기운이 돌면 약간의 허풍을 보태 군대 얘기에 밤새는 줄 모르는데, 사실 나는 사석에서 군대 얘기를 별로 안하는 편이다. 군에서 겪었던 일들을 즐겁게 이야기하기에는 내가 겪고 느낀 것들이 너무 무거웠다.

수경사 시절(왼쪽 군복 입은 사람이 필자)

　1979년 1월 입대부터 1981년 4월 제대까지의 군대생활 중 나는 사실 엄청난 역사의 소용돌이 속에 던져진 기분이었다. 서울 시내 한복판에 있는 군대인 수경사의 병사로서 10.26을 맞았고 (당시 수경사는 서울 중구 필동에 사령부가 있었다. 지금은 남태령 고개에 있다), 박정희 대통령의 유고 소식을 거리의 시민들로부터 들었다. 유신독재가 그렇게 하룻밤에 끝나리라고는 아무도 생각지 못했다. 12.12 쿠데타 때는 우리 부대 장교들이 누구는 전두환 편, 누구는 정승화 편이 되어 계급장도 소용 없는 하극상을 보이며 서로 총을 겨누고 주먹질을 하는 어이없는 장면을 목격했다. 당시 필동 수경사 사령부내에 있던 병력인 우리들에게는 쿠데타에 가담한 부대 지휘관을 발각 즉시 사살하라는 명령이 떨어지기도 했다.

　12.12는 단 하룻밤 만에 쿠데타군이 모든 걸 장악하면서 끝나버렸다.

저녁에 시작된 비상상황이 새벽에 '상황 끝'으로 정리되었고, 다음날 아침 일찍 우리는 연병장에 집합해 노태우 신임 사령관의 취임식을 치러야 했다. 정상적인 상황이라면 장태완 전임 사령관의 이임식부터 했어야 했지만, 그 분은 쿠데타에 가담한 수경사 헌병들이 새벽에 사령관실에 쳐들어가 거기에 모인 수십명의 장군들과 함께 어디론가 체포해 갔다는 흉흉한 소문만 돌아다녔다.

수경사에서 일병으로 겪었던 12.12 쿠데타의 기억은 먼 훗날 내가 어떤 일을 정성을 다해 열심히 하도록 만드는 계기가 되었다. 그건 고故 김오랑 중령과 관련된 일이다. 12.12 그 날 김오랑 소령은 정병주 특전사령관의 비서실장으로 권총 한 자루로 쿠데타군에 맞서 사령관을 지키다 총탄 여섯 발을 온몸으로 받아내고 현장에서 사망했던 분이다. 1979년 12.12 쿠데타 이후 34년이라는 긴 세월이 지난 2013년 나는 국회 국방위원장으로서 '고故 김오랑 중령 무공훈장 추서 및 추모비 건립 촉구결의안'을 국회에서 통과시켰다. 비록 무공훈장 대신 보국훈장이 추서되었고, 추모비는 육사에도, 특전사에도 건립되지 못하고 고인의 고향인 경남 김해 활천동에 주민들의 성금으로 건립되었지만, 결의안을 통과시킨 것은 큰 보람이었다. 내가 겪었던 12.12의 경험이 없었다면 나는 34년 후 그 분을 꼭 추모해야겠다는 각오를 행동으로 옮기지 못했을지도 모른다. 고故 김오랑 중령과 관련해서는 2017년에 쓴 『나는 왜 정치를 하는가』에서 더 자세히 기술했다.

12.12 직후 우리 부대는 필동 사령부 막사를 떠나 서대문형무소(지금의 서대문형무소역사관) 바로 뒤 금화산 기슭의 신축 막사로 이동했다. 해가 바뀌어 1980년에도 일들이 많았다. 1월 어느 날이던가 나는 필동 사

2021년 김해 활천동 고故 김오랑 중령 추모비에서

령관실에 출두하라는 명을 받고 영문을 몰라 어리둥절한 상태로 사령관
실로 가서 소령 계급장을 단 장교 앞에 차려 자세로 서게 되었다. 그 장교
는 대뜸 사령실 소속 당번병으로 차출할테니 명이 떨어지면 와서 근무
하라고 하였다. 처음에는 당황해서 왜 하필 나인지, 왜 내가 사령관실 당
번병을 해야 하는지 물어볼 엄두도 안 났다. 그 때 내 눈에 들어온 것은
말끔한 정복을 입고 커피잔을 쟁반에 올려 사령관실로 보이는 방으로 들
어가는 당번병의 모습이었다. 훈련도 안 받았는지 백옥같이 하얀 얼굴의
병사였다. 그렇게 하얀 얼굴의 병사는 입대 후 처음 봤다. 그 병사를 보니
갑자기 나도 모르게 소령에게 물었다. "제가 어떤 일을 하게 되는지 여쭤
봐도 됩니까?" 그 소령은 '일병이 맹랑하게 별 걸 다 묻네'라는 표정으로
"야! 사령관실에 근무할 수도 있고 너는 서울대 경제학과니까 관사에 가
서 자제들 과외교사를 할 수도 있고... 너는 시키는대로 하면 돼 임마"라
고 하는 게 아닌가. 나는 내친 김에 에라 모르겠다는 심정으로 만용을 부

렸다. "저... 말씀 드리기 죄송합니다만 저는 지금 얼굴도 다쳐서 보시는 대로 몰골이 흉악하고 당번병 일은 정말 잘 할 자신이 없습니다. 지금 부대에서 열심히 근무하고 싶습니다"라고 말해버렸다. 소령은 불쾌한 표정으로 "자대로 복귀해"라고만 말했고 나는 얼른 경례하고 그 방을 겨우 빠져나왔다.

그 며칠 전 시멘트 바닥에 넘어져서 얼굴을 많이 긁혀 머큐로크롬을 얼굴 여기저기 발랐더니 보기에 이상했던 건 사실이었다. 복잡한 마음으로 부대로 복귀하니 고참들의 취조가 기다리고 있었다. "사령관실에는 왜 갔냐? 여기서 우리랑 같이 고생하기 싫어서 당번병으로 가려고 '빽' 쓴 거 아니냐? 가서 쓸데없는 얘길 해서 너 때문에 우리가 고생하는 거 아니냐?" 등 별별 추궁을 다했다. 고참들은 내가 곧 전출 갈 거라고 생각했는지 '마지막 갈굼'을 열심히 했다. 나는 정말 억울했지만 그들 입장에서 오해도 할 만한 상황인지라 그저 묵묵히 '갈굼'을 당하는 수밖에 없었다. 그런데 어찌된 일인지 차출 명령은 떨어지지 않았고 나는 근무하던 부대에 그대로 남게 되었다. 아마 누군가 다른 병사가 나 대신 뽑혀갔을 거라고 짐작만 했다. 나로서는 정말 하기 싫던 당번병을 안해도 되어서 천만다행이었다. 세월이 흘러 8년 후 그 사령관은 대한민국 대통령이 되었고 15년 후에는 구속되어 재판을 받았다. 인생은 새옹지마塞翁之馬의 순간들이 늘 교차하는 것인가 싶었다.

그 날 이후 제대할 때까지 사실 기억에 남는 일이 많지 않다. 상병이 되고 병장이 되어 내무반에서 더 이상 괴롭힘을 당하는 일도 없어지고 그냥 훈련과 근무로, 쉬는 날엔 축구와 족구로 하루 하루가 흘러 제대하게 되었다. 군에 가기 전 57kg이었던 몸무게는 이병 때 73kg까지 급격히 올라갔다가 제대 무렵 '짬밥살'을 반납하고 65kg으로 내려왔다. 제대 후 한참

인왕산에서

대학 졸업식

동안은 필동, 광화문, 시청, 독립문, 무학재, 서대문형무소, 북악 스카이 웨이, 사직공원, 정릉 아리랑고개 부근을 지날 때는 군에서 겪은 일들이 떠올라 마음이 편치 않았다.

군에 있었던 이 기간은 우리 역사에 정변이 연달아 일어났고 경제도 매우 불안정했다. 1979년 경제성장률은 8.7%였으나 2차 오일쇼크와 잇따른 정변으로 인한 정치불안, 그리고 1970년대 중화학공업 과잉투자로 인한 부실화와 흉작으로 1980년은 한국전쟁 이후 최초로 마이너스(-) 1.6%의 성장을 기록했다.

1981년 봄, 군 복무를 마치고 복학해서 2년 후배인 78학번들과 4학년 1년을 다니게 되었다. 군에 다녀오고 철은 좀 든 거 같은데 경제학 공부는 여전히 거리가 느껴졌다. 졸업을 앞두고 직장을 알아봤다. 내가 구했

던 첫 직장은 홍릉 KDI(한국개발연구원)의 연구원 자리였다. 당시 경제학
과 졸업생들의 진로는 회사, 은행, 증권사, 대학원 진학이나 유학, 행정고
시 등이었는데, 나는 월급도 벌고 경제학 공부도 계속할 수 있는 국책연
구소 연구원 자리를 택한 것이다. 1981년 4학년 2학기가 끝날 때쯤 KDI
공채에 지원해서 10여명의 입원 동기들과 함께 연구원 생활을 시작하게
되었다. 그 때 입원 동기들은 나이도, 출신학교도 제각각이고 지금은 대
부분 KDI를 떠났으나 40년이 지난 지금도 가끔 연락하고 지낸다.

'야수의 본능'으로 공부한 유학 시절

첫 직장 KDI에서의 연구원 생활은 좀 특별한 경험이었다. 나는 황인정 박사님 연구실에 배정되었는데, 황 박사님은 KDI가 새로 시작한 국제개발교환계획IDEP, International Development Exchange Program이라는 새로운 프로젝트를 책임지신 분이라 나도 여기에 참여하게 되었다. 이 사업은 한국의 경제개발 경험을 다른 개발도상국들과 공유함으로써 국제협력의 기반을 조성하고 한국의 위상을 높인다는 취지로 시작되었다. 연구원으로서 내가 맡은 일은 처음부터 끝까지 프로그램의 성공적인 수행을 위한 보조역할이었다. 계획의 작성부터 시작해서 초청대상인물의 선정, 초청장 발송, 강사 섭외, 발표논문 바인더 제작 등은 물론이고 호텔과 비행기 예약, 산업견학을 위한 국내기업 섭외, 김포공항 영접까지 모두가 신참인 내 담당이었다. 심지어 참가자들에게 줄 기념품을 고르고 주문하는 일도 해야 했다. 동남아에서 오는 비행기 도착시간에 맞춰 일요일 새벽에 김포공항 도착장에 나가서 'KDI-IDEP'라고 쓴 팻말에 도착하는 사람의 이름을 써서 영접 나가던 기억은 지금도 생생하다. 요즘으로 치면 이벤트 회사가 할 일들을 한 셈이다. 당시만 해도 컴퓨터라고는 전산실에 비치된 대형 IBM 컴퓨터뿐이었고 데스크탑은 아예 없었을 때라 모든 문서는 손글씨로 쓰든지 조판을 해서 여러 부 인쇄를 하거나 초청장 같은 편지는 모두 타자기로 쓸 때였다. 대학 다닐 때는 한 번도 해본 일이 없는 일들을 그냥

고故 황인정 박사님과 함께

맨땅에 헤딩하듯이 주어진 시간 내에 해내야만 했다. IDEP의 초반 프로
그램들은 주로 아시아 개도국들의 경제부처 고위공무원들을 주로 초청했
는데 A부터 Z까지 준비에 매달리느라 참가자들이 일주일간 다녀가고 나
면 나는 몸살을 앓아야 했다.

　IDEP는 순수한 연구업무는 아니었지만 사회 초년생으로서 다양한 경
험을 하게 해준 소중한 기회였다. 1982년에 시작된 이 프로그램은 2004
년 KSP(Knowledge Sharing Program; www.ksp.go.kr 참조)로 명칭을 바꾸어 40
년이 지난 오늘에도 우리나라의 대표적인 글로벌 협력사업으로 발전하
고 있다. 첫 해 사업들을 어느 정도 마무리한 가을에 나는 고민을 하기 시
작했다. KDI는 경제정책의 산실이라고 불리울 만큼 그 곳 박사들은 우리
경제의 다양한 이슈들을 붙잡고 해법을 찾기 위한 씨름을 하고 있었다.

거시경제전망, 경기대책, 물가, 금융, 산업과 기업, 일자리, 노동, 빈곤과 복지, 국제무역, 국가재정, 연금, 의료보험 등 현실경제의 이슈는 실로 무궁무진했고 경제학을 공부할 이유도 이제는 분명히 보이기 시작했다. 특히 한국의 경제개발 경험에 대한 영어 논문들을 읽으면서, 개도국 공무원들의 이야기를 들으면서, 울산의 현대중공업, 현대자동차, 수원의 삼성전자, 포항의 포항제철, 구미, 창원, 마산, 거제 등의 산업현장을 다녀보면서, KDI 박사들이 밤늦게 연구하는 모습을 보면서, 대학 다닐 때 그저 교과서만 보고 경제학을 피상적으로만 배웠던 자신에 대한 후회가 들기 시작했다.

한참을 망설인 끝에 경제학 공부를 더 하고 싶다는 결심을 하고 황 박사님께 어렵게 말을 꺼냈다. "박사님, 저... 내년에 박사학위를 하러 유학을 가도 되겠습니까?" IDEP 사업을 어렵게 시작한 지 얼마 안 된 때라 내가 유학을 떠나버리면 박사님이 힘드실 거라는 걱정에 혹시 보내주지 않으면 1년 더 일하고 떠나겠다고 내심 생각하면서 여쭤본 말이었다. 그런데 박사님은 "그래? 생각 참 잘했다. 유학 갈 준비 당장 시작해라. 안 그래도 자네는 꼭 유학 가서 공부하면 좋겠다고 생각하고 있었는데 결심했다면 망설일 거 없네. 대신 유학 떠나기 전까지는 열심히 도와주고 후임자가 이 일을 쉽게 할 수 있도록 매뉴얼을 하나 만들어주고 가거라. 자네가 원하면 내가 추천장도 써줄께"라고 흔쾌하게 동의해주셨고 추천장도 써주셨다.

그 날부터 낮에는 직장 일을 하고 밤에는 미국 유학 준비를 하기 시작했다. 이미 가을이라 준비할 날짜도 얼마 남지 않았다. TOEFL과 GRE 시험부터 당장 한 번에 끝내야 했고 가고 싶은 대학들을 정해 응시원서부터 수령해서 작성하고 추천장도 받아야 했다. 요즘이야 인터넷으로 다 하지만 당시는 모든 게 국제우편으로만 가능했다. 대학 때 방황하느라 전공 성적도 그닥이었는데다 TOEFL, GRE 성적도 썩 좋지 않아 어느 대학이 나 같은 사람에게 입학허가를 줄까 걱정하면서 열 곳 가량의 대학에 원서를 보냈는데, 그 중 위스콘신Wisconsin과 브라운Brown 대학교에서 입학 허가를 받았다. 하나는 주립이고 하나는 사립이라 주저하지 않고 주립대에다 생활비가 덜 든다는 위스콘신 대학교로 정했다. 신혼집 전세금을 빼서 유학을 떠났다.

1983년 여름, 나는 아내와 10개월 된 아들과 함께 미국 위스콘신 매디슨으로 유학길에 올랐다. 비행기를 갈아탄 시카고의 오헤어 공항은 미로처럼 왜 그리 복잡하고 넓던지... 오헤어 공항에서 작은 비행기로 갈아타고 매디슨의 데인 카운티 공항에 내려 첫날밤은 마중 나온 경제학과 선배 집에 어쩔 수 없이 신세를 졌다. 눈치를 보니 그 선배도 중요한 시험을 앞두고 있어 하루 이상 폐를 끼칠 수는 없었다. 이튿날 Ivy Inn이라는, 붉은 벽돌에 담쟁이가 덮힌 작은 호텔로 짐을 옮긴 후 나는 서둘러 집과 차를 구하러 나섰다. 급하게 구한 집은 분위기가 좀 험악한 동네의 오래된 아파트였고, 중고차 딜러한테 급하게 산 싸구려 차는 하루를 못 버티고 고속도로에서 연기를 내고 뻗어버려서 또 다른 중고차로 바꿔야만 했다. 공부에 집중하려면 하루라도 빨리 캠퍼스 안에 있는 대학원생 아파트에 들어가야겠다는 생각에 학교 하우징오피스(관리사무소)에 자주 들러 매달린 결과 두 달 만에 이글 하이츠Eagle Heights라는 대학원생 아파트에 입주할 수 있었다.

그렇게 나의 유학생활은 시작되었다. 학부에서 경제학 공부를 제대로 안했던 터라 첫해가 제일 힘들었다. 박사학위 1년차는 미시, 거시, 계량

경제학, 이 세 과목이 1년 내내 필수다. 나중에 무슨 전공을 하든 이 세 과목은 경제학자로서 꼭 알아야 할 기초이기 때문이다. 그런데 미시경제학 수업의 첫 숙제부터 충격을 받고 좌절에 빠졌다. 지금도 이름이 기억나는데 카를로스 우르자라는, 콧수염을 기른 멕시코 출신 조교가 돌려준 내 채점지의 점수는 63점이었다. 다른 학생들은 선행학습을 했는지 모두 100점 아니면 90점대 점수였다. 아무리 둘러봐도 그 클래스에서 나는 확고한 꼴찌였다. 밤늦게까지 혼자 끙끙거리며 숙제를 해서 제출했건만 결과는 창피한 점수였다.

우르자 조교는 착한 사람이었고 나중에 친하게 지냈는데, 그 때는 참 불쌍하고 한심하다는 눈으로 나를 쳐다봤다. 그 날 저녁 버스를 타고 집으로 오는데 마음이 착잡했다. 신혼집 전세금으로 유학은 왔는데 이런 식이면 박사학위를 과연 해낼 수 있을까, 깊은 자괴감이 밀려왔다. 유학을 왜 왔는지, 나 자신이 한심하고 앞이 캄캄했다. 그 날 밤부터 나는 이를 악물고 공부했다. 이해가 안 되면 미시든 거시든 계량이든 그냥 무식하게 통째로 외워버렸다. 먼저 외우고 나서 그 원리를 최대한 이해하려고 애썼다. 그렇게 했더니 조금씩 나아지기 시작했다.

첫 학기 미시경제학 교수는 MIT대에서 갓 박사학위를 받고 위스콘신에 온 존 러스트John Rust 교수였는데, 그는 어느 날 수업시간에 내 인생에 남을 명언을 남겼다: "문제가 안 풀리면 brutal instinct(야수의 본능)로 풀어라." 가장 이성적이고 논리적일 것 같은 경제학에서 야수는 뭐고 본능이라니, 다른 학생들은 'brutal instinct'란 말이 우습다고 웃었는데 나는 그 말이 가슴에 팍 박혔다. 40년이 지난 지금도 나는 러스트 교수의 이 말을 가슴 속에 품고 산다. 경제학 때문이 아니었다. 인생을 살면서 어렵고 힘든 문제에 봉착하면 문제를 해결할 동물적 본능이 내 안에 있다고 믿으면 마음이 편해졌다. 러스트 교수의 'brutal instinct'는 케인즈John Maynard Keynes가 '일반이론'(『고용, 이자 및 화폐에 관한 일반이론』, 1936년)에서 말한 'animal spirits'(동물적 기분: 자본주의에 내재한 불안정성을 설명하기 위해 케인즈가 동원한 인간의 비경제적, 비합리적 마음)과 얼핏 비슷하게 들리지만, 그 맥락과 뉘앙스는 전혀 다른 것이었다.

러스트 교수에게 배운 또 하나는 그 사람의 학습 태도였다. 밤늦게 학교에서 공부하다 경제학과가 있는 사회과학대 복도를 걷다 보면 그의 연구실에는 자정이 넘었는데도 늘 불이 환하게 켜져 있었고 그는 무엇인가를 골똘하게 공부하고 있었다. 미국을 세계 최고로 만든 것은 밤 늦게까지 자기 일에 미친 저런 사람들이라는 생각이 들었다.

유학 첫해는 정말 'brutal instinct'에 의지하며 공부를 했다. 미시든 거시든 계량이든 기초부터 무식했던 나는 일단 진짜 무식하게 외웠다. "암기식, 주입식 학습은 창의성을 해친다"는 말은 나에겐 너무 우아하고 고상했다. 외우지 않고 공부 잘하는 비법이 있는지 사실 나는 아직도 잘 모른다. 단어든 개념이든 공식이든 명제든 모델이든, 일단 외워서 머릿속에 집어넣고 나서 그것을 머릿속에서 반추하며 원리를 이해하려고 했다. 드디어 첫 학기 중간고사 주가 가까워졌다. 그런데 돌이 된 아들 녀석이 갑자기 탈장수술을 하게 되었다. 탈장 증세 때문에 울면서 보채는 아이를 병원에 데리고 갔더니 의사는 내일 당장 수술을 하자는 것이었다. 한국에 있을 때 너무 어려서 세 살 이후에나 수술하자고 했던 것이 생각나 의사한테 걱정했더니 의사는 빨리 할수록 좋다는 것이었다. 아파서 보채는 아이 수술을 내 시험 때문에 미룰 수는 없었다. 그 다음날 학교는 하루 결석하고 아들을 병원에 데리고 가서 탈장수술을 하고 오후 늦게 퇴원할 수 있었다. 아이들은 근육이 없어서 아픈 걸 모른다는 게 정말 맞는 말인지 신기하게도 집에 오자마자 보행기를 타고 생글생글 웃는 아이를 보니 수술하기를 참 잘했다 싶었다.

내 자랑 같아 쑥스럽지만, 그렇게 치른 중간고사에서 세 과목 모두 A+를 받았다. 특히 거시경제학 시험은 마크 거틀러Mark Gertler 교수가 내 답안지(blue book)에 "fantastic exam! great job! A++"라고 쓰고는 클래스 학생들 앞에서 내 얼굴이 화끈거릴 만큼 칭찬을 했다. 다른 무엇보다 유학 와서 공부 때문에 몇 달간 고생했던 기억들을 한방에 씻어줘서 고마웠다. 'A 투 플러스'라는 성적은 '하면 된다'는 용기를 주었고, 요즘도 '투뿔 등심'이라는 말을 들으면 그 때 일이 생각나서 혼자 웃는다.

탈장 수술을 한 아들 훈동이는 본격적으로 걷기 시작했다. 이글 하이츠에 입주한 아파트는 2층이었는데 아래층에 사는 프랑스 부부가 작은 소음에도 얼마나 예민한지 자주 항의하러 왔다. 신문광고를 보고 '거라지 세일garage sale'하는 집을 찾아가 중고 카페트를 더 사다가 마루에 이중으로 깔아봐도 아래층 부부의 소음 불평은 계속되었다. 직접 찾아오기도 하고 긴 막대로 천장(우리집 바닥)을 치곤 했다. 자기네도 또래의 어린애가 있는데 그러는 게 야속하기도 했지만 이웃 간에 그렇게 몇년을 지낼 수는 없는 노릇이었다. 하우징오피스에 다시 가서 어디든 1층이면 무조건 이사를 가겠다고 신청했다. 얼마 지나지 않아 307동 E호가 비었다고 해서 두번째 이사를 갔다. 막상 가보니 햇볕이 잘 들고 앞에 탁 트인 넓은 잔디밭과 큰 나무가 있어서 마음에 쏙 들었다. 이번에는 운이 좋았다. 무엇보다 집안에서 걸을 때 조심 안해도 되니까 마음도 편해졌다. 졸업할 때까지 살 집을 드디어 찾은 것이다.

2년차 여름방학이 끝날 때쯤 '프릴림preliminary exam'이라 불리는 박사

미국 유학시절

학위 전공시험을 치러야 했다. 그래서 1년차가 끝나고 나면 박사논문으로 전공할 과목을 미리 선택해야 했다. 나는 경제학의 많은 과목들 중에서 무엇을 전공할지 고민에 빠졌다. 1학년 때 가르친 교수들은 미시, 거시나 계량 경제학을 전공하라고 권유했는데, 경제이론과 계량경제학은 어쩔 수 없이 하긴 했지만 뭔가 현실경제에 더 가까운 분야를 전공하고 싶은 생각이 강하게 들었다.

고민 끝에 정한 분야가 산업조직론이었다. 그런데 그 때까지만 해도 한국 유학생들 중에는 산업조직론을 전공한 학생이 한 명도 없었다. 선배들이 전해주는 이유를 들어보니, 산업조직론은 시험문제 대부분이 답안을 영어로 길게 논술형으로 써야 하는 것들이라 영어가 약한 외국인 학생들은 주어진 시간 안에 미국 학생들의 절반도 못 쓰고, 그나마 문법이나 단어라도 틀리면 감점이 되니 감히 전공할 엄두를 못 낸다는 것이었다. 듣고 보니 머리가 아파오는 문제였다. 수학과 통계학을 많이 쓰는 경제이론이나 계량경제학은 영어의 차이가 크지 않지만, 산업조직론은 영어를 많이 쓸 수밖에 없는 전공이었다. 산업조직론에서 다루는 많은 이슈들 중에서 독과점이론과 게임이론을 제외하면 산업구조, 기업조직, 기업지배구조, 기업행태, 시장성과, 반트러스트법(반독점법 또는 경쟁법이라고도 함), 정부규제, 국영기업, 광고, 기술혁신, 특허 등의 다양한 이슈들은 대부분 수학이 아니라 글로 논술을 써야 하는 문제들이었다.

그 중에는 미국의 반독점법인 셔먼법Sherman Act, 클레이튼법Clayton Act 등이 실제 재판에서 어떻게 법이 적용되었는지 미국 대법원의 판례와 거기에 적용된 경제원리 정도까지도 알아야 했다. 법대 학생도 아닌데 판례까지 알아야 하다니... 실제로 1970~80년대 당시 미국 산업계의 최대 이슈는 1877년 이후 100여 년 동안 미국 전역의 전화시장을 독점해온

Bell(지금의 AT&T의 전신)의 기업분할 문제를 반독점법으로 어떻게 해결하느냐였고, 이런 문제가 바로 내가 전공하려는 산업조직론의 핵심주제였던 것이다. 실제 당시 미국의 경제학계에는 소위 'Bell 쪼개기Breaking Up Bell'를 주제로 한 논문과 책들이 많이 출간되고 있었다. 그 놈의 영어 때문에 이 흥미진진한 전공분야를 포기할 수는 없었다.

산업조직론 박사학위 전공시험을 준비하면서 또 다시 'brutal instinct'로 정신무장을 해야 했다. 2년차 수업이 6월 초에 끝나면 불과 두 달의 여름방학 기간 내에 프릴림 시험 준비를 마쳐야만 했다. 기말고사가 끝나고 조교를 하던 경제통계학 채점까지 마치고 방학이 시작되었다. 우선 며칠은 푹 쉬었다. 위스콘신 북동쪽 끝 미시간 호수를 향해 돌출된 반도

인 도어 카운티에도 다녀오고 친구들과 테니스를 치고 독일식 소시지와 맥주를 파는 'Brat und Brau'라는 호프집에서 스트레스를 풀기도 했다. 그리고는 읽어야 할 책들과 논문들을 죄다 준비한 채 그 여름 지독한 공부를 시작했다. 불과 두 달 만에 없던 영어 실력이 무슨 수로 늘겠는가. 나 자신이 시험문제 출제자라고 생각하고 산업조직론의 세부과목별로 나올 수 있는 문제들을 다 써보기 시작했다. 그리고는 책, 논문, 강의노트를 뒤지면서 모범답안을 영어로 만들기 시작했다. 산업조직론의 대부 같은 존재인 Joe S. Bain 교수의 책과 논문은 물론이고 이 분야 연구를 집대성한 F. M. Scherer 교수의 600쪽이 넘는 두꺼운 교과서는 너덜너덜해지도록 읽고 답안을 정리해나갔다. 산업조직론 시험 응시자들 중에 나 말고는 모두 미국인들이

라 그들과의 '쓰기 속도경쟁'에서 뒤지지 않아야 했다.

사회과학대 건물 꼭대기 층에는 매디슨 시내의 멘도타Mendota 호수가 내려보이는 20평 정도의 작은 스터디룸이 있었는데 여름 방학 내내 나는 아침부터 버스 막차 시간까지 거기서 살았다. 대학원생 오피스가 너무 좁고 답답해서 그 스터디룸이 훨씬 좋았다. 먹는 시간도 아까워서 점심도, 저녁도 집에서 싸간 빵으로 때웠다. 밥을 먹고 싶어도 스터디룸을 이용하는 다른 학생들이 반찬 냄새를 싫어할까봐 참아야 했다. 집중이 안될 때는 15분 거리에 있는 메모리얼 유니언(학생회관)이나 그 부근의 중식 패스트푸드점에 가서 내가 좋아하는 1.5달러 메뉴를 먹고 캠퍼스를 걷는 것이 유일한 낙이었다. 모범답안을 만들어가는 과정에서 공부가 많이 되었고 외우는 것도 어느 정도 저절로 가능해졌다. 마지막 몇 주는 작성해놓은 답을 외우고 추가로 공부해야 할 것들을 점검했다. 그렇게 하니까 미국 학생들 못지 않게 빨리 쓸 자신이 조금씩 생겼다. '영어에 약한 한국 유학생의 영작문 도전기' 같았다. 좀 무식한 방법이었지만... 드디어 방학이 끝날 무렵 찾아온 디데이. 나는 그 날 내 평생 가장 많은 영어 단어들을 볼펜으로 써내려갔고 그렇게 전공시험을 무사히 통과했다. 러스트 교수에게 배운 'brutal instinct' 덕분에 또 한 번 허들을 넘을 수 있었다. 시험이 끝난 홀가분한 마음에 새로 입학한 한국 학생들을 맞이하고 그들이 위스콘신에 적응하도록 도와주는 선배의 역할을 충실히 했다.

전공시험이 끝나고 부전공으로 선택한 계량경제학과 경제수학 과목들을 다 이수하고 나니까 드디어 'ABD(all but dissertation; 박사학위 논문만 남은 학생)' 신분이 되었다. 논문은 "Entry into a Foreign Market : Theory and Evidence"(해외시장으로의 진입 : 이론과 경험적 증거)를 주제로 잡았다. 산업조직론과 국제무역론을 결합한 주제였고, 지금은 고인이 되신 레이철 맥칼럭Rachel McCulloch 교수를 지도교수로 모셨다. 미국 통계가 없어서 캐나다 산업통계를 사용하느라 국경 넘어 캐나다의 수도 오타와에 있는 캐나다 통계청Statistics Canada까지 자동차로 두 번을 왕복하면서 마지막 장을 쓰고 박사논문을 완성할 수 있었다.

산업조직론을 전공한 것은 지금 생각해도 후회 없는 결정이었다. 1987 년 박사학위를 끝내고 KDI에 다시 취직했을 때 전공을 살려 정책연구를 할 수 있었다. 한국에서 내 전공이 쓰일 곳은 재벌정책, 독과점, 공정거래법, 규제개혁, 공기업 민영화, 기업지배구조, 산업연구 등 실로 다양했다. 1980년에 경제헌법이라는 공정거래법이 제정되었고 재벌의 경제력집중과 독과점에 대한 우려가 커지면서 1987년 개헌을 통해 헌법 제119조 2항에 "시장의 지배와 경제력의 남용을 방지하며..."라는 표현이 등장하였으며, 전반적인 경제 자유화 속에 산업별로 거미줄처럼 얽혀 있던 정부 규제의 개혁, 공기업 민영화, 경쟁촉진 등이 중요한 주제로 떠오르고 있었다. 그런 상황이라 산업조직론에 대한 수요가 급증하고 있었다.

경제학 박사는 경제를 잘 아는가? 학위를 받으니 이런 의문이 들었다. 유학 오기 전에는 '박사는 많이 아는 사람'이라는 선입견을 갖고 있었고 박사들 앞에 가면 주눅이 들었다. 그런데 막상 내가 학위를 받고 나니 그게 아니었다. 내가 한국경제에 대해, 세계 경제에 대해 얼마나 안다는 말인가? 누가 질문을 하면 답이나 제대로 할 수 있을까? 머리 속에는 지난 4년간 배운 것들이 빙빙 돌며 떠다녔지만 이 정도 지식을 갖고 경제를 안다고 하기는 부끄러웠다. 그래서 박사 학위는 그저 운전면허와 같다는 생각이 들었다. 운전면허가 있어야 운전할 최소한의 자격이 주어지듯이, 경제학 박사 학위도 이제 경제 문제에 과학적으로, 합리적으로 생각하는

'마음의 습관'을 조금 가진 정도라고나 할까. 박사학위가 운전면허와 다른 점이 있다면 운전면허는 사고를 내면 취소되지만, 박사학위는 엉터리 얘기를 해도 취소가 안 되는 문제가 있기는 하다. 어쨌든 최소한의 자격 정도로 생각되었고 스스로 초보운전자라고 생각하기로 했다. 그래서 나는 학교로 가서 내가 배운 것을 학생들에게 그대로 가르치는 것보다는 KDI에 가서 더 배우는 시간을 갖기를 원했다. 뭘 알아야 이코노미스트 economist가 될 수 있었다.

젊은 날의 KDI

KDI 시절의 필자

KDI에 사표를 내고 유학을 갔으니 KDI에 다시 정식으로 응모해서 부
연구위원으로 시작했다. KDI로 돌아온 1987년부터 IMF위기가 터진
1997년까지, 나는 30대를 고스란히 바쳐서 정말 미친 듯이 일만 했다.
KDI는 상아탑 속에서 학술지에 발표할 논문을 쓰는 곳이 아니라, 현실
의 구체적인 경제 이슈들을 다루고 정책대안을 찾는 곳이어서 밤새워 쓴
보고서가 경제정책에 반영될 수 있다는 기대가 컸다. 대학 졸업 후 첫 직
장이었던 KDI에 박사가 되어 다시 돌아온 것도 감회가 새로웠다. 홍릉

번영을향한경제설계

한국개발연구원 개관에 즈음하여
1972년 7월 4일
대통령 박정희

KDI 1층 로비에 들어서면 벽에 걸린 액자가 있었다. 출근할 때마다 보이는 위치에 걸린 그 액자는 1973년 박정희 전 대통령의 글씨, "번영을 향한 경제설계"였다. 경제발전에 관한 한, 국민들의 먹고 사는 문제에 관한 한, KDI가 집현전과 같은 곳이라는 자부심을 가지고 일을 했다.

나는 주로 산업경쟁력과 산업정책, 기업지배구조, 공정거래법과 경쟁정책, 재벌개혁, 공기업 민영화, 규제개혁, 부실기업 구조조정 같은 이슈에 대해 연구하고 정책보고서를 쓰는 일을 맡았다. 1980년대 당시만 해도 국내에 전공자들이 거의 없던 산업조직론을 전공했고 귀국 후에도 이런 이슈들이 내가 가장 관심을 가졌던 주제들이었다. 내가 쓴 보고서의 고객은 주로 경제기획원(나중에 재무부와 합병되어 재정경제원이 되었다가 지금의 기획재정부가 됨), 공정거래위원회, 산업부 그리고 청와대 경제수석실 등이었다. 공정거래제도와 재벌정책은 가장 빈번하게 연구를 하던 이슈였다. 특히 재벌정책 보고서를 발표하고 나면 전경련이나 재벌대기업으로부터 거센 비판이 제기되기도 했다. 자동차산업, 정보통신산업, 철강산업, 전력산업, 광고산업 등에 대해서는 진입규제 등 산업정책과 규제개

KDI 시절의 필자

야수의 본능으로 부딪쳐라

혁의 과제를 연구했다. 포항제철(현 포스코), 한국담배인삼공사(현 KT&G), 한국통신(현 KT), 한국전력 같은 거대독점공기업의 민영화와 경쟁도입 방안을 제시한 것도 기억에 남는 연구 프로젝트였다.

노태우 정부 말기인 1992년에는 「제7차 경제사회발전 5개년계획」을, 김영삼 정부 첫해인 1993년에는 「新경제 5개년계획」을 작성하는 일에 참여했다. 당시 대기업의 소유지배구조, 공정거래법과 회사법의 개혁과제 등 재벌정책 전반의 개혁에 관한 보고서를 발표했을 때 강도 높은 개혁 정책제안에 충격을 받은 전경련과 대기업들은 "KDI 박사가 어떻게 이런 내용의 보고서를 발표할 수 있느냐"라고 성토했다는 이야기도 들었다. 요즘은 5개년계획이란 말을 들으면 먼 옛날 개발연대의 얘기 같지만, 1997년 IMF위기가 터지기 전까지만 하더라도 5개년계획은 한국 정부의 중요한 경제사회정책 계획문서였다. 이러한 일 이외에도 경제부처와 청와대는 수시로 당면한 정책이슈에 대한 보고서를 주문해왔다. 우리는 그런 수시과제를 '단기'라고 불렀는데, 나와 동료들은 정부의 그런 잦은 정책자문 수요에 대응하느라 밤낮으로 일했다. 구내식당에서 저녁을 먹고 밤늦게까지 연구실에 남아 보고서를 작성하다 집에 가면 자정이 넘기 일쑤였다. 그 때 30대 젊음을 몽땅 바쳐 일에만 파묻혔던 기억은 아직도 생생하다.

당시 내가 속했던 연구팀은 그 명칭이 몇 번 바뀌었지만 기본적으로 산업조직과 법경제law and economics를 연구하던 팀이었다. 그 팀에 처음 들어갔을 때 팀장이자 나의 사수는 이규억 박사님이셨다. 내 나이 스물아홉에 서울대 경제학과 13년 선배였던 이 박사님과의 인연은 이렇게 시작되었다. 이 박사님은 재벌의 경제력집중, 경쟁정책의 전문가이셨고, 공정거래법이 태동하게 된 것은 이 분의 공적이라고 봐도 과언이 아니다. 지금은 대형로펌들의 변호사들과 대학교수들이 공정거래법 사건에서 기업의 대리인, 자문역 활동으로 큰 돈을 버는 세상이 되었고 이 법의 역사를 기억하는 사람들도 거의 없지만, 이 박사님이야말로 공정거래법의 산파 역할을 하신 분으로 기억하고 싶다. 내가 1991년에 『공정거래 10년』이라는 백서를 쓰게 된 것도, 1998년 공정거래위원회 최초의 자문관으로 과천에 파견가게 된 것도, 모두 이규억 박사님의 지도로 자유롭게 정책연구를 한 덕분이었다. 지금도 이 박사님께 감사드리는 것은 정책보고서를 쓸때 외부로부터 많은 압력이 있었을텐데 한 번도 내색하지 않으셨고 후배들의 연구 자율성을 보장해주신 점이다. KDI의 이 팀에서 신광식 박사, 김인규 박사 등 평생을 교류한 전문가들과 함께 일하게 된 것도 소중한 기회였다.

정책을 연구하면서 정부 공무원들을 상대하게 되자 스스로 몇 가지 원칙을 정해서 지키고 싶어졌다. 회의의 성격에 따라 장·차관이나 경제수석을 만날 때도 있고 국장, 과장, 사무관을 만날 때도 있는데 정책에 대한 의견을 제시하는 나의 입장에서는 그들의 직급을 따질 이유가 없었다. 그래서 장관부터 사무관까지 똑같이 대하기로 마음을 먹었다. 장관이라고

『포항제철 특별경영진단』 1996

『공정거래 10년』 1991

주눅이 들 이유도 없었고 젊은 사무관이라고 함부로 대할 이유도 없었다.

그리고 깊이 연구하고 고민해서 의견을 제시하되 관료들의 부당한 요구는 단호하게 뿌리치리라고 마음을 먹었다. 관료들은 미리 결론을 갖고 국책연구원 박사들에게 그걸 합리화하는 논리를 요구하기도 했다. 그러나 관료들의 생각이 꼭 옳은 것도 아니었고 무엇보다 최선의 해법을 찾는 과정에서 미리 선입견을 가질 이유가 없었다. 정부와 의견의 차이가 있을 때 나는 그 차이를 그대로 두길 원했다. 사실 이 문제는 국책연구소의 정

KDI 시절의 기사

1996년 3월 5일, 매일경제 8면

체성에 관한 문제였다. 국민의 세금으로 월급을 받는 KDI 박사들이 미션을 수행함에 있어서 '누구에게 책임을 져야 하느냐 Accountable to whom?'의 문제였다. 관료들은 자기들이 국책연구원을 지배하고 있다고 생각하고 시키는 대로 말을 듣기를 원했으나, 사실은 그들도 국민의 세금으로 월급을 받는 국민의 대리인일 뿐이었기에 나는 국민에게 책임을 지는 것이 KDI의 정체성이라고 믿었다. '누구에게 책임을 질 것인가?' 이는 어느 조직이든 지배구조의 핵심이다. 명색이 기업지배구조를 연구한다는 사람이 이 정도 원칙은 지켜야 한다고 생각했다.

마지막 원칙은 내가 아는 정보를 사적 이익 추구에 이용하지 않겠다는 것이었다. 정책연구를 하다 보면 많은 정보를 취급하게 된다. 예컨대 정보통신산업의 경쟁구도가 언제 어떻게 변화할 것인지, 포항제철은 어떤 방식으로 민영화할 것인지, 부실기업의 처리는 어떻게 될 것인지, 공정위가 부당내부거래를 한 재벌에게 과징금을 매길 것인지, 인수합병은 공정위의 승인을 받을 것인지 등 많은 정보들은 모두 해당기업의 주가나 신용도에 영향을 미치는 것들이다. 따라서 정책연구를 하거나 정책 결정과정에 개입하는 사람들은 이런 정보를 이용해서 사적 이익 추구를 해서는 그 자체가 심각한 부패행위다. 그래서 나는 주식, 회사채 같은 유가증권에 대한 투자는 평생 포기하고 살았다.

KDI 시절 배운 또 다른 중요한 한 가지는 경제정책 결정과정의 적나라한 현실이었다. 경제정책은 그 내용이 결정되면 국회로 가는 법률안이 되기도 하고 행정부의 행정조치가 되기도 한다. 법이든 시행령이든 부처의 계획문서든, 구속력을 지닌 구체적인 서류상의 실체가 있어야 정책이 집행되는 것이다. 정부와 일하면서 나는 경제정책이라는 게 어디에서 어떻게 시작되고 최종적으로 어떻게 결정되는지, 그리고 정치가 경제정책에

KDI 야구팀 동료들 (아래 맨 오른쪽이 필자, 뒷줄 왼쪽부터 최범수 박사, 신광식 박사, 故 권순원 박사, 다섯 번째부터 구본호 원장, 조동호 박사, 이규억 박사)

KDI 야구팀 OIKOS가 1991년 부총리배 야구대회에서 우승한 후 감독 겸 선수였던 필자가 구본호 KDI 원장과 함께

어떻게 개입하는지, 그 복잡한 현실 세계의 정책 결정과정을 관찰하는 소중한 기회를 갖게 되었다. 아마 박사학위 후 곧바로 대학교수로 직행했더라면 겪어보지 못했을 경험이었다. 그런데 정책 결정과정을 지켜보면 볼수록 경제정책이 경제논리로만 결정되는 게 아니라는 것을 알게 되었다. 경제외적 변수들이 정책 결정에 영향을 미치는 경우가 허다했다. 막상 그 현장을 지켜보니 정책의 왜곡이 경제에 미치는 악영향은 매우 심각하다는 것을 알게 되었다.

경제정책을 경제원리로부터 멀어지게 만드는 현실의 힘은 실로 다양했는데, 그 중 두 가지 힘이 특히 중요했다.

첫째, 정책의 영향을 받는 집단의 힘이다. 이들은 대기업, 중소기업, 자영업자, 노동자, 농어민, 소비자, 납세자, 투자자 등 경제정책의 다양한 이해관계자들이다. 그리고 이들 이해관계자의 단체 혹은 협회 격인 전경련, 대한상의, 경총, 중소기업중앙회, 한국노총, 민주노총, 농어민단체, 소비자단체, 납세자단체, 각종 시민단체 등도 그러한 집단에 해당한다. 경제정책은 그 내용이 어떻게 정해지느냐에 따라 이들의 이익에 큰 영향을 미칠 수 있다. 금리, 환율, 임금, 세금이 그렇고, 다양한 정부규제가 모두 그렇다. 최근 몇년만 보더라도 금리 인하, 급격한 최저임금 인상 등이 어떤 충격을 가져왔는지 우리는 생생하게 봤다. 대다수 국민들을 불행하게 만든 부동산 문제의 경우 주택 공급을 위축시키는 규제와 세금이 어떻게 집값과 전월세 폭등을 야기해서 서민, 중산층, 젊은이들에게 얼마나 큰 고통을 주고 있는지 생생하게 겪어봤다.

재벌정책을 바꾸려고 공정거래법, 회사법, 증권거래법에 손을 댈 경우, 노동정책을 바꾸려고 노동 3법에 손을 댈 경우, 특정 산업에 대한 진입규제 등 산업정책에 손을 댈 경우, 부실기업이나 부실금융기관 퇴출제도에 손을 댈 경우 등, 제도와 정책의 변화는 기업과 노동자 등 이해당사자들에게 큰 영향을 미치게 된다. 그런데 이들은 그냥 앉아서 변화를 순순히 받아들이는 게 아니라 자신들에게 유리하게 결정되도록 정책에 영향을 미치기 위해서 다양한 수단을 동원한다. 로비도 하고 시위도 하고, 선거를 앞두고는 집단의 표로 압박을 가하기도 하며, 때로는 이들의 대표가 행정부나 국회에 직접 진출하여 자신들의 이익을 지키기도 한다. 따라서 이 집단들과 정부, 국회 사이의 상호작용 속에서 정책이 결정된다고 보는 것이 현실적이다.

둘째는 경제정책 결정을 업業으로 삼는 사람들의 힘이다. 영어 단어 그대로 '정책을 만드는 사람들policy-makers'이다. 대통령, 장관, 공무원 등이 그들이며, 법률과 예산 심의로 행정부를 감시하고 견제하는 국회도 경제정책의 결정에 참여한다. 대통령 등 공무원들과 국회는 어떤 원칙과 기준으로 경제정책을 만들어 가는가? 이들은 과연 우리 경제의 장기적 발전, 지속가능한 발전, 국민의 이익을 제1의 목표와 기준으로 삼고 정책과 법률을 만들고 있는가? 이들은 성장과 복지에 대해서는 어떤 생각을 갖고 경제정책을 만드는가? 이들이 만드는 정책은 모든 국민들의 이익을 위하는가, 아니면 특정한 그룹의 이익을 위하는가? 모든 국민들의 이익을 위하는 정책이 과연 존재하기는 하는가? 만약 대통령과 공무원들이 우리 경제의 발전을 위해 마땅히 지켜야 할 원칙과 기준에 따라 경제정책을 만들지 않고, 다른 동기, 다른 이유로 정책을 만들면 우리 경제는 어떻게 되는 것인가?

예컨대 선거에서 표를 얻기 위해 무리하게 발표한, 달콤하지만 허황된 공약을 지키기 위해서, 다가올 선거에서 표를 끌어 모으기 위해서, 선거에서 자신을 지지해준 지역, 기업, 노동조합, 이익단체, 시민단체에게 보답하기 위해서, 기업이나 노동조합의 로비를 받고 이들의 이익을 위해서... 이런 생각을 갖고 경제정책을 만든다면, 그 결과는 국민경제의 발전에는 도움이 되지 않고 특정 그룹의 이익을 위해 국가 정책이 동원될 뿐이다.

현대 자본주의 시장경제는 '큰 기업, 큰 노동, 큰 정부Big Business, Big Labor, Big Government'를 특징으로 한다. 때로는 기업과 노조가 자신들의 이익을 위하여, 때로는 정부 스스로 경제외적인 이유로 경제정책을 왜곡하는 경우가 허다하다. 특히 대통령 선거, 국회의원 선거, 시도지사 선거 등 전국 단위의 선거가 있을 때는 정치적 이유로 경제정책이 왜곡되는 경우가 많다. 시도 때도 없이 동원되는 단기부양책들, 전국민 재난지원금 지급, 예비타당성 조사도 생략한 비효율적인 사회간접자본SOC 사업 등 그런 사례들은 널려 있다. '포획捕獲capture'이란 '정책을 만드는 자들이 특정 집단이나 특정 지역의 이익에 사로잡혀 그들의 포로가 되는 상태'를 말한다. 대통령과 관료들이 포획되었든 자발적이든, 경제정책의 왜곡은 시장경제의 기본 전제인 '자유롭고 공정한 경쟁free and fair competition'을 저해하고 자원과 기회의 배분에 있어서 비효율과 낭비를 초래한다.

KDI에서 행정부와 청와대, 때로는 국회를 상대로 정책자문을 하면서, 경제정책이 어떻게 왜곡되는지 똑똑히 볼 수 있었다. 사무관이 기안한 A라는 안이 과장, 국장 손에서 B로 바뀌고 차관, 장관의 손에서 C로 바뀌었다가 청와대나 여당에 가서 D로 바뀌고 국회에 가서는 E가 되는 과정을 자주 목격했다. 당초 사무관이 만든 A와 크게 달라진 E가 최종 결론이 되면서 당초 A가 목표로 삼던 효과도 당연히 달라지는 것이다. 경제정책의 결정 과정에 참여해본 사람이라면 이게 무슨 말인지 잘 알 것이다. 국민들은 뭐가 어찌 된 일인지 영문도 모른 채 지나가는 경우가 대부분이다. 깜깜이 밀실 속에서 정책이 왜곡되는 것을 내부자가 고발하지 않는한, 언론이 고발하지 않는 한, 아무도 모를 것이다. 물론 처음의 A가 최선의 안이 아닐 수도 있다. 사무관과 과장이 만든 안을 국장과 차관, 장관이더 좋은 안으로 고치고, 정부 부처가 만든 안을 청와대와 국회가 더 좋은안으로 고치는 일이 있을 수도 있다. 그러나 현실에서 그런 일은 거의 없다고 봐도 된다. 청와대와 행정부에게 오랜 세월 동안 경제정책을 자문하면서, 또 공정거래위원회 자문관으로 공무원들을 매일 겪으면서 정책의왜곡이 이루어지는 현장을 숱하게 보았다.

이런 경제정책의 왜곡 현상은 수십년의 세월이 흐른 뒤에도 나아지지않고 있다. 어떻게 보면 더 심해지고 있다는 생각도 든다. 2018년 말에기획재정부 국고국의 신재민 사무관은 국채발행을 두고 청와대와 부총리가 부당한 압력을 행사했다고 폭로했다. 그 일로 공무원을 그만 둔 신재민 사무관은 인터뷰에서 "(내가) 문제를 제기한 목적은 정말 간단했다. 의사결정과정과 그에 따라 결정된 정책이 '정의'의 선을 넘었다고 생각했기때문이다... 국가의사결정 내의 '잘못된 것'을 본 누군가는 '잘못을 고치거나' 그럴 위치가 아니라면 시민들에게 '잘못하고 있다'고 말해야 한다고 생각했다"라고 했다.

불순한 의도로 경제정책을 왜곡하는 자들은 흔히 "더 나은 대안을 찾기위해 고민한 결과"라고 둘러댄다. 이는 대부분 거짓말이다. 물론 무엇이최선인지 정답을 몰라서 헤맬 때도 있다. 그러나 많은 경우 정답은 이미나와 있는데, 이런 저런 이유로 그 정답을 선택하지 못할 뿐이다. 개혁에반대하는 집단의 저항과 로비 때문에, 공무원들이 정치권력의 눈치를 보기 때문에, 그리고 경제보다는 선거에서 표만 생각하는 정치권력 때문에, 정답이 무엇인지, 어떤 개혁을 해야 하는지 뻔히 알면서도 나쁜 결정으로 빠지게 되는 것이다. 정답을 찾는 것보다 더 어려운 일이 정답을 끝까지 지켜서 정답대로 경제정책을 집행하는 일이다.

신재민 사무관이 제기한 국채발행 문제 외에도 그런 사례는 널려 있다. 뒤에 또 언급하지만 연금개혁이 그 생생한 사례다. 이대로 가면 30여 년 후에는 적립된 돈이 사라지고 연금을 줄 수 없게 된다. 지금 30대 이하 젊은이들은 납입금만 내고 연금을 못 받게 되는 것이다. 이 사실 하나만으로도 연금개혁은 빠를수록 좋다. 그러나 역대 정권은 모두 이 뜨거운 감자를 회피해왔다. 노무현 정부가 그나마 국민연금 개혁에 조금 손을 댔고 박근혜 정부가 공무원연금 개혁에 조금 손을 댔다. 이명박, 문재인 정부는 아무 것도 안했다. 보수든 진보든 부끄러운 일이다. 노동개혁도 마찬가지다. 우리 경제가 다시 도약하려면 노동시장은 유연하게, 비정규직 차별은 없애고, 직업훈련과 사회안전망은 강화하는 등 무엇을 개혁할 것인지 정답은 나와 있다. 그러나 노조와 기업의 눈치를 보느라 어느 정권도 노동개혁을 해낸 적이 없었다. 저출산 문제도 마찬가지다. 이대로 가면 대한민국이라는 나라가 사라질 판인데 육아휴직 하나만 보더라도 정답은 알면서 어느 정권도 과감하게 나서지 못하고 있는 것이다.

또 다른 생생한 사례가 바로 재난지원금이다. 2020년 초부터 지난 2년 넘게 코로나(COVID-19) 위기 속에서 많은 사람들이 먹고 살기가 어려워졌다. '코로나로 죽기 전에 굶어 죽겠다'는 말이 나올 만큼 식당, 카페, 노래방, PC방, 헬스장, 숙박, 관광, 공연, 극장 등 대면 서비스업종을 포함해서 코로나로 큰 경제적 손실을 입은 사람들은 먹고 살기가 너무 어려워졌다. 2020년 1월 20일 첫 확진자가 나오고 그 해 4월 총선이 눈앞에 다가온 3월에 정부는 1차 재난지원금을 지급하기로 했다. 예산을 담당한 기획재정부가 처음 내놓은 안은 소득 하위 50%의 가구에게 4인 가족 기준 100만원의 재난지원금을 지급하겠다는 것이었다. 기재부의 안은 피해를 입은 업종과 사람들을 구별하기 힘든 팬데믹 초반에 '위기가 오면 소득이 낮은 사람들이 더 큰 고통을 받는다'는 경험칙에 입각해서 정부가 소득 하위 50%의 가구에게 지원금을 지급한다는 것이었다. 과거 IMF위기나 금융위기의 경험으로도, 또 상식적으로도, 직관적으로도 타당한 정책이었다. 다만 이 방안의 한 가지 취약점은 소득 하위 50%에 해당하는 가구는 100만원을 받는데 50.001%에 해당하는 가구는 한 푼도 못 받는 문제가 발생하는 것이다. 이런 문제를 소위 '문턱 효과'라고 하는데, 이는 가구 소득에 따라 계단식으로 하든지 슬라이딩sliding 방식으로 해서 하후상박下厚上薄이 되도록 하면 해결할 수 있는 기술적인 문제다.

그러나 기재부의 당초 계획안은 당정협의를 거치면서 총선을 앞둔 민주당의 요구로 50%가 70%로 올라갔다. 50%든 70%든 문턱효과는 똑같지만, 당정이 70%로 올리고 나니까 '누구는 받고 누구는 못 받는 문제'에 대해 갈등의 목소리가 더 크게 터져나왔다. 이 때 보수야당인 미래통합당이 갑자기 "전 국민에게 1인당 50만원의 지원금을 드리겠다"고 더 세게 치고 나왔다. 1인당 50만원이면 4인 가구 200만원이니 선거를 앞두고 야당이 두 배로 치고 나온 것이다. 야당이 두 배를 지급하겠다고 하니까, 여론의 눈치를 살피던 문재인 대통령과 민주당은 "전 국민에게 4인 가구 기준 100만원을 드리겠다"고 확정했다. 경기도에서 이재명 지사가 전 도민에게 똑같이 10만원씩 소위 '재난기본소득'을 지급하면서 보편적 지원을 주장하고 나선 것도 이러한 분위기에 영향을 미쳤다. 처음 안의 50%가 100%로 뒤바뀐 순간이었다.

나는 선거를 코앞에 두고 50%가 100%로 둔갑하는 이 과정을 보면서 "국가재정을 생각해야 할 건전한 보수정당이 무책임하게 집권여당의 악성 포퓰리즘을 따라간다. 여야 할 것 없이 정당들이 모두 허경영씨의 국가혁명배당금당을 닮아 가는가"라고 강하게 비판했다. 코로나 사태로 인하여 정말 먹고 살기가 어려운 분들에게 국가가 국민세금으로 도움의 손길을 내미는 것이 공정하고 정의로운 정책인데, 민주당과 똑같이 '전 국민 세금 퍼주기 경쟁'을 따라하는 야당이 참 한심하다는 생각도 했다. 야당이 이러니까 총선을 앞둔 민주당은 조금도 거리낌 없이 전 국민 지급을 치고 나온 것 아니겠는가. 선거가 끝난 이후 2차, 3차, 4차 재난지원금은 전 국민 보편지원이 아니라 피해계층, 피해업종 선별지원으로 바뀌었으나, 서울, 부산시장 재보궐선거와 대통령선거가 다가오니 문재인 대통령은 전 국민 위로금을 주겠다고 하는 등 재난지원금의 지급기준은 선거에 따라 오락가락해왔다.

코로나 사태로 인하여 가장 심한 피해를 본 영세자영업자에게 헌법에 보장되어 있는 손실보상을 제대로 못하는 이유가 있다. 헌법 제23조는 "공공의 필요에 의해 재산권이 제한된 경우 정당한 보상을 국가가 지급해야 한다"고 규정하고 있으나, 지난 2년 동안 이를 실행할 손실(소득) 파악 시스템을 제대로 구축하지 못했기 때문이다. 우리나라 자영업자는 650만명, 전체 취업자의 24%에 달하는 숫자다. OECD 평균보다 약 10%p 더 높다. 그런데 이들 자영업자 중에서 부가가치세를 내는 일반사업자는 전체의 60% 정도이고 나머지 23%는 간이과세자, 17%는 면세사업자이다. 면세사업자는 아예 매출과 매입의 신고가 면제돼 손실을 파악할 방법이 없다. 간이과세자는 통상 매출만 신고하고, 이 매출에 업종별 부가가

치율을 곱해 부가가치세를 낸다. 현행 제도로는 자영업자의 40%를 차지하는 면세사업자나 간이과세자는 손익을 제대로 파악할 수 없는 것이다.

또 매출만을 기준으로 하면 '정당한 보상'에 문제가 발생한다. 예컨대 치킨집의 경우 코로나 이후 매출은 늘어났더라도 과도한 배달 플랫폼 비용으로 인해 손실을 입어도 매출 증가 때문에 보상에서 제외될 수 있다. 또 면세사업자나 간이과세자의 상당수가 코로나로 인해 집중적인 피해를 본 영세사업자들이고, 이들 중 이미 폐업한 곳은 손실을 보상받을 방법이 없다. 복지국가에서는 세금을 거두는 것도 중요하지만 누수 없이 세금을 잘 나눠 주는 것이 더 중요하다. 그러기 위해서는 행정편의나 취약 자영업자를 위한다는 명분으로 간이과세자를 늘리지 말고 이들의 소득을 정확히 파악해 받은 세금을 잘 나눠 줄 기반을 진작 갖췄어야 했다. 그러나 현실은 이와 반대로 코로나로 인해 피해를 본 영세자영업자를 돕는다고 2021년에 간이과세자의 기준을 연간 4,800만원에서 8,000만원으로 법률을 개정했다. 소득 파악 시스템을 진작 구축했더라면 코로나로 인해 피해를 본 자영업자의 손실보상 문제가 정부와 국회에서 이렇게 오랫동안 지지부진하지는 않았을 것이다.

정치가 경제에 어떤 식으로 개입해 어떻게 경제를 왜곡하게 되는가? 어떻게 하면 이를 막고 바로 잡을 수 있을까? 미완의 숙제는 2022년에도 여전히 우리 앞에 놓여 있다.

한국경제를 강타한 IMF위기

경제의 '펀더멘털fundamental'이 튼튼할 때에는 정책이 일부 실패하더라도 경제의 큰 물줄기는 올바른 방향으로 갈 수 있다. 민간부문을 중심으로 산업과 기업의 경쟁력이 강하다면 정부의 어지간한 정책실패는 큰 탈 없이 시장이 소화해낼 수도 있다. 그러나 경제에 취약점이 많고 곳곳에 시한폭탄이 널려 있을 때에는 정책의 실패가 우리 경제에 큰 위기를 불러오고 막심한 피해를 주게 된다. 1997년 우리 경제를 충격과 공포에 빠트린 IMF위기가 바로 그런 경우였다 (보통 외환위기라고 부르지만, 이 책에서 나는 IMF위기라고 부르겠다. IMF 구제금융이 없었다면 국가부도moratorium를 선언해야 했을 만큼 굴욕적이었던 이 위기를 잊지 말자는 뜻이다). "한국 경제의 펀더멘털은 튼튼하다"고 당시 경제부총리는 큰소리쳤지만, 산업과 금융의 펀더멘털은 취약했다. 수십년간 유지되어 온 관치금융과 차입경영으로 기업들의 부채비율은 매우 높았고, 많은 은행과 제2금융권이 단기외화차입에 의존하는 등 금융기관의 재무구조도 튼튼하지 못했다.

1997년 한국 경제에 닥친 미증유의 위기는 1월 한보철강의 부도로 시작됐다. 세간의 모든 관심은 대통령의 아들과 정치인, 관료들이 개입된 권력형 부패사건에 집중됐는데, 그 때만 해도 이 사건이 'IMF위기'의 도화선으로 이어지리라고는 아무도 예견하지 못했다. 그러나 한보그룹의 부도 이후 본격적인 몰락이 시작됐다. 3월 삼미, 4월 진로, 5월 대농, 7월

기아, 11월 해태, 뉴코아 등 지금은 이름조차 잊혀진 재벌 대기업들이 줄줄이 부도 사태를 맞았다. 이는 수많은 협력업체들의 연쇄도산과 은행, 종금사, 증권사 등 금융기관의 퇴출과 구조조정, 그리고 대량실업으로 이어졌다.

  그 해 12월 IMF와 IBRD로부터 구제금융을 받은 직후부터 이들이 조건으로 제시한 금리·환율·재정정책을 채택해야 했고 공적자금을 동원한 기업과 금융기관의 부실 정리와 구조조정이 단행되었다. '구조조정 restructuring'이라는 말이 무서운 단어가 되기 시작한 때였다. 수많은 기업들과 금융기관들이 도산했다. 30대 재벌 중 절반이 넘는 17개 그룹이 무너졌고, 26개 은행 중 16개가 무너졌고, 30개 종금사 중 28개가, 36개

1997년 12월 3일 세종로 정부중앙청사에서 미셸 캉드쉬 IMF 총재(앞줄 왼쪽)와 임창렬 경제부총리 겸 재정경제원 장관(앞줄 오른쪽)이 구제금융 합의서에 서명하는 모습

국내증권사 중 9개가 무너졌다. 대기업집단과 금융기관들이 이렇게 처참하게 무너졌으니 도산한 중소기업, 협력업체들의 수는 헤아릴 수 없을 정도였다.

IMF위기는 나에게는 충격과 좌절이었다. 이코노미스트로서 내가 갖고 있던 자긍심은 여지없이 무너졌다. 경제학 공부를 했다는 게 부끄러워 고개를 들 수가 없었다. 도대체 어디서부터 무엇이 잘못되었길래 우리 경제가 이런 어려움을 겪어야 하나? 거리에 쏟아져 나온 실업자들, 가정이 파괴되고 졸지에 노숙자가 된 가장들, 대학을 졸업했는데 직장 구하기가 너무 어려워진 청년들... 1997년의 IMF위기라는 태풍이 할퀴고 남긴 상처는 25년이나 지난 지금까지도 고스란히 남아 있다.

1960년대 이후 40년 가까이 초고속으로 성장하던 우리 경제가 한순간에 폭삭 주저앉은 IMF위기를 겪고서 나는 이코노미스트라는 직업에 회의를 갖기 시작했다. 경제전문가나 관료들이 아무리 좋은 정책 아이디어를 내놓더라도 이들이 위험경보를 울리지 못하거나, 눈치나 보면서 입을 다물거나, 최종 결정의 힘을 가진 정치인들이 바보 같은 생각으로 경제정책을 이상한 방향으로 끌고 가면 경제는 언제든지 망할 수 있다는 것을 그 때 절감했다. 1990년대에 들어서 우리 경제가 내리막길을 걷기 시작할 때부터 산업경쟁력을 높이고 기업들의 과도한 차입경영, 재벌 계열회사들의 상호채무보증, 금융기관들의 단기외채 의존, 관치금융하의 비효율적 여신제도 등을 과감하게 개혁하는 정책을 진작 펼쳤더라면 IMF위기도 막을 수 있었을 것이다. 그러나 박정희 시대부터 이어진 과거의 성공방식을 그대로 답습하다가 그 약한 고리가 곪아터져 IMF위기를 겪은 것이다. 대마불사大馬不死 too big to fail, 은행불사銀行不死라는 말은 대마(재벌)

와 은행이 죽고 나서야 더 이상 통하지 않게 되었다.

나라경제의 최종결정권자는 누군가? 바로 대통령이다. 안보의 최종책임을 국군통수권자인 대통령이 지듯이, 경제의 최종책임도 대통령이 진다. 그것이 대통령제를 하고 있는 우리 헌법이 보장한 권한이고 부여한 책무다. 문제는 대통령과 그 주변의 핵심세력들이 우리 경제에 대해서 어떤 비전, 어떤 생각을 갖고 경제정책을 펴느냐다. 그들이 올바른 해법을 받아들일 지성과 의지를 가지고 있느냐, 아니면 그들만의 이상한 생각이나 동기가 작용한 왜곡된 정책을 선택할 것인가? 1987년 민주화 이후 35년이 지났고 IMF위기가 발발한지 25년이 지났다. 이 세월 동안 우리는 5년마다 단임 대통령을 뽑아왔다. 민주화 이후 일곱 대통령, IMF위기 이후 다섯 대통령을 겪었다. 이 세월 동안 우리 경제는 더 강한 경제, 더 성장하는 경제, 더 따뜻한 경제가 되었는가? 아니다. 그렇지 못해 우리는 위기를 겪었고, 지금도 언제 위기에 빠질지 모르는 위험한 상황에 처해 있는 것이다.

결국은 경제가 중요하다. 그런데 그 중요한 경제를 좌우하는 것은 정치다. 정치는 제도와 법과 정책을 만들기 때문에 정치가 어떻게 하느냐에 따라 시장경제 자본주의의 규칙이 정해지고, 규칙은 사람들의 인센티브에 영향을 미쳐 선택과 행동을 결정한다.

2

정치에 뛰어들다

빅딜 정책, 정말 최선이었나?

경제학은 세상이라는 망망대해를 조망하고 길을 찾아 나가는 학문이다. 경제학 안에서 내가 전공했던 산업조직론 분야의 재벌정책, 산업정책, 기업정책, 공정거래정책은 내가 열정을 갖고 연구하던 분야였다. 부실재벌들이 연이어 몰락했던 1997년의 하루 하루는 지금도 어제 일처럼 생생하게 기억한다. 2021년 세밑에 만난 한 언론인이 그 당시 상황에 대해 몇 가지 궁금한 점을 묻길래 설명을 하면서 내 마음은 다시 무거워졌다. 당시 재벌들의 연쇄 부도와 은행 도산은 정말 피할 수 없었는가? 왜 어떤 기업은 살아남고 어떤 기업은 이름마저 흔적도 없이 사라졌는가? 그들간에 무슨 차이가 있었나? 빅딜은 꼭 했어야 했나? 20년도 지난 일들이 다시 기억의 수면 위로 떠올랐다.

IMF위기 직후 내가 가장 강하게 비판했던 정부의 재벌정책은 '5대 재벌 빅딜' 정책이었다. IMF위기가 오기 훨씬 전부터 나는 정부 관료들이 나서서 재벌들에게 업종을 지정하고 교통정리 해주는 방식에 동의할 수 없었다. 김영삼 정부 시절에도 '新경제5개년계획의 업종 전문화 유도시책(소위 주력업종제도)'에 대해, 그런 정책은 반시장적인 대증요법에 불과하다며 분명한 반대 의사를 밝히기도 했었다.

1997년 12월 3일, 대한민국 정부는 IMF로부터 구제금융을 받았고 그 대신 IMF와 세계은행이 시키는 대로 구조조정을 하기로 약속했다. 보름

뒤인 12월 18일 실시된 대통령 선거에서 승리한 김대중 정부는 IMF와 IBRD가 제시한 응급처방전대로 빠른 속도로 기업구조조정과 금융구조조정을 해나갔다. 1998년 9월 3일, 5대 재벌은 정유, 석유화학, 항공기, 철도차량, 발전설비, 선박용 엔진, 반도체 등 7개 업종의 빅딜을 발표한데 이어, 10월에는 빅딜 합의안을 발표했다. 최종적으로는 12월 7일 김대중 대통령이 참석한 가운데 청와대에서 열린 정재계 간담회에서 자동차와 전자가 추가된 9개 업종 빅딜 합의문을 발표했다.

빅딜은 사업교환, 즉 'business swap'이었다. 그런데 사업교환이 기업들간의 자발적인 인수합병이 아니라 정부가 강제하는 것이 문제였다. 나는 '우리 경제의 미래를 위해 꼭 필요한 개혁은 더 강하게 해야 하지만, 현실에 맞지 않는 처방을 써서는 안된다'는 생각이었다. '빅딜'이라는 이름의 통폐합 속도전은 위기극복에 꼭 필요한 개혁이 아니라고 생각해서 반대했다. 현대와 LG 간의 반도체 빅딜, 삼성전자와 대우자동차 간의 자동차-전자 빅딜이 심한 갈등을 겪거나 무산됐는데, 지금 다시 뒤돌아봐도 빅딜의 강행에 대해서는 반대 입장을 견지했을 것이다.

중앙 경제포럼 빅딜과 정부의 역할

"방관할 수 없다" "직접개입 안돼"

유승민씨 주장

계획경제적 발상
경쟁력향상 의문
통상마찰 소지도

1998년 9월 15일, 중앙일보

당시 LG반도체를 현대전자에 넘기게 된 것은 LG의 자발적인 의사는 0%였고 100% 김대중 정권의 강요에 의한 것이었다. 이 통합법인은 나중에 하이닉스 반도체가 되었고 그 후 SK그룹에 경영권이 넘어가 오늘에 이르고 있다. 이런 식의 강제적 통합이 우리나라 반도체 산업의 발전에 과연 무슨 도움을 주었는지, 헌법이 보장한 기업의 자유와 재산권 보호 원칙을 얼마나 훼손했는지를 생각해보면, IMF위기 당시의 흑역사라고밖에 생각하지 않을 수 없다. 삼성과 대우 사이의 전자-자동차 빅딜의 경우에는 삼성의 완강한 저항으로 끝내 무산되고 말았다. 그 직후부터 대우그룹은 몰락과 해체의 길을 걷기 시작했는데, 돌이켜보면 그 당시 어떤 재벌그룹이 부도가 나느냐, 아니면 용케 살아남느냐는 정권이 지배하던 은행들이 어떻게 하느냐에 달려 있었다고 해도 과언이 아니다. 대우그룹 부도 이후 현대그룹도 유동성 위기를 맞이했는데, 당시 현대와 대우의 운명이 삶과 죽음 사이에서 교차한 것도 참 아이러니한 일이었다.

빅딜 청와대 합의안이 발표된 열흘 후, 한국생산성본부가 주최한 세미나에서 오래 전에 약속했던 특강을 하게 되었다. 나는 빅딜 정책을 강하게 비판하고 백지화하는 게 옳다고 주장했는데, 이 일 이후 본격적인 수난이 시작됐다. 세미나 기사를 본 청와대 경제수석실에서 당장 들어오라고 호출을 했고, 오랫동안 알고 지내던 그 관료는 안경을 썼다 벗었다 하고 책상을 여러 차례 내리치면서 흥분하고 호통을 퍼부었다. 나는 차분하게 반박을 했고, 서로간의 논쟁으로 그 자리는 길게 이어졌다.

그 해 11월 20일 빌 클린턴Bill Clinton 미국 대통령이 한국을 방문했다. 클린턴 대통령의 방한을 앞두고 미 대사관에서 전화가 왔다. 클린턴 대통령이 방한 기간 중 경복궁내 국립민속박물관에서 IMF위기 이후의 한국

"빅딜정책 문제점많아 백지화해야"

유승민 KDI연구위원
"대증요법 불과" 비판

국책 연구기관인 한국개발연구원(KDI) 소속 연구원이 정부의 빅딜정책을 강도높게 비판하고 나섰다.

유승민(劉承旼)KDI연구위원은 17일 한국생산성본부에서 '기업구조조정 어떻게 전개될 것인가'를 주제로 열린 세미나에서 "정부의 재벌정책은 빅딜정책으로 인해 자승자박의 상황에 이르렀다"면서 "빅딜정책을 사실상 백지화한다는 원칙을 확립해야 한다"고 주장했다.

유박사는 "중복 과잉투자 현상은 잘못된 투자를 견제할 수 없는 기업내 지배구조상의 문제와 잘못된 투자에 여신을 공급한 금융상의 문제 등에서 파생된 것이기 때문에 '빅딜'과 같은 산업정책으로 해결하려는 것은 문제의 뿌리를 보지 않는 대증요법에 불과한 발상"이라고 꼬집었다.

그는 이어 "이 발상의 가장 큰 문제점은 경쟁력의 본질에 대한 얕은 이해와 독점의 폐해에 대한 무관심"이라며 "재무적으로 제로섬 게임이기 때문에 현재의 재무위기를 해소하는데 도움이 되지 못할 뿐더러 정부의 강요에 의한 경영권 변동은 훗날 법정시비를 유발할 수 있다"고 경고했다.

'재벌해체론'에 대해 그는 "현 정부가 궁극적으로 재벌해체를 목표로 한다면 재벌해체 이후의 대안에 대한 철저한 검토가 필요하다"고 말했다. 〈금동근기자〉
gold@donga.com

1998년 12월 18일, 동아일보

경제에 대하여 각계 인사 몇명을 초청해서 라운드테이블을 갖고 허심탄회한 대화의 시간을 원하는데 참가할 수 있느냐는 것이었다. 대사관 직원은 "비공개 대화 자리니까 클린턴 대통령 앞에서 하고 싶은 얘기를 자유롭게 하면 된다"고 말했다. 나는 가겠다고 했다. 그 1년 전 IMF위기 초반부터 소위 '워싱턴 컨센서스Washington consensus,' 즉, IMF 구제금융을 받을 수밖에 없는 상황으로 워싱턴이 몰아갔다는 일종의 미국 음모론이 제기된 적이 있었던 터라, 미국 대통령이 한국경제가 1년간 겪었던 이 지독한 위기에 대해 어떤 생각을 갖고 있는지 궁금했다. 또 사실상 미국의 주도 하에 움직이는 IMF와 IBRD가 우리 정부에게 강요한 구조조정에 대해 쓴소리도 하고 싶어서 대사관의 초청을 수락했다.

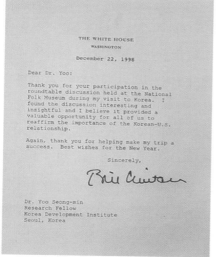

THE WHITE HOUSE
WASHINGTON

December 22, 1998

Dear Dr. Yoo:

Thank you for your participation in the
roundtable discussion held at the National
Folk Museum during my visit to Korea. I
found the discussion interesting and
insightful and I believe it provided a
valuable opportunity for all of us to
reaffirm the importance of the Korean-U.S.
relationship.

Again, thank you for helping make my trip a
success. Best wishes for the New Year.

Sincerely,

Bill Clinton

Dr. Yoo Seong-min
Research Fellow
Korea Development Institute
Seoul, Korea

빌 클린턴 미국 대통령과의 대화 및 클린턴
대통령의 편지

클린턴 대통령을 만난 자리에서 나는 "지난 50여 년간 재벌은 한국경제
의 성장모델이었는데 지금은 이를 부정하는 시각이 강하다. 미국 정부와
국제기구가 한국의 재벌대기업에 대해 균형감각을 갖고 잘잘못을 가려야

한다. 일시적인 유동성 위기를 겪는다고 모두 부실기업으로 취급하고 무조건 구조조정을 빨리 해야 한다는 것은 곤란하다. 나라마다 산업, 기업, 금융의 발전경로가 서로 다르다. IMF가 구제금융을 해주는 조건으로 긴축재정, 금리인상, 환율인상 등 거시경제정책에 대한 조건을 요구하는 것은 이해가 된다. 하지만 우리 기업과 금융의 구조조정에 너무 구체적으로 간섭하는 것은 바람직하지 않다"고 했다. 그 자리에서의 유일한 쓴소리가 싫었던지 클린턴 대통령은 "여러 나라들의 경제 역사를 보면 어떤 경제모델도 언제든지 성공하는 것은 아니다. 재벌의 구조조정은 인내를 가져야 하지만 재벌이 변화와 개혁을 시작해야 한다"는 두루뭉술하고 애매한 답으로 대충 마무리했다.

결국 정치적 이벤트 같았던 그 날의 대화 시간이 끝나고 실망스러운 마음으로 돌아왔는데, 문제는 그 다음날 발생했다. 언론에 이 만남에 대한 기사가 났고 내 발언도 일부가 소개되었다. 클린턴 대통령이 그 대화가 마음에 들었고 언론에 알리라고 해서 부득이 당초의 비공개 약속을 지킬 수 없었다고 미 대사관 직원은 뒤늦게 해명해왔다. 이 보도 때문에 KDI에서는 소동이 벌어졌다. "왜 미국 대통령을 만난 자리에서 김대중 정부가 추진하고 있는 기업, 금융 구조조정에 대해 비판했느냐"가 나에 대한 추궁의 요지였다. "그런 말을 할 수도 있는 거 아니냐. 그게 뭐가 잘못된 거냐"라고 했는데 아마 청와대로부터 뭔가 싫은 소리를 들은 거 같았다.

청와대에서의 사건과 클린턴 대통령과의 만남 이후 KDI에서의 생활은 고달파졌다. 청와대 경제수석실에서 설전을 치른 후 청와대는 KDI 원장에게 나에 대해 특별한 징계조치를 주문했던 게 분명했다. 그 전까지는 상상도 못했던 온갖 굴욕적인 금지조치들이 가해지기 시작했다. 신문 기고, 외부강연, 외부 토론회 참석은 사전허가를 받으라고 규제를 도입하더니 막상 허가를 신청하면 모조리 불허했다. 차마 해고를 할 수는 없었던지 별별 방법으로 모욕을 주면서 내 발로 나가라는 신호를 계속 보내왔다. 치사하기 짝이 없는 처사라 분개했지만 내가 그들에게 굴복하지 않았던 것은 IMF위기 때 느꼈던 부끄러움 때문이었다. IMF위기 때 느꼈던 참담한 부끄러움 때문에 잘못을 잘못이라고 말하는 것이 전문가에게 주어진 사명이라는 믿음을 가지게 되었다.

IMF위기가 시작되기 직전과 직후에 재벌정책에 대해 나는 두 권의 책을 썼다. 한 권은 김영삼 정부 시절 재벌정책 분야에 대해 쓴 『나누면서 커간다』(1996년), 다른 한 권은 IMF위기 후 위기의 본질과 재벌의 구조조정에 대해 쓴 『재벌, 과연 위기의 주범인가』(2000년)이다. IMF위기 전에 쓴 『나누면서 커간다』에서 나는 한국 정부의 보험자 역할, 그리고 대마불사를 악용하는 재벌들의 도덕적 해이라는 구조적인 문제부터 개혁하고 산업과 기업의 혁신이 끊임없이 이루어질 수 있는 시장경제 생태계부터 만들어야 한다고 강조했었다. 그러나 나의 주장은 외로웠고, 근본적인 재벌개혁은 이뤄지지 않았다. 결국 대한민국 경제는 IMF위기를 겪었고 강제적인 구조조정과 그 여파를 고스란히 감내하는 수밖에 없었던 것이다. 『재벌, 과연 위기의 주범인가』에서 나는 IMF위기를 초래하기까지 재벌들의 과도한 차입경영, 과도한 사업확장은 분명히 문제였지만, 더 근본적인 문제는 오랜 관치경제 하에서 정부가 금융을 통제한 채 보험자 역할을 했고 재벌들은 이를 이용하여 팽창했던 것이기 때문에, 굳이 위기의 책임을 따지자면 IMF위기의 주범은 제도와 정책을 잘못 설계한 정부이고 재벌과 은행은 공범 혹은 종범이라고 지적했다.

1998년 이후 KDI에서 겪었던 어려움들은 나를 깊은 회의에 빠지게 했다. 국민의 세금으로 운영되는 국책연구소에서 경제정책을 연구하는 사람에게 글을 못 쓰게 하고 입을 못 열게 하니 이런 직장에 계속 있어야 하는지 근본적인 고민을 하게 되었다. 사람이 어떤 조직에서 일을 할 때 '누구에게 책임을 져야 하는가?'라는 것은 지배구조 이론의 핵심이다. 앞에서도 말했지만 나는 국민 세금을 받으면서 일을 하니 당연히 내가 하는 일에 대해 국민에게 책임을 지는 것이고, 관료나 정치인들에게 책임지는 것이 아니라고 생각했다. 지금도 그 생각은 그대로다.

KDI에서의 마지막 시간들은 힘들고 괴로웠지만 좋은 시간도 있었다. 1996년 3월부터 1년간의 안식년을 미국 샌디에고에 있는 캘리포니아주립대University of California San Diego의 IR/PS대학원(국제관계 및 태평양 연구)에서 보냈다. 봄학기에 한국경제론 강의를 한 후에는 정말 오랜만에 읽고 싶었던 책과 글들을 실컷 읽고 생각할 시간을 갖게 되었다. 라호야La Jolla라는 태평양 바닷가 동네에 위치한 이 대학에서 재충전의 시간을 갖고 다양한 공부를 할 수 있었다. 인생에서 제일 좋았던 시간을 꼽으라면 지금도 주저 없이 이 1년을 꼽을 정도로 위스콘신에서의 유학 시절과는 다른 의미에서 충실한 시간을 보냈다. 유학시절처럼 스트레스 받아가며 하는 공부가 아니라 9년간 KDI에서 일한 후 이제는 정말 내가 하고 싶어서 책과 논문을 읽고 생각하는 공부를 했다.

그 다음해 귀국을 하고 IMF위기가 터진 1997년 12월, 지금은 고인이 되신 차동세 원장님은 위기극복을 위한 종합적인 해결책을 찾기 위한 팀을 꾸리고 나에게 팀장 역할을 맡기셨다. 최범수 박사, 김준경 박사 등 KDI의 몇몇 동료들과 함께 기업, 금융, 노동, 공공 등으로 주제를 나누어서 우리는 위기극복을 위한 해결책을 찾아가기 시작했다. 이 일의 결과물은 1997년 대선에서 승리한 김대중 당선자의 인수위원회에 차동세 원장님

『경제위기극복과 구조조정을
위한 종합대책』 1998

과 내가 출석해서 당시 이종찬 인수위원장에게 보고했다. 이 보고서는 1998년 봄에 『경제위기극복과 구조조정을 위한 종합대책』이라는 제목의 책으로 출간되었다.

IMF위기가 터지자 서울에는 IMF, IBRD, OECD의 이코노미스트들이 자주 찾아왔고, 골드만삭스, J.P.모건 같은 투자은행이나 맥킨지, 앤더슨컨설팅, 보스턴컨설팅 같은 컨설팅전문회사나 다국적 회계법인 사람들도 대거 서울로 몰려왔다. 이들은 한국 정부나 기업, 금융기관들을 접촉하고 연구용역을 수행하기도 했다. 당시 참으로 기이한 현상이 나타났는데, 한국의 경제관료들과 경제학자들, 회계사들은 IMF위기를 막지 못한 죄로 주눅이 들어 죄인이 된 심정이었는데, 해외에서 서울로 몰려든 이 외국인들은 자신들이 마치 우리 경제의 구원자라도 되는 양 칙사 대접을 받는 것이었다. 한국 정부도 이들에게 많은 돈을 지급하고 자문을 받고, 대기업들은 이들에게 엄청난 돈을 지불하고 구조조정에 관한 컨설팅을 받는 것이었다. PPT에 영어로 몇 글자 써놓고 A4 한 장에 수천만원의 돈을 지급하는 꼴을 보니 무슨 지적 식민지가 된 기분에 자존심도 상했다. 불난 집에 구경하러 온 사람들 같았다. 이들은 서울에 오면 어김없이 KDI에 와서 IMF위기 상황에 대해 이것저것 질문을 했는데, 그들이 남긴 보고서를 보면 천편일률의 컨텐츠에다 그 가벼운 수준에 실소를 금할 수 없었다. 하기야 박사학위를 갓 마쳤거나 MBA를 마치고 국제기구나 컨설팅 회사에 취직한 이 외국인들이 한국경제에 대해 알면 얼마나 알 것이며 언제 고민이나 해봤을까. 그런 가운데 우리 팀이 작성한 종합대책 보고서는 KDI 박사들의 깊은 고민의 결과물로서 김대중 정부의 경제정책에 지침서가 되었다.

1998년 봄 나는 최초의 공정거래위원장 자문관이 되어 과천 정부청사로 파견가게 되었다. 전윤철 공정거래위원장의 요청이 있었고 공정거래위원회 일을 직접 경험해보고 싶은 마음에 자문관 자리를 수락했다. 당시는 IMF위기 직후라 부실기업들이 대량으로 발생한 때였고 기업구조조정은 경제정책의 매우 중요한 부분이었다. 공정위가 마치 재벌정책의 중심부처 같은 역할을 할 때였고 공정거래법 개정에 대한 의견들이 다양하게 분출될 때였다. 재벌정책은 내가 가장 심혈을 기울여서 연구한 분야라 자문관으로서 IMF위기 이후의 재벌정책에 대한 평소의 생각을 정책에 반영하고 싶은 생각이 강했다. 그러나 재벌정책에 대한 공정위 관료들의 생각은 IMF가 제시한 구조조정의 가이드라인과 이를 그대로 따르고자 하는 청와대의 생각을 벗어날 수 없었다. 정책에 대한 생각의 차이를 확인한 나는 미련 없이 가을에 홍릉으로 돌아왔고, 그 후는 앞에서 얘기한대로 빅딜 등 김대중 정부의 구조조정 정책에 대한 비판자로 고초를 겪게 되었다.

KDI에서의 마지막 해인 1999년. 내가 하고 싶은 연구는 도저히 할 수 없는 상황이 되자 나는 색다른 경험을 했다. 세계은행으로부터 갓 도입한 소위 예비타당성조사(흔히 '예타'라고 줄여서 부름)의 첫 해 연구과제를 자청해서 했다. 아끼던 후배인 김재형 박사가 예타 프로젝트의 책임자였는데, 나는 첫 해의 여러 예타 과제들 중에서 〈춘천-철원 고속도로 건설 예비타당성 조사〉라는 과제를 맡게 되었다. 당시 예타는 비용-편익 분석cost-benefit analysis을 통해서 B/C(편익/비용) 비율을 구하고 이 비율이 예컨대 1.0 등 일정 숫자 이상이 나오면 사업이 타당하다고 판단하는 식이었다.

그러나 내가 맡은 춘천-철원 고속도로는 B/C비율이 고작 0.3 수준밖에 되지 않아 '타당성 없음'으로 결론을 내릴 수밖에 없었다. 그랬더니 이 고속도로의 건설을 총선 공약으로 제시했던 국회의원이 만나자고 해서 그를 만나러 여의도 국회 의원회관에 갔다. 나를 보자마자 이 국회의원은 다짜고짜 B/C비율을 높여줄 수 없느냐고 매달렸다. 고속도로를 원하는 그 의원이나 춘천, 화천, 철원 지역주민들의 희망을 모르는 것은 아니지만 B/C비율은 연구자 마음대로 조작할 수 있는 게 아니라 미안하다며 거절하고 나왔다. 23년 전의 일이지만, 지금도 예타는 정치적 압력이 그대로 작용하는 분야다. 대형 국책사업은 대부분 예타를 거치도록 국가재정법에 규정되어 있는데, 요즘도 그 때와 똑같은 일들이 벌어지고 있다.

이런 일들을 겪다가 나는 결국 KDI를 떠나 한나라당 여의도연구소장이 되어 정치에 뛰어들게 된 것이다.

이회창 총재님과의 만남

IMF위기와 직장에서의 어려움이 지속되던 1999년 가을의 어느 날 전혀 예상하지 못했던 전화를 받았다. 한나라당 이회창 총재 측에서 현 경제 상황에 대해 설명을 해달라는 연락이었다. 여야를 떠나 IMF위기를 겪은 직후의 경제 상황에 대해 제대로 알려서 입법이나 정책에 반영될 수 있다면 의미가 있는 일이라는 생각이 들었다. 다만 당시 정부로부터 탄압을 받던 처지인데다 국책연구소 박사가 정치인을 만난다는 것 자체가 또 다른 빌미가 되지 않을까 조심스러웠다. 그래서 며칠 고민한 끝에 그 요청을 받아들이되, 근무시간이 아닌 주말로 약속을 잡았다. 이회창 총재님과의 첫 만남이었다. 이 첫 만남이 인연이 되어 결국 내가 정치에 입문까지 하게 되리라고는 당시에는 상상도 못했다. 그 후 가끔 경제문제에 관해 궁금할 때면 연락이 왔고 몇 차례 만남이 더 있었지만 내 자신이 직접 정치에 뛰어들게 되리라고는 전혀 예상하지 못했다.

2000년 4월의 16대 총선을 제법 앞둔 1999년 가을, 이회창 총재님으로부터 정치를 함께 해보지 않겠느냐는 권유를 처음으로 받았다. 선뜻 답할 수 없는 문제였다. "말씀은 감사하지만 생각을 해봐야 답을 드릴 수 있겠다"고만 했다.

사실 그 때의 나는 현실의 정치가 무엇인지 잘 몰랐다. 어렴풋이 짐작했던 바는 정치는 자기 인생을 걸어야 한다는 것, 깨끗하게 정치를 한다는 게 말처럼 쉽지 않다는 것, 정치판은 거칠고 험하다는 것 정도였다. 가족을 건사해야 하니 직장을 그만두기도 어려웠다. 그리고 당시 정책을 돕는 거라면 굳이 국회의원이 되어야만 할 수 있는 건 아니라는 생각도 들었다. 그래서 고민 끝에 "지역구든 비례대표든 총선 출마는 하지 않겠다. 원하신다면 정책자문은 계속 하겠다"고 대답했다. 국회의원 출마를 거절하고 그냥 내가 할 수 있는 경제정책에 대한 자문은 해야겠다고 결심하고 나니 한결 마음이 편해졌다.

그러나 그 결정도 오래 가지 못했다. 1999년 말쯤 다른 제안이 왔다. 한나라당의 싱크탱크인 여의도연구소 소장으로 올 수 있겠느냐는 제안이었다. 정말 제대로 된 정책을 만들어서 제대로 된 정치를 해보자는 이 제안이 오히려 내 마음을 움직였다. 경제학자로서 IMF위기를 막지 못했고, IMF 구제금융을 받는 조건으로 구조조정을 시행하는 과정과 내용이 불합리하다는 생각에 여러 가지 정책 제안을 했지만 번번이 관료들의 벽에 부딪히고 정치적 논리에 가로막혀 좌절하고 있던 터였기 때문이다. 경제문제, 국민들의 먹고사는 문제를 해결해보겠다는 각오를 품고 여의도연구소장 직을 받아들였다. 그렇게 정치의 세계로 뛰어들게 되었다.

보수당에 첫 발을 내딛다

해마다 2월 14일이 되면 젊은이들은 밸런타인데이라며 초콜릿과 꽃을 선물하곤 한다. 일각에선 밸런타인데이가 서양의 풍습이고 제과업체의 상술이라는 비판과 함께 2월 14일이 안중근 의사의 사형 선고일임을 기억해야 한다고 주장하기도 한다. 같은 날이지만 다른 의미로 기억되고 기념되는 것이다.

나에게 2월 14일은 정치에 첫 발을 디딘 날이다. 2000년 2월 14일 나는 한나라당의 여의도연구소장이 되었다. 보수당의 당원이 된 것이다.

2000년 2월 여의도연구소장 임명식

22년 전의 일이지만 그 날의 기억은 지금도 생생하다. 당시는 여야 극한 대치 상황이어서 여의도 한나라당 당사를 수많은 경찰병력들이 에워싸고 있었다. 경찰병력의 벽을 겨우 뚫고서는 지하주차장의 닫힌 철문을 살짝 들어올린 뒤 겨우 당사 건물 안으로 들어가 이회창 총재님으로부터 임명장을 받는 것으로 정치 인생이 시작되었다.

여의도연구소장이 무슨 일을 어디까지 해야 하는 것인지는 정확히 알지 못했다. 정당의 연구소니까 내가 일하던 KDI와는 다를 것이고 뭔가 현실정치에 도움이 되는 정책과 공약을 만들어야 하지 않을까라는 막연한 생각뿐이었다. 막상 가서 보니 대선에 지고 처음 야당이 된 한나라당의 여의도연구소는 당사 건물의 한 층을 쓰고 있다는 점을 빼고는 제대로 갖춰진 게 거의 없을 정도로 열악했다. 박사급 인력 네명, 나머지 직원을 모두 합쳐도 열명도 채 안 되는 작은 조직이었다. 지금까지 돈독하게 지내는 진수희 전 보건복지부 장관을 처음 만난 것도 이 때였다.

2017년 1월 대선출마선언

직함은 연구소장이었지만 첫 출근 날부터 3년 5개월 뒤에 물러나는 날까지 나는 가장 밤늦게 퇴근하는 연구소 직원이었다. 일은 필요하면 닥치는 대로 했다. 이회창 총재님의 연설문도 처음 써보게 됐고, 경제 이외의 정책 분야에 대해서도 보고서를 써야 할 때가 많았고, 정치적 판단을 하는 훈련을 해야 했고 여론조사 업무를 관리해야 했다. 이런 일들을 하면서 새로운 세계에 들어섰음을 실감했다. 누구에게나 지금까지 살아온 인생 항로를 바꾸는 결정은 쉽지 않다. 안정된 직장을 버리고 불안정한 세계에 뛰어들 때의 초심을 잃지 않도록 스스로를 다잡으며 최선을 다해 일했다. 우리 경제가 다시는 외부 요인에 의해 망가지고 흔들리지 않도록 내실을 다지고 탄탄한 밑그림을 그리는 경제정책을 마련해서 국가정책을 실현하겠다는 목표를 세우고 진심을 다해 매진했다.

특히 대선이 있었던 2002년은 한 해 내내 밤 12시가 넘어서야 집에 들어올 수 있었다. 연설문이나 언론 인터뷰, 해외순방 자료를 만드는 일 외에도 대선에 대비하여 분야별로 전문가 그룹들을 만들어 대선공약을 만드는 일에 몰두하게 되어 하루도 잠을 푹 자본 적이 없었다. 토요일, 일요일에도 사무실에 혼자 출근해서 여의도에서 혼밥을 하며 일을 했다. 2001년에 시작된 한나라당 국가혁신위원회의 종합보고서를 작성하는 일도 내 몫이었다. 2002년 5월 발간된 『반듯한 나라, 활기찬 경제, 편안한 사회』는 정치, 경제, 사회, 외교안보, 교육, 복지 등 국정 전반에 걸친 국가혁신의 청사진을 제시했는데, 이를 기초로 그 해 12월 대선

『반듯한 나라, 활기찬 경제, 편안한 사회』 2002

의 공약을 구체화할 수 있었다.

여의도연구소장으로 3년간 야당의 싱크탱크를 이끌고 2002년 대선을 준비했던 경험은 내 전공분야였던 경제의 영역을 뛰어넘어 국정 전반에 걸쳐 전문가들과 대화하고 해법을 고민하게 만든 소중한 시간들이었다. 경제가 정치, 사회, 교육, 복지, 노동, 주택 등의 이슈들과 별개가 아니라 하나의 거대한 시스템 속에서 맞물려 움직이는 것이라는 깨달음도 얻는 계기가 되었다. 그 때 함께 일했던 각 분야의 수많은 전문가들은 그 후 이명박, 박근혜 정부에서, 또 국회에서 지금까지도 활동하고 있다.

그러나 내가 처음에 품었던 그 꿈은 이뤄지지 않았다. 이회창 후보가 2002년 12월 19일 대통령 선거에서 노무현 후보에게 패배하면서 2000년부터 3년 동안 내가 그렸던 국정 전반에 걸친 정책 해법들도 빛을 보지 못하고 사장됐다.

2003년 6월 여의도연구소장 직을 사퇴하고 강원도 춘천 한림대로 갔다. 이미 봄학기부터 연구교수로서 한국경제론 한 과목을 가르치고 있던 곳이었다. 한림대에서 세 학기 동안 학생들에게 한국경제를 가르쳤다. 매주 1박2일을 춘천에서 보내면서 강원도의 힘으로 마음 속의 상처를 치유해갔다.

3

필연의 경제학은 없다

필연의 정치학, 필연의 경제학

셰익스피어의 희곡 '햄릿'의 주인공은 사악한 통치자의 갑작스러운 등장에 깊은 충격을 받은 고결한 인물이다. 햄릿은 말한다. "시기가 어긋났군. 아, 빌어먹을 팔자. 이를 바로 맞추기 위해 태어나다니…"

역사학자 티머시 스나이더Timothy Snyder는 햄릿의 이 대사를 인용하면서 이렇게 말했다.

> 파시즘과 나치즘, 공산주의의 트라우마는 현재의 우리와 무관하며 영원히
> 사라지는 줄 알았다. 우리는 대범하게도 역사가 한 방향으로 자유민주주의를
> 향해 움직일 수 있다는 필연의 정치학politics of inevitability을 수용했다. 역사의
> 종말이라는 신화를 받아들였다. 필연의 정치학은 우리 스스로 자초한 지적
> 혼수상태다. 우리는 세상의 기본적인 질서를 대신할 '대안은 없다'고 말하는
> 법을 배웠다… 영원의 정치학politics of eternity도 역사에 대해 가식적이다.
> 국가주의적 대중주의자들이 영원의 정치학을 행하는 정치인들이다. 영원의
> 정치학은 실제로는 처참하기 그지없는 시대에 결코 일어난 적이 없는 과거의
> 순간들에 대한 갈망과 동경이다… 필연의 정치학이 혼수상태 같다면 영원의
> 정치학은 최면상태 비슷하다… 진보가 필연이라고 생각하기에 아무 것도 하지
> 않고, 시간의 고리가 반복된다고 생각하기에 아무 것도 하지 않는다. 필연과
> 영원, 이 두 가지 태도는 모두 반역사적이다.
>
> — 티머시 스나이더, 『폭정』, 2017년, 열린책들

티머시 스나이더가 말한 필연의 정치학과 마찬가지로, 우리 경제의 미래에 대해 "저성장은 필연이다"라는 운명론이 있다. 그러한 필연의 경제학도 필연의 정치학과 마찬가지로 반역사적이라는 게 나의 분명한 생각이다.

많은 사람들이 저성장이라는 체념에 빠져 있을 때 우리에게는 발상의 전환이 필요하다. 어느 나라든 50년, 100년의 장기 성장경로를 보면 단기 추세선으로는 설명할 수 없는 변화가 있다. 경제 역사의 경로상에는 단절斷絶이 있다. 이 단절이란 추락일 때도 있지만 거꾸로 비상飛上일 때도 있다.

한국전쟁 이후 우리 경제의 드라마틱한 변화가 바로 그러한 단절의 생생한 사례다. 한국전쟁 직후인 1950년대 초반으로 돌아가서 생각해보라. 그 당시 한국경제가 그로부터 30년 안에 세계에서 가장 빠르게 성장하는 경제가 될 것이라고 과연 누가 예측할 수 있었나? 세계가 '한강의 기적'이라고 부르는 30여년의 고속성장은 당시의 개발경제학 이론으로는 설명이 되지 않는, 세계 역사상 유례가 없는 성장이었다.

1950년 11월 6·25전쟁으로 폐허가 된 대한민국　　　　　출처 : Britannica.com

1972년 현대울산조선소 전경

출처 : 국가기록원

1973년 6월 완공된 포항제철 1고로 전경

출처 : 포스코 50년사 화보집

1978년 강남종합버스터미널 일대 공사 전경   출처 : 경향신문

IMF위기를 다룬 영화
〈국가부도의 날〉

그리고 IMF위기가 터지기 전의 1990
년대 초반의 시점에서 생각해보라. 그 당
시에 우리 경제가 몇년 후 엄청난 위기를
겪고 그 후 20년 넘게 빠르게 추락할 것
이라고 과연 누가 예측할 수 있었나?

한강의 기적이든 IMF위기 이후의 추
락이든, 우리가 단순히 과거 추세의 연장
선 위에서 미래를 예측했다면, 그런 단절
과 변화는 예측하지 못했을 것이다.

내 머릿속의 그림 하나

오래 전부터 내 머리 속에 넣어둔 그림이 있다. 그건 한국전쟁이 끝난 이듬해인 1954년부터 2021년까지 우리 경제가 어떤 성장경로를 밟아왔는지 그 궤적을 보여주는 그림이다. 〈그림 1〉의 톱니 같은 그래프에는 지난 67년간 우리 경제가 걸어온 경제역사가 고스란히 담겨있다.

이 그래프는 하나의 산山과 같다. 가파른 오르막을 빠른 속도로 올라가다가 내리막길을 천천히, 계속 내려오는 모양이다. 박정희 대통령과 전

〈그림 1〉 1954~2021년의 경제성장률(실질, %)

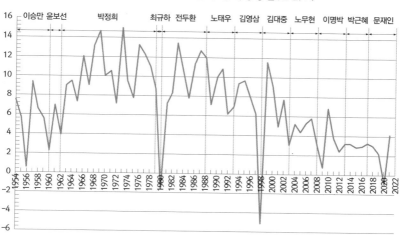

출처 : KOSIS 국가통계포털

두환 대통령의 임기인 1961~1988년의 27년 기간 중 우리 경제는 1980년의 마이너스(-) 1.6% 성장을 제외하면 세계적으로 유례가 없는 연 10~15%의 초고속 성장을 해왔다. 그 후 노태우, 김영삼 정부를 시작으로 1988~2021년의 33년은 경제성장률이 10% 이하로 떨어지고 0%를 향해 하락하는 추세를 보이고 있다.

이 그래프를 연장해 2022년부터 앞으로 80여년 후인 2100년까지 우리 경제가 어떻게 성장할 것인지를 나는 상상해본다. 여러분도 함께 상상해보시라. 그건 앞으로 우리 국민들의 먹고 사는 문제를 압축적으로 말해주는 지표이기 때문에 너무나 중요한 이슈다.

앞으로 우리 경제는 과연 어떻게 될 것인가?
한국경제는 어떤 성장경로를 가게 될 것인가?

우리 경제의 앞날에 대하여 이보다 더 중요한 질문이 있을까?

이 질문에 대하여 그 동안 대부분의 경제학자, 경제관료, 외국인 투자자들은 매우 비관적인 답을 내놓았다.

지난 2013년, KDI 경제학자들은 2100년까지의 장기성장 전망을 한 적이 있다. 이들은 통계청의 『장래인구추계: 2010~2060년』(2011년 12월 통계청)의 인구전망을 토대로 합계출산율이 2010년의 1.23명에서 2045년까지 ① 1.42명으로 상승하는 경우 (중위 시나리오), ② 1.79

신석하 · 황수경 · 이준상 · 김성태,
『한국의 장기 거시경제변수 전망』,
2013년 5월, KDI.

명으로 상승하는 경우 (고위 시나리오), ③ 1.01명으로 하락하는 경우(저위 시나리오)의 세 가지 시나리오를 놓고 2100년까지의 성장경로를 전망하였다.

〈그림 2〉는 이 세 가지 시나리오별 잠재성장률을 2100년까지 그려본 것이다. 이 그림에서 보듯이 잠재성장률은 중위(그림의 노란색 baseline) 전망의 경우 2021~2030년에 연평균 2.7%에서 2051~2060년에 1.0%, 2091~2100년에는 0.8%로 천천히 하락할 것으로 예측하고 있다. 저위 시나리오의 경우 2021~2030년에 연평균 2.6%에서 2041~2050년에 0.9%, 2061~2070년에 마이너스(-) 0.2%의 성장으로 추락할 것으로 예측하고 있다.

여러분은 〈그림 2〉를 보면 어떤 생각이 드는가? 이 장기전망을 처음 봤을 때 "이제 성장은 끝이구나"라는 생각에 나는 참 우울했다. 그러나 사실 더 어두운 뉴스는 이 전망조차도 너무 장밋빛일 가능성이 높다는 것이

〈그림 2〉 150년간의 한국경제 : 1954~2100년

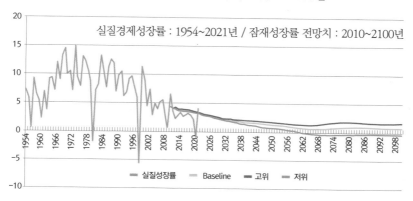

다. 이 전망이 전제한 미래의 합계출산율이 틀릴 가능성이 높고 따라서 성장전망도 지나치게 낙관적일 가능성이 높다. 이 그림은 2045~2100년의 합계출산율을 각각 1.79명(고위), 1.42명(중위), 1.01명(저위)으로 가정했지만, 실제 합계출산율은 2018년에 이미 1.0명 선이 붕괴되어 0.98명, 2021년 0.81명으로 빠르게 추락하고 있다. 이미 훨씬 더 낮은 출산율을 기록하고 있는데 2045년 이후의 출산율을 1.42명 또는 1.79명으로 가정하는 것이 얼마나 비현실적인 것인가. 즉, KDI 장기성장전망은 인구전망의 전제부터 틀렸을 가능성이 높다. 더 빠르게 감소하는 합계출산율을 적용하면 당연히 〈그림 2〉보다도 더 비관적인 전망이 나올 수밖에 없다.

최근 유엔인구기금UNPFA의 '2020년 세계인구현황보고서State of World Population'를 보면 우리나라의 합계출산율은 1.1명을 기록했을 때에도 198개국 중에서 꼴찌를 기록했으니, 이미 1.0명이 붕괴되어 버린 지금은 단연 세계 꼴찌이다. 인구전망이 자꾸 틀리니까 통계청은 2019년 3월 『장래인구특별추계: 2017~2067년』을 발표했고, 2021년 12월에 『장래인구추계: 2020~2070년』을 또 발표했으나, 미래의 출산율에 대한 가정은 여전히 낙관적이었다.

오래 전부터 젊은이들을 상대로 강연을 할 때마다 〈그림 1〉과 〈그림 2〉를 보여줬다. 이 그림들을 보여주면서 우리 경제의 미래가 어떻게 될 것인지, 경제성장이 2% → 1% → 0% → 마이너스 성장으로 가면 이 나라에, 우리 공동체에 어떤 일들이 전개될 것인지를 얘기했다. 그리고 1990년대부터 지금까지 30여년 동안 정권의 임기가 바뀌는 '5년마다 경제성장률이 1%p씩 하락하는 추세'가 나타나고 있음에 주목하면서, 이 추세대로 간다면 우리 경제가 1%선, 0%선을 통과하여 마이너스 성장으로 가는 시점은 〈그림 2〉에서 전망한 것보다 훨씬 더 앞당겨질 수 있다고 경고했다. '5년마다 경제성장률이 1%p씩 하락'하는 이 심각한 문제에 대한 나의 경고는 서울대 경제학부 김세직 교수의 경고와 같았다. 김 교수도 "고도성장을 구가하던 한국경제는 1997년 외환위기 이후 장기 성장률이 매 5년마다 1%p씩 추락"하고 있음에 주목하면서 "이 추세대로 간다면 다음 정부에서는 장기성장률 0%대의 제로성장 시대에 곧 접어들 것"으로 예상했다.

경제학을 '우울한 학문dismal science'라고 하지만, 이런 예측은 참으로 우울하다. 최근까지만 하더라도 2%대 성장을 하던 우리 경제가 이제 곧 제로성장 시대로 갈 수 있다는 얘기다.

그런데 이 우울한 예측도 2020년 코로나 사태가 발생하기 이전의 얘기였다. 설상가상으로 코로나 사태까지 발생하여 세계경제와 국내경제가 동시에 얼어붙으니 얼마나 경제상황이 더 악화될지 한 치 앞을 내다보기 어려운 상황이 되었다. 2020년 우리 경제 역사상 세 번째 마이너스(-) 0.9% 성장을 기록했고 2021년에는 4.0% 성장으로 반등했으나 미국 등 세계 각국의 금리인상과 '테이퍼링tapering'(양적완화 정책을 점진적으로 축소하는 것)으로 시계 제로인 상황이다.

1997년에 IMF위기가 터지고, 1998년 사상 최악인 마이너스(-) 5.1% 성장을 기록한 이래 김대중, 노무현, 이명박, 박근혜, 문재인 정부의 25년 동안 보수와 진보를 가리지 않고 5년마다 1%p씩 성장률이 하락하면서, 우리 사회에는 몇 가지 체념적인 생각들이 마치 정설인 것처럼 확산되기 시작했다.

IMF위기 이후 '우리 경제에 대한 체념들'을 요약하자면;
① 저성장이 '뉴노멀new normal'이다. 앞으로 고성장은 불가능하니까

포기해야 한다.

② 성장하더라도 일자리에 도움이 안되는 '고용 없는 성장jobless growth'
이다. '성장의 낙수효과落水效果trickle-down effect'도 없다.

성장과 일자리에 관한 이 체념들은 과연 타당한 '필연의 경제학'인가?
우리 경제는 고성장을 포기하고 저성장을 뉴노멀로 받아들여야만 하는가?
성장을 해도 일자리에 도움이 안되고 중산층 서민과 중소기업에게도 도
움이 안되는가?

사실 최근 수년간의 2~3% 성장도 반도체 등 소수의 산업을 제외하면
성장률은 이미 0~1%에 가깝다. 자전거가 앞으로 움직이지 않고 멈추면
쓰러지듯이, 2~3%대의 성장조차도 앞으로는 쉽지 않을 수 있다. 만약 이
런 비관적 관측이 현실이 된다면, 성장은 불가능하니 성장을 포기해야 할
것이고, 저성장이라는 뉴노멀을 받아들이고 앞으로는 성장보다 복지와
분배에나 더 신경을 쓰는 것이 옳다는 주장이 제기되는 것이다.

우리 경제가 정부와 민간이 아무리 노력을 해도 2~3% 이상의 고성장
은 더 이상 가능하지 않다는 것인가? 이 질문에 대해서 다수의 경제전문가
들은 잠재성장률이 다시 치고 올라갈 가능성은 거의 없다고 예측한다. 성
장은 자본투입, 노동투입, 총요소생산성에 의하여 결정되는데, 자본과 노
동의 투입에 의한 양적 성장은 일찌감치 한계가 왔고, 기술발전, 자원배분
의 효율성 제고, 법·제도의 개선 등에 따른 총요소생산성의 획기적인 향상
도 어렵다는 것이다. 특히 세계 최악의 저출산 고령화로 앞으로 생산연령
인구는 줄어들고 노인부양의 부담은 급격히 늘어날 것이기 때문에 노동이
성장의 심각한 장애요인이 될 것이라는 점도 어두운 전망의 요인이다.

성장을 포기하는 경제는 희망이 없다

과연 우리 경제의 비관적 미래는 예정되어 있는가? "한국경제는 더 이상 성장할 수 없다"는 이 우울한 예측을 받아들이고 우리는 앞으로 경제성장을 단념해야만 하는 건가?

만약 5년마다 1%p씩 잠재성장률이 하락하는 추세가 앞으로도 계속 이어진다면 우리는 경제성장을 포기해야 할 것이다. 경제성장에 대해 사람들은 이렇게 말한다: "성장의 시대는 끝났어! 저성장은 고착화됐어. 저성장은 불가피한 것이니 그저 우리의 숙명이라고 받아들여야 해. 저성장이 바로 뉴노멀이야"라고... 경제전문가들, 경제관료들, 정치인들, 그리고 해외전문가들 중 많은 이들은 이미 이렇게 단정하고 있다. 일종의 지적 유행이라고 할 만큼 다수의 의견이 이러한 상황에서 누군가 경제성장을 말하면 자칫 시대에 뒤떨어진 사람 또는 실현 불가능한 장밋빛 희망을 말하는 사람 정도의 취급을 받기도 한다.

그럼에도 불구하고 나는 경제성장에 대해서 말하려 한다. 성장의 가치에 대해 말하고, 꼭 성장해야만 한다고 말하려 한다.

왜? 경제성장 없이는 시대의 문제들인 저성장, 저출산, 양극화를 도저히 해결할 수 없기 때문이다. 경제성장만이 이들 문제들을 해결할 방아쇠 trigger이기 때문이다. 그리고 뒤에서 설명하지만, 자본주의 시장경제를 우리보다 훨씬 먼저 해왔던 잘 사는 나라들의 역사적 경험을 보면 지금 단계에서 우리가 이제부터 성장은 없다고 섣불리 결론내리는 것은 새로운 성장을 시도조차 해보지 않고 포기하는 것이기 때문이다.

앞서 말했듯이 한강의 기적이든 IMF위기 이후의 추락이든, 우리가 단순히 과거 추세의 연장선 위에서 미래를 예측했다면 그런 단절과 변화를 예측하는 것은 불가능했다. 그러나 그런 단절과 변화는 우리 역사에서 실제로 일어난 일이었다. 우리는 그런 변화를 이루어냈던 것이다. '추세선' 위에서 미래를 예측하는 것은 경제학자들이나 통계학자들이 흔히 쉽게 하는 일이다. 오래 전 위스콘신 대학에서 계량경제학과 거시경제학을 배울 때 그랬듯이...

그러나 '역사는 추세선 위에서만 움직이지 않는다'는 사실을 잊지 말자. 역사는 수학이나 통계학이 아니다. 자본주의 시장경제의 동태적 변화를 누구보다 예리하게 꿰뚫어본 슘페터Joseph A. Schumpeter는 추세선으로 미래를 전망하는 계량모델의 문제점을 이렇게 지적했다: "언제나 뒤늦으면서 과거가 현재를, 그리고 현재가 미래를 결정하는 수식 모델처럼 자본주의의 현실은 기계론적이 아니다. 질적 변화는 인간이 주체가 된 행동에 수반된다." (이토 미쓰하루, 네이 마사히로, 『조셉 슘페터, 고고한 경제학자』, 민성원 역, 2004년, 소화, 99쪽) 그렇다. 실제의 역사는 그 시대를 살아가는 사람들이 함께 만들어 가는 것이다. 특히 앞장서서 가야 할 방향과 각자가 할 일을 정하는 리더의 역할이 중요하다. 수천년 가난에서 우리 국민들을 해방시킨 박정희 대통령이 그랬듯이 말이다.

경영학 분야의 세계적 석학인 존 코터 교수의 책, *Leading Change*의 표지에는 바다로 뛰어드는 '퍼스트 펭귄first penguin'이 있다. '퍼스트 펭귄'은 무리 중에서 가장 먼저 바다로 뛰어드는 펭귄이다. 코터 교수는 리

Leading Change 표지

더란 조직의 위기를 초기에 감지하고 선두에 서서 혁신을 이끌어내야 한다는 '변화관리 8단계 이론'을 제시했다. 지금 이 순간 대한민국에는 과연 그런 리더가 있는가?

'고용 없는 성장'이나 '낙수효과가 없다'는 주장은 성장을 하더라도 예전만큼 일자리가 생기지 않고 대기업들이나 부자들만 좋아질 뿐 중소기업, 자영업자, 가난한 서민들에게는 성장의 과실이 돌아가지 않는다는 체념이다. 과거에 비하여 더 이상 노동집약적 성장이 아니기 때문에 고용창출 효과가 예전만큼 크지 않고, 그 혜택이 경제 전반에 골고루 퍼지지 않는 것은 어느 정도 사실이다. 그러나 '고용 없는 성장'이니 '낙수효과는 없다'를 과장하면서 성장의 가치를 폄하해서는 안된다. 노동집약적 성장의 시절 만큼은 아니더라도 성장은 여전히 일자리를 만들고 있으며, 대기업이나 수출기업들이 성장할 때 협력업체가 동반 성장하는 것도 엄연한 사실이다. 다만 성장의 과실이 중소기업까지, 저소득층까지 흘러가는 낙수효과의 문제는 대·중소기업간 협력체제와 분배시스템에 달린 문제이다. 고용 없는 성장이니 낙수효과가 없다는 말들을 쉽게 하지만, 경제성장이 일자리에 얼마나 중요한지는 경제위기가 와서 마이너스 성장을 하게 되면 실감할 수 있다.

1997년의 IMF위기, 2008년의 금융위기, 2020년의 코로나 위기가 바로 그런 위기였고, 기업들과 금융기관들과 자영업자들이 몰락해서 대량 실업이 발생할 때 우리는 이들이 평소에 얼마나 많은 일자리들을 품고 있

었는지를 절감하게 된다. 산업과 기업들이 부실화되어 실업이 대량으로 발생할 때 우리는 '고용 없는 성장' 같은 말을 감히 하지 못할 것이다.

1997년의 IMF위기 이후 지난 25년간 김대중, 노무현, 이명박, 박근혜, 문재인 대통령의 다섯 정권이 들어섰다. 역대 대통령들은 취임하면서 "IMF위기 극복, 동반성장, 747, 창조경제, 소득주도성장…" 등 자신의 새 정부는 우리 경제를 다시 일으켜 세울 것처럼 얘기했다. 그러나 보수, 진보를 막론하고 어느 정권도 성장의 모멘텀을 만들지 못했고 우리 경제는 계속 일관되게 추락해왔다.

왜 IMF위기 이후 우리 경제는 성장에 실패했나? 왜 5년마다 1%p씩 추락했나? 내가 경제학자에서 정치인으로 인생을 바꾼 이유는 '먹고 사는 문제'를 해결하는 데 결국 중요한 것은 정치라는 자각 때문이다. 5년마다 1%p씩 추락하는 추세가 30년 동안 계속되어 이대로 5년, 또 5년이 가면 우리 경제는 절망적인 상태에 빠지고 선진국이 될 가능성은 영영 사라져 버릴 것이라는 문제의식 때문이었다. 경제학자에서 정치인으로 바뀐 이후 야당 8년, 여당 9년, 그리고 다시 야당 5년을 겪으며 나는 우리 정치가, 특히 대통령과 집권세력이 잘못하면 경제가 어떻게 망가질 수 있는지를 생생히 봐왔다. 2004년 17대 국회 초선의원이 갓 되었을 때 의원들의 다짐을 쓰는 큰 종이 위에 나는 "먹고 사는 문제, 우리가 해결하겠다"라고 썼다. 바로 그것이 경제학자가 정치에 뛰어든 초심이었고, 정치를 해온 가장 중요한 이유였다.

그러나 불행하게도 1987년 민주화 이후 5년마다 새로운 대통령이 선출되었으나 우리 경제의 미래에 대한 확실한 비전과 철학을 가지고 그에 걸맞는 전략과 정책을 추진해가는 대통령은 없었다.

'경제성장은 끝났다, 성장은 더 이상 국가의 역할이 아니다'... 이런 체념적 주장과 지적 유행에 맞서 싸워야 한다. 복지 포퓰리즘에 맞서 싸워야 한다. 성장이 중요하다고 말하면 사람들은 아직도 성장에나 매달리는 시대착오적인 사고방식이라고 비판한다. 성장의 시대는 끝났다고, 이제는 복지 분배에나 신경써야 한다고 비판한다. 이게 과연 합당한 비판인가? 성장추락을 그대로 두고 무슨 돈으로 복지를 하는가?

나는 보수정치인들 중에 누구보다도 복지와 사회안전망 확충을 주장해온 사람이다. 그러나 우리 정치인들 중에 아무도 성장의 가치를 얘기하지 않는 현실에서 나는 분명히 말한다.

다시 성장의 길로 나아가야 한다. 그러나 과거처럼 대통령선거를 앞두고 747(경제성장률 7%, 1인당 국민소득 4만달러, 세계 7위 경제대국이라는 이명박 대통령의 2007년 대선공약)이나 474(잠재성장률 4%, 고용률 70%, 1인당 국민소득 4만달러라는 박근혜 정부의 2014년 경제비전)처럼 몇 % 성장을 만들겠다는 식의 장밋빛 공약을 하자는 것이 아니다. 비관적인 전망에도 불구하고 우리가 경제성장의 길로 가지 못하면 대한민국의 미래가 너무 암울하기 때문이며, 오래 전에 우리 선배들이 해냈듯이 성장을 하느냐 못하느냐도 우리가 하기 나름인 것이다.

4

성장의 가치

제인스빌, 그리고 군산...

제인스빌Janesville은 미국 위스콘신주 남부의 작은 도시다. 내가 공부했던 위스콘신 주립 대학은 주도州都인 매디슨에 있다. 1983년 처음 유학길에 올랐을 때만 해도 매디슨과 그렇게 가까운 거리에 제인스빌이 있는 줄도 몰랐다. 제인스빌이라는 이름이 처음 내 눈에 들어온 것은 장을 보러 시카고에 갔을 때였다. 차를 몰아 I-90 고속도로를 타고 동남쪽 시카고로 향할 때 가장 먼저 등장하는 도시다. 시카고의 한인마켓에서 장을 보고 매디슨으로 돌아올 때 제인스빌 표지판이 보이면 '아 이제 집에 다 왔구나'

출처 : google image

GM공장이 폐쇄된 이후의 모습. 유튜브 'Former GMers look back 10 years after Janesville plant closure' 갈무리

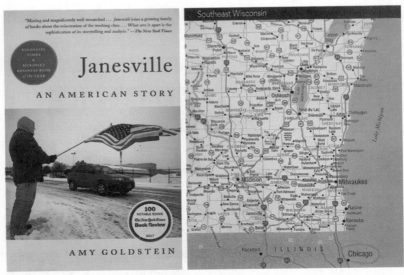

2008년 12월 23일 제인스빌 GM공장이 생산한 마지막 자동차 타호Tahoe가 $57,745라는 가격표를 붙인 채 출고되는 모습(왼쪽)과 제인스빌 부근 위스콘신주 지도

라는 안도의 신호를 주던 그 도시다.

 4년의 유학생활 중 제인스빌 시내에 가본 건 딱 한 번, 신문에서 '거라지 세일' 광고를 보고 중고 책장을 사러 갔다가 허탕을 치고 햄버거를 먹으려고 동네 식당에 갔던 날이었다. 이 작은 도시에 1차 대전 직후 지은 GM 공장이 있었다는 것, 그리고 마을 사람들 대부분이 GM 공장의 일자리 덕분에 미국의 중산층으로 먹고 산다는 것도 그 날 처음 알게 되었다.

 유학을 마치고 30년 넘는 세월이 흐른 어느 날, *Janesville: An American Story*라는 책을 선물 받았다. 책의 첫 페이지를 펼쳐 마지막 페이지를 덮을 때까지, 나는 제인스빌 사람들의 이야기에 전율을 느꼈다. 구글에서 위스콘신 지도를 프린트해서 책 표지 안쪽에 붙여놓고 기억 속의 지명을 더듬어가며 책을 읽었다.

 매디슨과 시카고 사이에 있던, 인구 6만이 조금 넘는 이 작은 도시의 풍광과 그 길이 눈에 선했다. 제인스빌 사람들이, 그 곳의 엄마 아빠와 아이들이 2008년부터 2013년까지 6년간 겪었던 실직의 고통과 삶의 무게를 고스란히 느낄 수 있었다. 그건 단순히 85년 동안 그 자리에 있었던 GM 공장이 하루 아침에 문을 닫고 9천명의 근로자가 일자리를 잃었다는 통계 숫자의 문제가 아니었다. 그것은 어느 날 아침 일터가 사라질 때, 그 사람의 인생에, 그의 가족과 이웃들의 삶에, 그들이 함께 살아온 공동체에, 어떤 운명적인 파괴가 오는지에 관한 생생한 기록이었다. 제인스빌 공장이 문을 닫자 사람들이 어떤 고통을 겪어야 했는지, 가족과 공동체는 어떻게 파괴되었는지, 그 속에서 사람들은 새로운 희망을 만들려고 어떻게 몸부림을 쳤는지... 그 생생한 기록이었다.

 GM 제인스빌 공장을 폐쇄한다는 결정이 발표되고 대량해고가 시작되자 해고 노동자들에 대한 지원이 시작되었다. '실직 후 어떻게 할 것인가?'라는 가이드북에는 "해고는 당신의 잘못이 아닙니다"라는 말과 함께 실직자들을 위로하는 좋은 말들이 쓰여 있었다. "성공하려는 당신의 각오가 다른 무엇보다 더 중요함을 늘 기억하라"는 에이브러햄 링컨Abraham Lincoln 대통령의 명언과 "행복의 한쪽 문이 닫히면 또 다른 문이 열린다. 다만 우리가 닫힌 문을 너무 오래 쳐다보니 새로 열린 문을 못 볼 뿐이다"라는 헬런 켈러Hellen Keller의 명언이 적혀 있었다. '당신의 잘못이 아닙니다'라는 말은 영화 '나, 다니엘 블레이크'와 '굿 윌 헌팅'에도 등장하는 대사다. 그러나 이런 위로의 말에도 불구하고 제인스빌의 해고 노동자와 그 가족들은 비극의 늪으로 빠져 들어갔다.

*Janesville: An American Story*는 미국의 중산층에게 엄마 아빠의 실직으로 하루 아침에 어떤 불행이 닥치는지를 생생하게 보여줬다. 1923년부터 85년간 있던 GM 공장과 협력업체들이 2008년 문을 닫고, 2010년에는 제인스빌에 있던 Parker Pen의 마지막 공장이 멕시코로 이전하자 인구 6만여명의 소도시는 실직의 아픔을 겪는 사람들의 슬픈 사연으로 뒤덮혔다 (그 유명한 파커펜 회사는 1888년 George Safford Parker가 이 작은 도시에서 시작한 회사다). GM과 협력업체, Parker Pen에서 후한 임금을 받던 중산층 노동자들이 실직하자 이들은 곧 빈곤층으로 추락하고 집세, 모기지론 상환, 건강보험, 전기·전화·수도요금, 자녀 교육비, 식품 등 생필품에 과거처럼 돈을 쓸 수 없었다. 이혼으로 가정은 파괴되고 버려진 아이들이 늘어났다.

직업훈련을 받고 교도관이 된 Kristi Beyer는 극단적 선택을 했고, Matt Wopat는 아내와 세 딸들을 위해 280마일 떨어진 인디애나주 포트웨인 GM공장에 일자리를 찾아 매주 제인스빌에서 일리노이를 지나 인디애나까지 왕복 9시간을 운전하는 'GM 집시gypsy'가 되었다. 가족을 먹여 살리기 위해 가족을 떠나야 했던 것이다. Parker 고등학교의 Deri Wahlert 선생님은 갑자기 가난해진 아이들을 위해 친구들이 눈치 채지 않게 조용히 와서 기증받은 학용품, 옷가지, 운동화, 식료품, 비누, 치약, 샴푸 등 필요한 물건을 가져갈 수 있도록 '파커 벽장Parker Closet'을 만들어냈다. 사회운동가인 Ann Forbeck은 가정이 파괴되어 전기도 끊긴 아파트에 버려졌거나 친구집, 친척집에 살다가 거기서도 쫓겨난 집없는 아이들을 위해 'Project 16:49'를 시작했다. 학교가 끝나는 시간부터 다음 날 등교까지 '16시간 49분' 동안 갈 곳 없는 아이들을 위해 거처를 마련해주기 위한 운동이었다. 크리스마스가 되면 가난의 나락으로 떨어진 이웃들을 위해 식품과 생필품을 가득 담은 '희망의 백Bags of Hope'를 전달하는 시민들이 나타났다.

이 작은 공동체 안에서 슬프고 가슴 아픈 사연들이 많았지만 그에 맞서 가슴 따뜻한 일들도 많았던 것이다. 그러나 힘있는 정치인들은 별 도움이 되지 않았다. GM공장의 폐쇄가 발표되기 전 2008년 2월 제인스빌 공장을 찾은 민주당의 버락 오바마Barack Obama 일리노이주 상원의원은 "제인스빌의 약속은 미국의 약속이었습니다. 우리 정부가 여러분을 지원하면 이 공장은 또 다른 백년간 여기 있을 것임을 나는 믿습니다"라고 말했다. 이 말은 불과 넉 달도 안 되어 헛공약이 되고 말았다. 제인스빌이 지역구인 폴 라이언Paul Ryan 공화당 하원의원은 GM공장의 폐쇄를 어떻게든 막아보려고 워싱턴과 GM본사가 있는 디트로이트와 제인스빌을 오가며 백방으로 노력해봤지만 그도 제인스빌 공장의 폐쇄를 막을 수는 없었다. 2008년 12월 23일 크리스마스를 불과 이틀 앞두고 제인스빌 공장이 생산한 마지막 SUV 자동차 타호Tahoe가 $57,745라는 가격표를 붙인 채 출고되고 공장은 완전히 멈췄다.

군산...

제인스빌은 나에게 일자리, '잡job'의 의미를 새삼 일깨웠다.

제인스빌을 읽는 내내, 내 마음은 전라북도 군산으로 향했다.

한국GM 군산공장은 2018년 2월 13일 미국 본사로부터 폐쇄 방침을 통보받았고 그 해 5월의 마지막 날, 가동 22년 만에 완전 문을 닫은 상태였다. IMF위기가 터지기 직전인 1996년 대우 김우중 회장이 세운 대우자동차 군산공장이 22년 만에 문을 닫게 된 것이다.

협력업체를 포함해서 1만 3천명이 순식간에 일자리를 잃었다. 바로 그 전 해인 2017년 7월에 이미 현대중공업 군산조선소 폐쇄라는 충격을 겪어야 했던 군산 시민들에게 (군산조선소는 2022년 1월 재가동되었음) 한국GM 군산공장의 폐쇄는 암흑과 절망 그 자체였다. 군산공장에서 일하던 노동자들, 그들의 아내와 남편과 아이들은 지금 어디에서 무엇을 하고 있을까. 군산공장의 폐쇄가 이들의 삶을, 인생을 어떻게 바꿔놓았을까. 제인스빌이 증언해주듯 미국처럼 잘사는 나라의 중산층 노동자 가족들도 실직으로 빈곤의 나락으로 떨어지는데, 군산의 노동자 가족들은 얼마나 더 큰 고통을 겪었을까. 그들의 가정은 어떻게 되었을지, 그 아이들은 어떤 삶을 살아가고 있을지... 군산이라는 공동체는 이 아픔을 어떻게 견디고 군산 시민들은 실직 노동자의 가족들에게 따뜻한 위로가 되어줬을까.

일부 언론에서 한국GM 군산공장의 폐쇄 후 군산의 어려움에 대한 르포기사를 내보낸 적이 있으나, 간헐적이고 단편적인 기사만으로는 군산의 아픔과 슬픔을 알 수 없었고 짐작만 할 뿐이었다. 2021년 10월 군산에 가서 본 한국GM 군산공장은 폐쇄 결정 후 4년이 다 되도록 차량 출고장의 철문은 굳게 닫혀 있었고 시멘트 바닥 사이 사이 잡초만 삐쳐 나와 있었다. 여기에서 땀흘려 일하던 노동자들과 그 가족들은 지금 어디에서 어떻게 지내고 있을까를 생각하면서 나는 노동과 일자리가 우리 삶에서 차지하는 무거움을 느끼며 상념에 빠졌다.

2019년 3월 14일, 중앙일보

한국경제, 다시 성장의 길로 갈 수 있도록 하겠습니다!
https://www.youtube.com/watch?v=3qJr2tLhZ4Y

1997년 IMF위기, 그 후 25년

제인스빌과 군산...

그러나 더 오래 전부터 우리는 더 심한 고통을 겪어왔고 아직도 그 상처는 아물지 않았다. 그건 25년 전 IMF위기부터였다.

IMF위기가 올 거라고 예측했던 사람은 당시 국내외를 막론하고 거의 없었다. 그런 점에서 IMF위기가 발생하기 2년 전인 1995년 어느 해외언론이 그런 위험을 예측했었다는 것은 놀라웠다. 1995년 6월 3일자 *The Economist*지는 'A Survey of South Korea'에서 한국경제를 '프랑켄슈타인 경제Frankenstein Economy'라고 부르며 "재벌들은 막대한 부채로 성장했던 만큼 취약하며 약간의 슬럼프만 겪더라도 부실화되기 쉽다. 큰 재벌이 도산하면 금융시스템이 무너지고 성장은 둔화되며 더 큰 도산사태를 야기할 수 있다... 대규모 재벌의 붕괴가 한국의 금융시스템 안정성을 위협하는 한 정부는 재벌의 안정성을 보장할 수밖에 없을 것이며, 바로 이 점 때문에 한국 정부는 개입을 중단할 수 없다. 그러나 이러한 묵시적인 보장은 오히려 재벌로 하여금 더욱 무분별하게 투자하도록 장려하는 효과를 갖고 있다. 결국 재벌은 더 커지고 그들의 붕괴 가능성은 더 큰 위협이 된다. 박정희 대통령은 '길들일 수 없는 괴물Frankenstein'을 창조한 것이다."

이코노미스트지의 이 글은 IMF위기의 본질을 정확하게 꿰뚫어 봤다. 실제로 1997년 IMF위기가 터졌을 때, 나는 이 글이 떠올라 소름이 돋았다.

IMF위기는 흘러간 과거의 이야기일 뿐일까?

아니다. 25년이 지난 지금도 IMF위기는 현재진행형이다.

2018년 11월 9일 새벽, 서울 종로구 관수동의 국일고시원에서 화재 참사가 발생했다. 3.3㎡(1평) 내지 5㎡(1.5평) 밖에 안되는 벌집 같은 고시원 방에서 살던 일곱 분이 소중한 목숨을 잃었다. 사실 많은 고시원들은 고시준비생들이 아니라 경제난민들의 공간이다.

국일고시원에서 겨우 살아난 50대 박모씨는 이렇게 말했다.

1997년 부산에서 수산업을 하다가 IMF 와중에 회사가 부도났다. 당시 직원만 130명이었고 연 매출도 32억원이나 됐다. IMF 부도 때 생긴 채무 15억원은 지금도 고스란히 남아 나를 괴롭힌다. 신용불량자가 됐다. 건강식품 판매로 월 150~200만원을 벌며 근근이 생활하던 중에 국일고시원에서 화재를 당해 그나마 일을 못하고 있다. 월 5만원을 더 주고 창문 있는 방에 묵었기에 그나마 가스관을 타고 탈출해 살았다. 소방의 날에 발생한 화재에서 살아남은 나는 11월 9일을 다시 태어난 '제2의 생일'로 삼기로 했다.

서울 강서구의 한 고시원에 사는 30대 김모씨는 이렇게 말했다.

나는 창문 없는 3.3㎡ 원룸에 산다. 창문이 없어 답답해 죽을 거 같다. IMF 때 대기업에 다니던 아버지가 돌아가시면서 집안이 어려워졌다. 유학하던 나는 귀국해야 했다. 군 복무 이후 부산에서 상경할 때만 해도 꿈이 있었다. 막상 서울에 와보니 기댈 곳이 하나도 없었다. 너무 배가 고파 피를 뽑아 팔아 햄버거 두개와 바꿔 허기를 달래기도 했다. 이렇게 7년째 고시원을 전전하고 있다. 고시원에서 쫓겨나지 않으려고 고시원 주인 앞에서 무릎 꿇고 비는 사람도 봤다. 나는 '쓰리잡'을 뛴다. 부산에 홀로 사시는 어머니 생활비(매월

약 70만원)를 보내드려야 하므로 혼자 사는데도 저축할 엄두도 안 난다. 나는 매일 새벽 4시에 일어난다. 조금만 늦어도 고시원 옆방 사람들이 몰려들어 샤워실을 이용하기 어렵기 때문이다. 매일 오전 5시 30분 지하철 첫차를 타고 출근한다. 잠이 너무 부족해 임산부용 배려석에 앉아서 잘 때도 있다... 고시원에는 나 같은 빈자들이 몰려와 전전한다. 나는 우리 사회에서 최하층 젊은이라는 자괴감이 든다. 7년간 고시원을 전전하면서 한 번도 일터에 지각하지 않았고 죽도록 일했지만 내 삶은 바뀌지 않고 있다... 가난한 이들은 아무리 발버둥 쳐도 가난의 덫에서 벗어나지 못한다. 위축되다 보니 연애나 결혼은 꿈도 못 꾼다. 내일이 좋아질 거라는 희망도 기대도 없다. 차라리 죽는 게 낫다고 생각할 때가 많다.

『고시원 사람들』이란 책을 쓴 60대 이상돈씨는 이렇게 말했다. 서울에서 상고를 졸업하고 1974년 유명한 시중은행에 첫 발을 내디뎠다. 나는 은행이 망할 거라고는 한 번도 생각하지 않았다. 하지만 97년말 IMF 사태가 터지면서 국가가 사실상 부도났다. 지점장으로 일하던 98년말 은행 합병 와중에 졸지에 명예퇴직 처리됐다. 실업급여도 못 받았다. 도리어 부실대출 책임을 뒤집어쓰면서 10억원 정도를 물어내야 했다. 명퇴 이후 아파트와 땅까지 처분하고 강북의 달동네로 이사했다. 2008년 금융위기가 터진 이듬해엔 설상가상으로 지인에게 사기를 당했다. 급기야 신용불량자 신세로 전락했다. 가장으로서 면목이 없고 책임감을 느껴 어쩔 수 없이 2009년에 집을 나왔다. 편의점 알바, 군밤장수, 부동산 중개소 등 닥치는 대로 일했다. 2013년에는 과로로 몸이 망가졌다. 북한산으로 죽으러 갔다가 문득 이대로 죽을 게 아니라 반드시 살아야겠다는 생각이 들었다. 막막하고 죽을 고비에 처했을 때 나를 다시 살려준 것은 대한민국이 아니고 북한산이었다. 정부는 나에게 패자부활전 기회조차 주지 않았다. 힘들 때면 딸들이 격려를 해줬다. 특히 막내딸은 어떤 경우에도 '우리 아빠 최고야, 아빠 사랑해'라고 응원해줬다. 막내딸에게 미안해서 대학 공부는 아빠가 반드시 책임지겠다고 결심했고 그 약속을 지금까지 지켜왔다. 아무리 힘들어도 매월 150만원을 딸에게 보내줬다. 간절하게 보고 싶었지만 미안한 마음에 2009년부터 7년간은 보고 싶은 딸 얼굴도 못 봤다. 나는 2011년부터 7년째 고시원에 산다. 불에 잘 타는 합판으로 벽을 만든 원룸은 벌집 구조라 화재 시 탈출이 어렵다. 그래서 '고시원에 불나면 다 죽는다'고 입을 모은다.

– 중앙일보, 2018년 11월 27일, 장세정 논설위원이 간다,
"창문 없는 한 평 원룸 살며 쓰리잡 뛰어도 희망이 없다"

'IMF위기'는 1997년에 '갑자기 왔다'.

위기가 '갑자기 왔다'는 것은 "은행이 망할 거라고는 한 번도 생각하지 않았다"던 이상돈씨의 말처럼, 당시 대부분의 사람들은 이 나라가 그런 위기에 빠질 줄은 꿈에도 몰랐던 것이다. 일부 위험의 경고음이 들리긴 했다. 앞서 언급한 이코노미스트지 기사도 그 위험을 경고했고, 국내에서도 기업들의 과다차입의 위험, 계열사 연쇄도산의 위험, 금융기관의 단기 외화 차입의 위험 등 우리 경제의 위험성에 대해 경고하는 목소리는 가끔 있었다. 그러나 우리 정부는 그런 위험이 실제로 일어날 것이라고 전제한 대응은 조금도 하지 않았던 것이다.

위기 직후 1998년의 경제성장률은 마이너스(-) 5.1%였다. 한국전쟁 이후 45년간 1980년을 제외하고는 한 번도 경험해본 적이 없는 큰 폭의 마이너스 성장이었다. 그러나 '마이너스(-) 5.1 퍼센트'라는 숫자만으로 지난 25년간 우리 국민들이 겪어야 했던 고생과 아픔을 설명하기에는 너무나 부족하다. 전쟁이 남긴 폐허 위에 나라를 건설하느라 뒤도 안돌아보고 달려온 우리는 먹고 사는 문제 만큼은 해결된 줄 알았다. 세계에서 가장 빠른 속도로 산업화를 이룩해서 한강의 기적이라는 칭찬을 들었고, 거기에다 민주화까지 이룩하고 '부자나라 클럽'이라는 OECD의 회원국으로 가입한 우리 자신이 자랑스러웠다. 그러나 1997년의 IMF위기는 그게 착각이었음을 한 방에 깨우쳐 주었다. 앞서 30대 김씨, 50대 박씨, 60대 이씨, 이 고시원 사람들이 2018년 겨울에 호소하는 고통은 IMF위기가 아직도 끝나지 않은 현재진행형이며, 먹고 사는 문제가 지금 이 순간에도 얼마나 어렵고 중요한 문제인지를 생생하게 증언한다.

먹고 사는 문제 때문에 사람들이 겪는 고통과 절망의 이야기는 끊이지 않았다. 2014년 2월 26일 서울 송파구 석촌동의 한 단독주택 지하 셋방에서 엄마와 두 딸이 극단적인 선택을 했다. 세 모녀는 "주인 아주머니께... 죄송합니다. 마지막 집세와 공과금입니다. 정말 죄송합니다"라고 쓴 편지봉투에 70만원을 넣어놓고 세상을 등졌다. 송파 세 모녀와 같은 비극은 그 후에도 전국에서 계속되었다. 충북 증평에서 모녀가, 서울 중랑구에서 모녀가, 경기도 고양에서 모녀가, 충북 청주에서 부자가, 서울 방배동에서 모자가 스스로 생을 마감했다. 가난 때문에, 질병 때문에 엄마와 딸들이, 아버지와 아들들이 죽음을 택할 수밖에 없는 비극들을 보면, 그리고 아직도 빈곤의 굴레를 벗지 못해 하루 하루 어렵게 연명해가는 이웃들을 보면, 과연 이 나라가 1인당 국민소득이 3만달러를 넘은 나라가 맞는지 의심스러울 정도다.

갑자기 닥쳤던 IMF위기는 길고 깊은 상처를 우리에게 남겼다. 먹고 사는 문제를 제대로 해결하지 못할 때, 어떻게 한 개인의 삶이 무너지고, 그 가족들의 삶이 무너지고, 중산층이 무너지고, 공동체가 무너지는지, 우리는 지난 25년간 생생하게 겪어왔다. 경제가 그저 경제만의 문제로 끝나지 않고 공동체 전반에 얼마나 큰 영향을 주는지 우리는 절감했다. 2001년 8월 김대중 대통령이 "IMF를 졸업했다"고 선언한 것은 한국정부가 IMF로부터 빌린 달러를 다 갚았다는 것일 뿐, 국민들이 그 고통으로부터 졸업한 것은 결코 아니었다. 그 고통은 그 후로도 오랫동안 많은 국민들에게, 많은 가족들에게 깊은 상처를 남겼다.

우리 경제의 미래를 어둡게 만드는 것들

만약 우리 경제가 IMF위기 직후 대단한 복원력을 가졌더라면 사실 그 위기는 일시적, 단기적인 불황 정도로 역사에 조그맣게 기록되었을 것이다. 그러나 안타깝게도 IMF위기 이후 지금까지 확인한 것은 우리 경제에 그런 복원력은 미약했다는 사실이다. 1998년에 -5.1% 성장을 기록한 이래, 지난 24년간 한국경제는 세 개의 위험한 트렌드를 벗어나지 못하고 있다.

첫째, 경제성장률의 급격한 추락, 즉 성장의 후퇴다. 김대중 정부 이후 5년 임기의 정부가 네 번 바뀐 1998~2017년 동안 한국경제는 마치 '카운트다운countdown' 하듯이 '5 → 4 → 3 → 2'로 5년마다 1%p씩 추락했다. 무서운 속도의 추락이며 '성장절벽'이다. 우리 경제가 앞으로 2%의 성장도 유지하지 못하고 가까운 미래에 1%, 0%, 그리고 마이너스 성장으로 간다면 우리의 미래는 암울하다.

어느 나라 역사에서나 경제와 안보는 국가를 지탱하는 두 기둥이다. '죽고 사는 문제'(안보)와 '먹고 사는 문제'(경제)보다 더 중요한 것이 어디에 있을까? 저성장을 뉴노멀이라며 체념할 것인가? 아니면 새로운 성장의 에너지를 만들어낼 수 있을까? 4차 산업혁명을 위기가 아니라 기회로 삼아 다시 성장으로 나아갈 수 있을까? 코로나 위기는 경제의 추락을 더 가속화하지는 않을까? 많은 사람들이 경제성장에 대해 체념하고 포기하지만, 성장하지 못하면 우리가 원하는 일자리, 인구, 복지, 안보를 튼튼하게, 지속가능하게 지킬 수가 없다. 따라서 성장의 힘을 만드는 것은 사활이 걸린 문제다. 성장을 포기하는 것은 미래를 포기하는 것이다.

둘째, 출산율의 추락이다. 대한민국이 사라지고 있다. 1970년 출생아 수는 100만명이 넘었고 합계출산율은 4.53명이었다. 출생아 수는 IMF 위기 직후인 1998년의 64만1천명(출산율 1.46명)에서 2002년 49만7천명(출산율 1.18명)으로 불과 4년 만에 15만명이나 줄었다. 그 후 출생아 수는 계속 추락하여 2021년 26만5백명, 합계출산율은 0.81명! 대한민국은 지구상에서 출산율이 가장 낮고 가장 빠르게 추락하는 나라가 된 것이다.

통계청은 2021년 12월에 『장래인구추계: 2020~2070년』을 발표했다. 2021년의 추계에 담긴 인구변화는 우리의 미래를 전망하는 데 결정적인 숫자들과 장면들을 보여주고 있다. 통계청 추계에 따르면, 총인구는 2020년의 5,184만명에서 계속 줄어들어 2070년 3,766만명(1979년 수준)으로 줄어, 50년 동안 무려 1,418만명의 인구가 사라진다. 이것은 중위추계이고 출산율이 더 낮아진다는 비관적 전망(저위추계)에 따르면 2070년 인구는 3,153만명(1969년 수준)으로 2,031만명이 사라진다. 통계청은 장기재정과 연금 추계를 위해 2070~2120년의 전망치도 발표했는데, 100년 후인 2120년의 인구는 중위추계는 2,095만명, 저위추계는 1,214만명이다. 100년 후에는 지금보다 3,089만명~3,970만명의 인구가 사라진다는 것이다.

2020년의 5,184만명의 인구에서 60%~77%가 줄어들고 65세 이상의 노인이 대부분인 인구 1,214만명의 나라를 상상해보라. 끔찍하지 않은가?

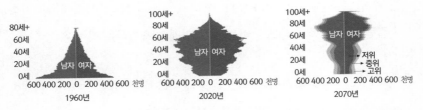

〈그림 3〉 인구 피라미드의 변화 : 1960년, 2020년, 2070년

출처 : 통계청 장래인구추계(2020~2070년), 2021년 12월 09일

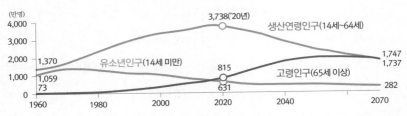

〈그림 4〉 연령계층별 인구구조 : 1960~2070년 (중위)

출처 : 통계청 장래인구추계(2020~2070년), 2021년 12월 09일

　　통계청의 이 암울한 전망조차 합계출산율이 지금보다는 올라간다고 전제하고 있다. 2021년의 합계출산율이 0.81명인데, 통계청 중위추계는 2024년 0.70명까지 떨어진 출산율이 서서히 올라가서 2030년에는 0.96명, 2070년에는 1.21명이 된다고 전제한다. 출산율이 조금이라도 회복된다면 좋겠지만, 계속 추락하기만 해온 출산율이 다시 올라갈 것이라는 전제를 그대로 받아들이기는 어렵다. 특히 코로나 위기 이후 결혼과 출산을 더 줄어들고 있기 때문에 통계청의 인구전망은 여전히 낙관적이라고 평가할 수밖에 없다.

　　인구 변화는 출산율, 기대수명, 이민(국제이동) 등에 의하여 결정되는데,

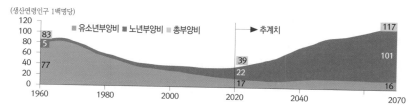

〈그림 5〉 노년부양비의 추이와 전망 : 1960~2070년

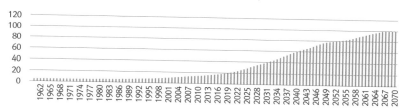

노년부양비 추이 및 전망

※ 1960~2019 구간의 경우 실적치, 2020~2070 구간의 경우 추계치(중위)

출처 : 통계청 장래인구추계(2020년 ~ 2070년), 2021년 12월 09일

앞으로 50년, 100년 우리 인구의 급격한 감소 전망은 주로 출산율 저하 때문이다. 〈그림 6〉에서 보듯이 출생아수는 1970년 100.6만명, 1998년 64.1만명을 기록한 이후 계속 추락하여 2021년 26만5백명으로 감소해 왔고, 합계출산율은 1970년 4.53명에서 2017년 1.05명, 2018년 0.98 명, 2021년 0.81명으로 감소해왔다.

　인구는 사람이다. 사람의 숫자다. 인구는 나라와 공동체를 지탱하는 기본 중의 기본이다. 사람이 시민이고 국민인데, 사람이 없으면 국가가, 사회가, 공동체가 무슨 수로 유지되겠는가? 사람의 수가 줄어들고 국민의 평균연령이 계속 올라가면 그 나라는 나라의 크기가 줄어드는 나라, 늙은

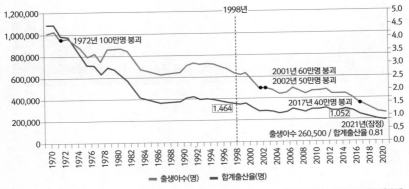

<그림 6> 출생아수와 합계출산율

1998년

1972년 100만명 붕괴

2001년 60만명 붕괴
2002년 50만명 붕괴

1.464

2017년 40만명 붕괴

1.052

2021년(잠정)
출생아수 260,500 / 합계출산율 0.81

━━ 출생아수(명)   ━━ 합계출산율(명)

출처 : 2021년 인구동향조사 출생·사망통계(잠정)

나라가 되어 간다. 그런 나라는 젊고 건강한 나라가 가지는 활력, 국력, 경쟁력을 가질 수 없다. 사람이 있어야 서로 돕고 사랑하고 행복할 수 있다. 사람이 있어야 경제도 발전시키고 군대도 유지할 수 있다.

인구는 특히 경제성장과 밀접한 관계를 갖고 있다. 우리가 겪고 있는, 초저출산 초고령화의 이 무서운 추세를 바꾸지 못한다면 미래는 절망적이다. 늙어가는 나라는 경제가 퇴보하고 복지수요는 계속 늘어나 그런 나라는 모든 게 지속가능sustainable하지 않다.

세계 최악의 합계출산율은 우리의 미래를 너무나 암울하게 만든다. 2017년 한국을 방문한 크리스틴 라가르드Christine Lagarde IMF 총재는 한국을 "집단자살사회collective suicide society"라고 했다. 아이를 낳지 않아 나라가 줄어들어 '집단자살'이라는 충격적인 말까지 듣는 상황이다. 가까운 미래에 이 인구 문제를 해결하지 못하면 경제도, 안보도, 나라도 지킬 방법이 없다.

셋째, 양극화와 불평등이다. IMF위기 이전에도 양극화와 불평등은 있었으나 위기 이전과 이후를 비교하면 차원이 다른 문제가 되었다. 위기 이전의 1960~90년대는 고성장의 시대였다. 불평등의 문제가 있었지만 실업률이 낮아 사회안전망이 취약한 상태에서도 '일자리=복지'라는 등식이 어느 정도 성립했던 시기였고, 소득과 부의 격차가 극심하지는 않았다. 교육을 통한 계층이동의 사다리, 기회의 사다리도 작동하고 있었다. 그러나 IMF위기는 많은 것을 바꾸어 놓았다. 위기 때 쓰러진 기업, 개인의 자산은 헐값에 다른 손으로 넘어갔고, 살아남은 자와 쓰러진 자 사이에 빈부격차는 더 심해졌다. 복지는 취약한데 실업자가 갑자기 늘어나면서 중산층에서 빈곤층으로 추락하는 사람들이 늘어났다. 교육이 받쳐주던 계층이동의 사다리는 시간이 갈수록 더 무너졌고, 교육은 기회의 사다리가 아니라 신분세습의 사다리로 변해갔다. 부와 소득의 양극화, 불평등은 심각한 시대의 문제로 대두했다.

2015년 4월 8일 국회 교섭단체 대표연설

　새누리당 원내대표였던 나는 2015년 4월 8일 국회 교섭단체 대표연설
에서 이렇게 말했다.

　　10년 전 노무현 대통령은 대한민국 대통령으로서 처음으로 양극화를
　　말했습니다.
　　양극화 해소를 시대의 과제로 제시했던 그 분의 통찰을 저는 높이 평가합니다.
　　이제 양극화 해소라는 시대적 과제를 해결함에 있어서는 여와 야가 따로 있을
　　수 없다고 생각합니다.
　　새누리당은 성장과 복지가 함께 가는, 나누면서 커가는 따뜻한 공동체를
　　만들어가는 정당이 되겠습니다.

이 말은 IMF위기 이후 삶의 현장에서 양극화와 불평등이 심각해지는 것을 보면서 갖게 된 나의 진심이고 확신이었다.

소득과 자산의 양극화와 불평등이 심화되면 공동체를 유지하기 어려워지고 우리의 미래가 더 어둡게 된다. 양극화와 불평등은 자본주의 시장경제 체제의 태생적인 모순이다. 공산주의와 사회주의가 탄생한 것도 산업혁명 이후 자본주의와 시장경제 체제에 내재한 불평등의 문제 때문이었다. 물론 근대 이전의 계급사회에도 불평등의 문제는 있었다. 그러나 그건 주로 왕이나 귀족, 양반에게 세습된 신분에 따른 특혜의 문제였다. 그런데 자본주의 시장경제가 잉태한 불평등의 문제는 경쟁의 과정에서 사람들의 성실함이나 노력 뿐만 아니라 부와 사회경제적 기회의 세습, 천부적 재능, 외모, 운의 차이가 작용한 결과다. 누구는 경쟁의 승자가 되고 누구는 패자가 되어 부와 소득에 차이가 발생하고 이 차이가 누적되고 세습되면서 불평등을 더 심하게 만들고 양극화된 사회를 만드는 것이다. 불평등하고 양극화된 사회에서는 필연적으로 불공정의 문제가 발생한다. 주어진 기회와 조건이 평등하지 않으면 경쟁은 공정할 수 없는 것이다.

양극화, 불평등, 그리고 불공정은 국가가 개입하지 않고 시장에만 맡겨서는 해결되지 않는다. 그래서 오늘의 자본주의 시장경제는 18세기 이후 오랜 시간을 거치면서 많이 수정되고 보완되었다. 초기 자본주의 시장경제의 관점에서 보면 오늘날의 자본주의 시장경제는 "이 정도면 사회주의 아니냐"라는 이야기를 들을 정도로 양극화, 불평등, 불공정을 적극적으로 시정하려는 조세, 복지, 독과점 규제, 노동, 교육, 주택, 의료 등의 법, 제도, 정책들이 발달해왔다. 이 문제를 어떤 방식으로 해결하느냐에 따라 국가별 자본주의 시장경제 모델의 차이가 정해진다. 영미식 자본주의와 북유럽식 자본주의의 차이를 보면 같은 자본주의 시장경제를 하더라도 상이한 정책, 제도의 발달에 따라 경제체제에 차이가 있다. 영미식 주주자본주의shareholder capitalism와 유럽식 이해관계자 자본주의stakeholder capitalism의 차이, 복지·노동·주택·의료 제도의 차이가 있다. 나라별로 제도와 정책의 차이는 있지만 오늘날의 자본주의 시장경제는 18~19세기와 비교하면 현격한 차이가 있다.

　이것이 오늘날 선진국이 된 국가들의 공통된 역사적 경험이다. 우리도 예외가 아니었다. 우리도 불평등과 양극화 과정을 겪어왔고 이 문제에 대처하기 위해 우리 나름의 제도적 노력을 해왔다. 우리나라의 경우 불평등, 양극화, 불공정은 몇 가지 특징을 가진다. 1960~1980년대에는 고속성장 덕분에 많은 일자리를 생기고 소득이 늘어나 국가의 개입 없이도 양극화가 심각한 문제로 대두되지는 않았다. 그러나 성장이 정체되기 시작한 1990년대 이후에는 소득과 부의 양극화 내지 불평등의 문제가 상대적으로 더 심각해졌다. 특히 1997년 IMF위기를 겪으면서 기업이든 개인이든 이 위기 속에서 생존한 자와 쓰러진 자 사이의 격차는 위기 이전보다 훨씬 더 커졌다. 경제불황이나 경제위기가 오면 소위 '깊은 주머니deep pocket'를 가진, 버틸 힘이 있는 기업이나 개인들은, 부실화되어 쓰러지는 자들의 자산을 인수하면서 양극화는 더 심해지는 경향을 보인다. 2008년의 금융위기 때도 마찬가지였다. 따라서 불평등과 양극화 문제는 불황이나 위기보다는 경제가 성장하고 있을 때 해결하기가 더 용이하다는 점을 알아야 한다.

　또한 우리 경제의 양극화, 불평등은 소수의 재벌에게 경제력이 집중된 문제와 밀접하게 관련이 있다. 어느 나라든 자본주의 시장경제에는 소수의 거대기업들에게 경제력이 집중되는 현상이 나타나지만, 우리의 경우 재벌오너 가족이 지배하는 대기업집단에게 경제력이 집중된 것은 역사적으로 정부의 관치금융이나 산업정책과 깊은 관계가 있다. 즉, 정부가 관치금융을 통해 재벌들에게 보험자 역할을 해주고 재벌들은 시중금리보다 싼 특혜금융을 통해 차입에 의존한 성장으로 빠르게 확장하였고 산업정책의 이름으로 도입된 진입규제 덕분에 주요 산업에서 독과점적 지위를 누리게 된 것이다. 재벌이 지배하는 경제체제라는 우리 경제의 특성은 박정희 시대의 유산이기도 하지만 그 이후의 정권에서도 재벌체제는 공고하게 이어져갔다. 예를 들어 김대중 정부에서 IMF위기를 극복하는 과정에서도 재벌들의 부실기업들을 통폐합한다는 명목으로 소위 '빅딜' 정책을 추진했는데, 빅딜의 핵심은 재벌간 사업교환이었고, 이는 우리 경제의 산업조직을 더 독과점적으로 만들었다.

위기 이후 갈수록 심각해지는 저성장, 저출산, 양극화를 보면서 나는 한국의 경제사회를 'IMF위기 이전과 이후'로 구분하여 생각하게 되었다. 위기 이전이 구舊체제, 위기 이후가 신新체제다. 1997년의 위기만으로 이런 구분을 한다는 게 무리한 측면도 분명 있을 것이다. 경제사회의 역사는 역사적 경로의존성을 가지고 이어지는 것인데 IMF위기 하나만을 기준으로 전前과 후後의 체제를 구분하는 게 마뜩치 않을 수도 있다.

그러나 IMF위기의 발생이 일시적인 달러 부족 때문이라고 보는 것은 피상적인 관측일 뿐이고, 더 깊이 들여다보면 우리 경제사회의 펀더멘탈과 관련된 근본적인 원인이 있었다는 게 나의 생각이다. 위기는 구체제의 온갖 특징들이 — 부채주도성장, 재벌주도성장, 관치금융과 관치경제, 시장경제의 미발달, 산업경쟁력 약화, 생산성 저하, 강성노조 등 — 오랜 기간 축적되어 폭발한 것이라는 점에서 구체제, 즉 앙샹레짐ancien régime에 심각한 문제가 있었던 것이다. 문제는 위기를 겪고 나서도 구체제가 여전히 사라지지 않았다는 것이다. 구체제의 문제들이 누적되고 폭발하여 충격적인 위기를 겪었으니 당연히 우리는 구체제의 문제들을 해결하고 경제사회의 신체제, 즉 새로운 패러다임으로 빨리 전환했어야 했다. 그러나 IMF위기를 겪은 지 25년이 지난 지금도 우리는 신체제라는 말에 걸맞은 새로운 세상을 만들지 못하고 있다.

IMF위기 때 대마불사의 신화는 무너졌는데, 재벌대기업들은 경쟁력 있는 글로벌기업으로 거듭났는가?
미국, 중국에서는 3040세대의 젊은 기업가들이 새로운 아이디어, 새로운 기술로 무장한 세계적인 기업들을 만들고 있는데 우리는 무얼 하고 있었나?
왜 우리에게는 젊고 혁신적이고 역동적인 기업가들이 나타나지 않는가?
경쟁력 있는 새로운 기업들은 나오지 않고 옛날 창업자들이 씨를 뿌린 그 곳에 우리 산업과 기업들은 그대로 머물러 있지 않는가?
은행불사의 신화도 무너졌는데, 지금 우리 은행들, 금융회사들의 경쟁력은 어떠한가?
1987년 민주화 이후 폭발적으로 확산된 강성노조의 불합리한 요구, 불법행위는 사라졌는가?
신체제를 만들 책임이 있는 정부는, 역대 대통령들은, 국회는, 우리 정치는 지난 25년 동안 무엇을 했나?

저성장, 저출산, 양극화 - 이 세 개의 문제는 IMF위기 이후 아직도 해결되지 않고 심해져만 가는 시대의 과제로 남아있다. 고시원에서 고통스러운 나날을 보내고 있는 사람들이, 엄마와 딸, 아빠와 아들의 비극적 선택이, 일자리가 없어 방황하는 2030세대 청년실업자들이, 아직 한창 일할 나이인데 일자리를 잃은 4050세대 가장들이, 수많은 자영업자와 소상 공인들이, 자식들 키우느라 평생을 바치고 노후가 막막한 노인들이 신체제의 실패를 말하고 있다.

IMF위기 후 25년간 우리는 무엇을 했던가? 지난 25년의 세 가지 트렌드인 저성장, 저출산, 양극화는 과연 뉴노멀, 즉, 새로운 정상인가? 이것이 새로운 정상이라면 경제가 성장도 못하고 일자리를 못 만드는 나라, 세계에서 출산율은 가장 낮고 OECD 국가 중 자살율은 가장 높은 나라, 날로 심각해지는 양극화와 불평등, 이런 문제들을 우리가 '숙명宿命'으로, '정상'으로 받아들여야 한다는 말인가? 시대의 문제가 숙명이고 정상이라면 우리는 그냥 손을 놓고 무기력하게 대한민국이 추락하기만 기다릴 수밖에 없다는 말인가? 그건 아니지 않겠는가? 이런 심각한 문제들을 두고 그것이 '정상'이라고 말할 수는 없을 것이다.

나는 이 점에서 1997년 이후 이 나라를 이끌어 왔던 정치인들의 무능과 무책임을 거론하지 않을 수 없다. 1997년 이전의 구체제의 잘못은 더 이상 말할 필요가 없다. 그 잘못 때문에 우리는 비참한 위기를 겪었으니까. 그러나 1997년 이후 2022년까지 25년 동안 나라를 이끌어 왔던 사람들은 오늘의 현실에 큰 책임이 있다. 대통령과 정치인, 관료를 포함해서 나라를 움직이는 데 조금이라도 역할과 책임이 있었던 모두는 이 책임으로부터 자유로울 수 없다. 지난 25년 동안 나라를 움직인 사람들은 저성장, 저출산, 양극화를 뻔히 보면서도 이를 극복하지 못한 죄, 대한민국의 미래를 준비하지 못한 죄, 더 나은 세상을 후손들에게 물려주지 못한 죄로부터 자유로울 수 없는 것이다.

나 자신은 빠지고 다른 정치인들만 비판하려는 생각은 추호도 없다. 먹고 사는 문제를 해결하겠다던 초심을 지키지 못해 나는 매일 매일이 괴로웠다. 정치가 잘못되면 나라의 미래가 없다는 말을 하고 싶을 뿐이다. 그건 나를 포함해서 정치를 하는 사람들 모두의 책임이다.

미래는 만들어가는 것이다. 나라의 운명도 동시대를 살고 있는 우리 손으로 만들어가는 것이다. 1948년 대한민국 정부를 수립하고 1950~53년간 전쟁을 치른 잿더미 위에서 우리 선배들은 오늘의 대한민국을 만들어냈다. 한강의 기적이라 남들이 부러워하던 눈부신 성취였다. 1953년 전쟁이 끝난 후 어느 누구가 한국인들이 30~40년만에 한강의 기적을 현실로 실현할 거라고 생각할 수나 있었을까? 그러나 구체제는 1997년 끝이났고, 신체제는 희망이 아니라 절망으로 다가왔다.

성장의 가치

눈을 돌려 우리보다 자본주의 시장경제를 먼저 했던 나라들의 역사를 보자.

뒤에 나오는 그림들은 우리가 주목할 만한 나라들의 경제성장률의 장기 추이를 보여주고 있다.

〈그림 7〉의 미국의 경제성장을 보면 대공황과 2차 세계대전 기간에는 큰 폭의 등락을 보이다가 1950년대 이후 지금까지의 경제성장은 경기 사이클에 따른 부침은 있지만 전반적으로 상당히 안정적인 모습을 보이고 있다. 미국은 100년 넘게 장기성장률이 2~3%대를 계속 유지해왔다. 세계 1위의 거대한 경제규모에 비하여 2~3%의 성장률이 장기간에 걸쳐 안정적으로 실현되고 있다는 것은 놀라운 일이다. 미국은 1970~80년대에는 일본의 추격에, 1990년대 이후에는 중국의 추격에 도전받기도 했지만 그 때마다 미국은 '혁신'으로 이를 돌파했다. 대공황 시대와 2차 세계대전 이후 지난 70여년간 0%와 5% 사이에서 등락을 거듭해온 미국의 경제성장 역사를 보면 '경제가 일정한 규모를 넘어서면 성장률이 내려갈 수밖에 없다'는 주장이 반드시 옳은 것은 아니라는 점을 알 수 있다.

오늘날 세계 2위의 경제대국으로 성장한 중국의 경우를 보자. 중국은 1958년부터 1960년대 초반까지 대약진운동을 벌였다. 마오쩌둥이 시작한 역사상 최대의 이 공산주의 생산실험은 그러나 최악의 참담한 실패로

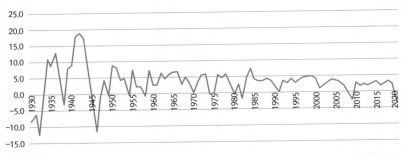

〈그림 7〉 미국 경제성장률의 장기 추이(실질성장률, %)

출처 : KOSIS 국가통계포털 – OECD국가의 주요지표

〈그림 8〉 중국 경제성장률의 장기 추이(실질성장률, %)

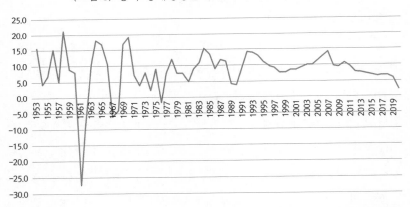

출처 : KOSIS 국가통계포털 – OECD국가의 주요지표

끝나고 말았다. 1958년 중국의 인구가 6억5천만명이었는데 대약진운동의 실패로 3,000~4,000만명이 굶어 죽었다고 한다. 1966년부터 10년간 중국을 휩쓴 문화혁명 광풍 때의 희생자보다 열 배나 더 많은 사람들이 굶어죽은 것이다. 1976년 마오쩌둥이 사망하고 1978년 덩샤오핑의 복권으로 중국이 개혁 개방을 시작하자 중국경제는 지난 40여년간 연평균 9.5%의 고속성장을 이루었다. 중국의 고속성장은 2010년대에 들어서서

중국 대약진운동 포스터. "열의를 북돋아 높은 목표에 도달하기 위해 힘쓰자, 더 많게 더 빠르게 질량은 좋게 비용은 적게 사회주의를 건설하자"

출처 : 위키백과

중국 문화혁명

출처 : 위키백과

서서히 성장률이 하락하는 모습을 보이고 있다.

일본, 독일, 스웨덴, 영국, 프랑스 5개 국가의 경제성장률 추이를 보자. 일본의 경우에는 1990년대부터 확연한 저성장 추세로 내려온 반면 독일, 영국과 프랑스의 경우 전반적인 하락세이긴 하지만 일본보다는 하락세가 완만한 편이다. 스웨덴의 경우 장기추세가 하락세라고는 보기 어려운 등락을 보여주고 있다. 반면 그리스와 아르헨티나의 경우를 보면, 그리스는 2008년의 금융위기 이후 상당기간 마이너스 성장을 기록하였고, 아르헨티나의 경우 1970년대 중반 이후 마이너스 성장을 수도 없이 기록할 만큼 경제는 계속 침체의 길을 걸어왔다.

〈그림 9〉 일본, 독일, 스웨덴, 영국, 프랑스 경제성장률의 장기 추이(실질성장률, %)

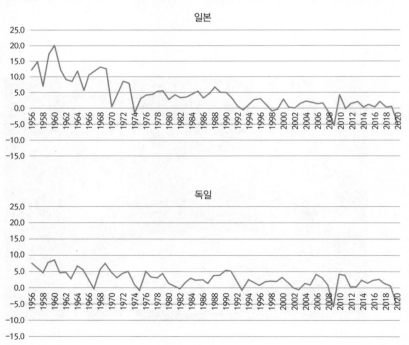

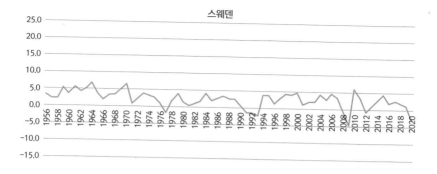

스웨덴

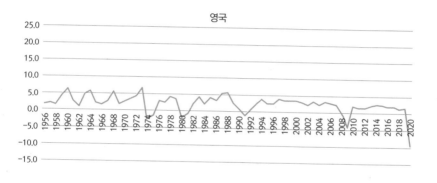

영국

프랑스

출처 : KOSIS 국가통계포털 – OECD국가의 주요지표

〈그림 10〉 그리스, 아르헨티나 경제성장률의 장기 추이(실질성장률, %)

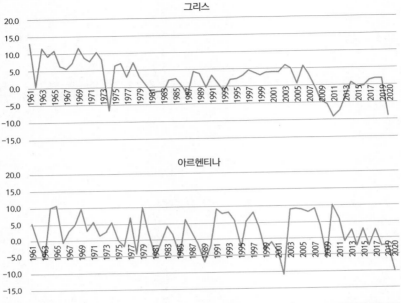

출처 : KOSIS 국가통계포털 – OECD국가의 주요지표

〈그림 11〉 아일랜드 경제성장률의 장기 추이(실질성장률, %)

출처 : KOSIS 국가통계포털 – OECD국가의 주요지표

한-아일랜드 의원친선협회 상대국 방문(2018년 11월 18~22일)
아일랜드 NDRC(National Digital Research Centre)는 기네스 맥주공장 건물을 사용. 로난 오브라이언Ronan O'Brien 팀장은 "트위터, 페이스북, 구글, 이베이 등 미국 회사들의 유럽 본사가 더블린에 있다. 이 곳의 창업자들은 '지금 아니면 안되겠다 It's now or never'라는 생각으로 창업에 뛰어든다"고 말함.

아일랜드의 경우에는 특이하게 1980년대 중반 이후 고속성장을 시작한 이래 2008년의 금융위기 때 마이너스 성장을 기록했으나 그 직후 회복하여 다시 고속성장을 기록하고 있다. 중국이 1958년 대약진운동 때 수천만명이 굶어죽는 대참사를 겪었듯이, 오늘날 1인당 GDP 83,813달러(2020년, 세계 3위)로 세계에서 가장 잘사는 나라 중 하나인 아일랜드도 19세기 중반에 엄청난 비극을 겪었다. 감자가 주식이었던 아일랜드는 1845~1852년 감자 전염병으로 인한 흉작 때문에 소위 '대기근the Great Famine'을 겪었다. 당시 800만여명이었던 아일랜드 인구 중 100만여명이 굶어죽고 100만여명이 굶주림을 탈출하고자 미국 등으로 이민을 가게 되었다. 그 때의 인구감소 이후 현재까지도 아일랜드의 인구는 500만명에 머물고 있으며, 그 때의 대량이민으로 미국에는 아일랜드계가 많이 살고 있다.

2018년 아일랜드 더블린을 방문했을 때 주한 아일랜드 대사 시절 서울에서 만났던 앙엘 오도노휴Aingeal O'Donoghue 외교부 차관보를 해후할 기회가 있었는데, 그녀는 담담하게 대기근으로 인한 아일랜드 이민사를 이야기했다. 그러면서 미국인의 이름에 Mc-, Mac-, O'-, Fitz-가 들어가 있다면 99.99% 아일랜드계라고 생각하면 된다고 말했다. 맥도날드도 아일랜드계이고, 존 F. 케네디부터 조 바이든까지 20여명의 아일랜드계 미국 대통령을 배출했다는 아일랜드의 자부심 뒤에는 이런 역사가 있었던 것이다.

오른쪽 사진에서 피골이 상접한 사람들과 그 뒤에 따라오는 깡마른 개의 모습은 19세기 중반 대기근 때 아일랜드 사람들의 모습이다. 아일랜드인들은 수도 더블린의 리피Liffey강 강둑길의 사람들이 가장 많이 다니

"Famine" (1997), Rowan Gillespie (1953~)

는 보도 위에 이 군상을 세워놓고 과거 가난으로 비참하게 굶어죽고 조국을 떠나야 했던 조상들의 모습을 잊지 않고 있다.

이 나라들이 장기간에 걸쳐 경험한 경제성장의 역사로부터 우리는 몇 가지 교훈을 얻을 수 있다.

성장의 가치

첫째, 성장의 가치다. 중국의 대약진운동과 문화혁명, 그리고 아일랜드의 대기근을 통해 우리는 경제성장 자체가 얼마나 중요한 가치인지를 절감할 수 있다. 물론 경제성장이 최종목표는 아니다. 인간의 존엄과 가치가 지켜지는 행복한 공동체, 정의로운 세상, 복지국가가 우리의 목표이다. 그러나 이 목표에 이르게 하는 매우 중요한 수단이 경제성장이라면, 성장은 그 자체로서 중요한 가치 아니겠는가.

경제사학자 벤자민 프리드먼Benjamin Morton Friedman은 "많은 시민들이 앞으로 나아가고 있다는 느낌을 한번 상실하면 사회가 경직과 불관용으로 후퇴하는 것을 막을 수 없다... 경제침체와 쇠퇴가 오래 지속되면 거의 모든 사회에서 영혼의 격조가 떨어지고 포용력이 줄어들었다. 그리고 권리와 자유의 증진이 멈추거나 역행하는 것이 보통이었다"라고 했다. (Benjamin Friedman, *The Moral Consequences of Economic Growth*; 파커 파머, 『비통한 자들을 위한 정치학』 121쪽 재인용)

우리 속담에 "곳간에서 인심난다"는 말이 있다. 중국 전한시대의 역사가 사마천司馬遷도 "곳간이 가득 차야 예절을 알고, 먹고 입는 것이 풍족해야 명예도 부끄러움도 안다"고 했다. 맹자孟子도 "항산恒産이 없으면 항심恒心도 없다(無恒産無恒心)"고 했다. 먹고 사는 문제가 해결되어야 윤리와 도덕이 있다는 것이다. 앞서 내가 경제학과 철학을 비교하면서 형이하학과 형이상학이라고 했다. 그런데 도덕, 윤리, 철학, 그리고 자유, 평등, 공정, 정의 등 형이상학적인 가치들을 추구하려면 먹고 사는 문제, 즉 경제라는 형이하학이 뒷받침되어야 하는 것이다. 두터운 중산층이 형성되어야 민주공화국의 가치들이 실현되는 것이다. 경제가 일정한 발전단계를 넘어설 때 민주주의, 공화주의를 향한 사람들의 마음이 뜨거워지는 것이다. 이것은 역사의 생생한 교훈이기도 하다. 경제성장이 왜 중요한지를 말해준다.

중국이 감행한 대약진운동은 공산주의의 잘못된 생산방식이 국민들을 얼마나 큰 고통에 빠트릴 수 있는지 보여준다. 대약진운동의 실패로 수천만명이 굶어죽게 되자 이 실정을 덮어보려고 시작했던 문화혁명은 교조적 공산주의 이념의 과잉으로 또 다시 많은 사람들의 희생과 경제성장의 후퇴를 초래하였다. 1958년부터 1978년까지의 20년은 중국 인민들에게는 암흑기였다. 그러나 1978년 덩샤오핑의 개혁 개방 이후 중국은 자본주의 시장경제의 원리를 부분적으로 받아들이면서 엄청난 고속성장을 실현하기 시작했다. 문화혁명이 시작된 1966년 1인당 GDP 104달러, 인구 7억4천만명의 중국은 2020년 1인당 GDP 10,500달러에 인구 14억2천만명의 세계 2위 경제대국으로 성장하였다. 오늘날의 중국인들이 물질적 풍요를 누리게 된 것, 이것이 성장의 가치 아니겠는가.

리피 강가의 피골이 상접한 아일랜드 조상들의 군상을 보면서 우리는 19세기에 인구의 100만여명이 굶어죽고 100만여명이 조국을 떠나 이민 길에 올라야 했던 아일랜드가 오늘날 어떻게 1인당 GDP 83,813달러(2020년)로 세계에서 가장 잘사는 나라를 만들었는지, 그 성장의 과정을 실로 경이롭게 보지 않을 수 없다.

바로 이러한 역사의 경이로운 발전이 경제성장에서 온 것이다. 이것이

성장의 가치다. 이것이 추구할 만한 가치가 아니면 무엇이란 말인가. 경제성장이 인간사회의 모든 문제들을 해결한다는 주장을 하는 게 아니다. 경제성장에 실패하면 공동체가 얼마나 비참한 지경에 처하게 되는지를 말하는 것이다. 그런 점에서 나는 성장 그 자체가 우리의 최종 목표는 아니지만 매우 중요한 가치라는 점을 역설한다.

규모가 커지면 성장이 정체된다는 잘못된 생각

둘째, 경제가 일정 규모 이상이 되면 저성장이 불가피하다는 통념과 체념을 버려야 한다. 앞에서 보았듯이 세계에서 가장 규모가 큰 미국과 중국의 성장 역사를 보면 규모가 크다고 성장이 정체된다는 것이 얼마나 근거가 빈약한 생각인지를 알 수 있다. 성장률은 올해 GDP가 지난해보다 몇 % 성장했느냐를 나타내는 숫자다. 경제규모가 작을 때 고성장이 쉽고 경제규모가 커지면 고성장이 어렵다는 것은 분모의 크기만 생각하고 분자의 크기는 생각하지 않는 것이다. 미국과 같은 거대한 경제가 100년 넘게 2%~3% 성장을 꾸준하게 해왔다는 사실이 그러한 통념을 반박하는 생생한 사례다.

미국은 50개의 주州로 이루어졌는데, 각 주의 경제성장을 생각해보면 우리가 미국이라는 나라가 규모 때문에 성장에 한계가 있을 거라고 지적하는 것이 얼마나 주먹구구식의 발상인지를 알 수 있다. 중국에 대해서도 중국의 각 성省에 대해 똑같은 지적을 할 수 있다. 미국 LA, 샌프란시스코, 샌디에고가 있는 캘리포니아, 중국 셴젠이 있는 광둥성 등의 경우를 보면 그 하나의 주나 성이 우리나라의 경제 규모보다 더 크다. 광둥성 통계국에 따르면 광둥성의 2021년 1~3분기 GRDP는 8조 8,000억위안 (약 1,707조원)으로 같은 기간 한국의 GDP 1,530조원보다 200조원 가까이 더 많다. 미국 캘리포니아 주는 GRDP가 한국의 두 배나 되는 '부자 주州'다. 한국경제가 규모가 커서 더 이상 성장하지 못한다는 주장은 근거가 빈약하다. 광둥성이나 캘리포니아주가 규모가 커서 더 이상 성장하지 못한다고 누군가 주장한다면 바보 같은 소리라고 하지 않겠나, 미국이나 중국보다 훨씬 규모가 작은 나라들의 경우에도 아일랜드와 같이 고성장을 거듭하는 나라가 있는 반면 저성장에서 벗어나지 못하는 소규모 국가들도 많이 있다. 따라서 우리 경제가 고성장을 거쳐서 이제는 경제규모가 세계 10위로 커졌기 때문에 앞으로 고성장은 어렵다고 주장하는 것은 미국와 중국의 경우를 보면 참 무식한 주장을 하는 것이다.

1인당 국민소득을 봐도 나라마다 각각 상이한 경로를 거쳤음을 알 수 있다. 우리나라 1인당 GDP는 2017년 처음으로 3만달러를 돌파했다 (정

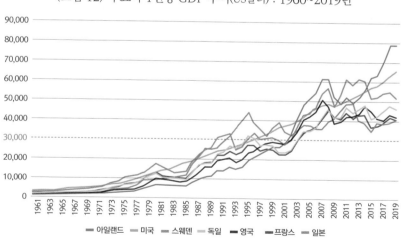

〈그림 12〉 주요국 1인당 GDP 추이(US달러) : 1960~2019년

출처 : World Bank

확하게는 2017년 1인당 국민소득GNI가 3만 1,734달러로 3만달러를 처음 돌파).
〈그림 12〉는 주요 국가들의 1인당 GDP의 변화 추세를 보여준다. 대표적인 선진국인 7개국의 1인당 GDP가 3만달러를 돌파한 시점은 대략 1990년부터 2000년대 초반 사이다. 3만달러에 이르기 전까지는 이 나라들의 1인당 GDP의 변화는 약간의 차이는 있지만 1960년대 이후 30여년간 점차 증가해서 3만달러에 이르렀다.

그런데 3만달러를 돌파하고 난 이후에 1인당 GDP의 변화 추이는 나라별로 그 추세가 크게 다르다. 미국은 꾸준히 증가했다. 아일랜드는 영국, 스웨덴과 비슷한 2000년대 초반에 3만달러를 돌파했는데, 앞서 봤듯이 2008년의 금융위기 때의 몇년을 제외하고는 가장 빠른 속도로 1인당 GDP가 늘어났다. 스웨덴의 경우에도 꾸준하게 증가했는데 아일랜드와는 달리 금융위기는 조기에 극복했으나 그 후 다소 정체된 모습이다. 그림에서 주목할 나라들은 독일, 프랑스, 영국, 일본이다. 네 나라는 오늘날 모두 모범적인 선진국들이다. 그러나 3만달러를 돌파한 이후 20~30년 동안 1인당 GDP는 5만달러를 돌파하지 못하고 정체상태에 머물러 있다. 특히 스웨덴에 이어 그림의 7개국 중 두 번째로 3만달러를 돌파한 일본은 1990년대 중반 이후 4만달러 선을 잠시 넘었다가 3만달러 대에 20년 이상 정체상태였다. '잃어버린 20년'에서 '잃어버린 30년'이 될 수도 있는 장기간의 정체다.

일본과 우리나라는 산업구조가 유사하고, 인구구조의 경우 우리의 저출산 고령화가 일본보다 훨씬 더 빠른 속도로 진행된다는 점에서 우리도 1인당 GDP가 3만달러를 돌파한 이후 어떤 양상으로 전개될지 결코 안심할 수 없다. 〈그림 13〉은 1953~2021년 우리나라의 1인당 GDP의 추이를 보여주는데, 2017년에 3만달러를 돌파한 이후 앞으로 수십년 동안

〈그림 13〉 우리나라 1인당 GDP의 장기 추이(US달러) : 1953~2021년

출처 : 한국은행경제통계시스템(ECOS), OECD Stat

우리 경제가 미국처럼 꾸준한 증가추세로 갈지, 아일랜드처럼 빠른 속도로 증가할지, 스웨덴, 독일, 프랑스, 영국처럼 등락을 거듭하면서 느린 속도로 올라갈지, 아니면 일본의 잃어버린 20년처럼 정체 내지 후퇴의 길을 가게 될지, 우리의 앞날은 불확실하다. 만약 앞서 지적한대로 우리 경제가 5년에 1%p 하락하는 추세가 앞으로 계속된다면 1인당 GDP는 증가는 커녕 추락할 가능성이 높다.

"경제가 일정 규모 이상으로 커진 이후에는 경제성장이 어렵다. 저성장은 불가피하다"는 체념은 위에서 말했듯이 자본주의와 시장경제를 우리보다 앞서 성공적으로 한 나라들의 경험을 보더라도 틀린 말이다. 일정 규모 이상으로 성장한 후에 계속 더 성장한 나라들도 있고 성장이 정체된 나라들도 있고 퇴보의 길을 걷게 된 나라들도 있다. 결국 어떤 나라의 경제가 계속 성장하여 국민들에게 번영과 풍요를 보장했느냐, 못했느냐는 '그 나라가 하기에 달린 것'이다!

우리는 이 평범한 진리를 기억해야 한다. 앞서 말했듯이 우리 경제의 성장역사는 산山과 같았다. 한국전쟁 이후 40여년의 시간을 마치 정상을 향해 산을 오르듯 고속성장을 했던 우리 경제가 1990년대 이후 30여 년간 정상에서 산을 내려오듯이 계속 하강하고 있다. 30여 년간 계속 성장률이 낮아지다 보니까 우리는 이 추락을 당연한 것처럼 착각하고 있을 뿐이다. 우리의 생각이 그렇게 체념에 고정되어 있으면 모든 경제정책도 저성장에 맞추게끔 되어 있다. 성장도 추락하고, 인구도 세계에서 가장 빠르게 추락하고, 양극화와 불평등도 갈수록 심각해지는 경제, 그것이 앞으로 우리의 뉴노멀이라면 대한민국의 미래는 안 봐도 뻔한 몰락 아니겠는가. 그러나 일본이 아니라 아일랜드, 미국, 스웨덴의 경우를 보면 우리가 하기에 따라서는 얼마든지 경제가 성장할 수도 있는 것이다.

성장과 복지의 선순환

셋째, 성장과 복지라는 두 마리 토끼를 잡을 수 있느냐의 문제이다. 성장과 복지를 동시에 이룰 수 있느냐의 문제는 오랫동안 우리를 고민하게 만든 이슈다. 많은 사람들은 경제발전 과정에서 성장과 복지를 함께 실현하는 것이 어렵다는 일종의 고정관념을 가지고 있었고, 지금도 그런 양자택일의 생각이 우리 사회의 담론을 지배하고 있다. 우리 경제사에서 시대적으로 1987년의 민주화를 분수령으로 그 전에는 고속성장을 위해 분배와 복지가 희생된 것으로 생각하고, 그 후에는 분배와 복지, 그리고 노동의 권리에 대한 요구가 분출하면서 복지와 노동권을 확대하는 법과 정책들이 도입되었고 복지와 노동의 강화가 성장잠재력을 약화시키기 시작했다고 생각한다.

이러한 생각들은 얼마나 타당할까? 선진국들의 경험을 보면 성장과 복지의 발전모델 또한 나라마다 다르다. 미국처럼 개인의 자유와 책임, 시장의 자유를 중시하는 경제에서는 복지에 대한 국가의 책임은 필요 최소한이고 개인의 책임이 컸다. 영국, 캐나다, 호주 등도 '영미식'이라는 모델로 분류되어 복지에 대한 국가의 역할이 상대적으로 낮은 것으로 분류된다. 반면에 독일, 프랑스, 스웨덴, 네델란드, 덴마크 등 유럽국가들은 '영미식' 국가들보다는 복지에 대한 국가의 역할이 더 컸다.

이러한 국가별 차이에도 불구하고 자본주의와 시장경제로 성공한 선진국들은 대부분 성장과 복지의 선순환 구조를 가지고 있다. '성장 없는 복지는 지속가능하지 않다, 복지 없는 성장으로는 공동체가 유지될 수 없다'는 것을 선진국들은 모두 알고 있다. 복지국가의 모범이라고 세계가 부러워하는 스웨덴도 사실은 제조업의 경쟁력 등 성장이 뒷받침된 복지국가라는 점을 잊지 말아야 한다. 2008년의 금융위기 이후 지난 14년 동안 아일랜드와 그리스, 이 두 나라가 얼마나 다른 모습을 보였는지를 비교해보면 성장과 복지가 함께 가는 것이 얼마나 중요한지를 알 수 있다.

5

다시 성장으로

경제성장이 문제 해결의 방아쇠

해답을 찾으려면 질문이 중요하다. 우리의 미래를 어둡게 만드는 문제들 중에 외교안보와 정치를 제외한 저성장, 저출산, 양극화 – 이 세 가지 문제를 해결하는 방아쇠trigger는 과연 어디에서 찾아야 할까?

정권이 바뀔 때마다 저성장, 저출산, 양극화를 해결하겠다고 역대 정부들은 큰소리를 쳤다. 그러나 어느 정부도 해결하지 못한 채 문제들은 계속 악화되어만 왔다. 이 세 가지 문제를 해결하는 것이 우리 시대의 과제임을 누가 부인할 수 있겠는가? 그런데 역대 정부들은 모두 이 문제들을 조금씩 건드려보다가 어느 것 하나도 제대로 해결하지 못했다. 보수든 진보든 이러한 현상은 반복되었다.

원인과 결과의 인과관계에 주목할 필요가 있다. 예컨대 저출산이라는 현상은 수많은 원인들의 결과이다. 저출산이라는 결과가 나타난 것은 아이 낳는 것을 어렵게 만든 수많은 원인들이 있었던 것이다. 주택, 일자리, 소득, 재산, 육아, 사교육비, 결혼·출산·가족에 대한 가치관의 변화 등 수많은 원인들이 복합적으로 작용하여 저출산이라는 결과가 나타난 것이다. 양극화와 불평등도 마찬가지다. 그러한 현상이 나타나기까지 수많은 원인들이 있었을 것이다. 재산 등 부모로부터 물려받은 조건의 차이, 사람마다 타고난 특성의 차이, 운의 차이, 일자리, 소득, 사회의 분배구조, 세금, 복지, 교육 등 많은 원인들이 작용해서 양극화 불평등이라는 결과가 나타난 것이다. 저성장도 마찬가지로 결과다. 경제가 성장을 하든 못하든 원인이 있는 것이다. 저성장, 저출산, 양극화는 모두 결과이기 때문에 근원적인 해결책은 현상에 대한 대증요법이 아니라 원인을 찾아서 치유하는 것이다. 제대로 된 대책이 되려면 근본적 원인을 찾아서 고쳐야한다.

그런데 이 세 가지 문제들 중에서 돌파구부터 찾아야 한다면 어디부터 시작해야 할까? 내가 주목하는 것은 바로 이 질문이다. 국가적인 난제들을 해결할 때에는 한꺼번에 여러 문제들을 모두 건드리기보다는 선택과 집중을 해야 돌파구가 생긴다. 성장, 인구, 분배는 모두 중요하지만, 어느 것부터 손을 대서 해결해야 지금의 악순환을 선순환으로 바꿀 수 있느냐? 이것이 나의 질문이다.

나는 그 방아쇠가 경제성장이라고 믿는다!

저성장, 저출산, 양극화라는 국가적, 시대적 난제들을 해결하는 첫 걸음은 '성장의 힘'을 회복하는 데에서 찾아야 한다고 나는 확신한다.

왜냐?

경제성장의 새로운 힘이 생기면 이는 저출산을 해결하고 양극화를 해결하는 데 도움을 주기 때문이다. 성장은 일자리와 소득을 만들어 결혼, 출산, 양육에 대한 희망을 준다. 물론 일자리와 소득이 출산의 충분조건은 아니다. 그러나 실업과 가난이 지배하는 사회에 비하여 일자리와 소득이 보장되는 사회, 성장하는 경제는 '아이 키우고 싶은 나라'를 만드는 데 분명 도움이 될 것이다.

또 경제성장은 양극화를 해소하는 데에도 도움이 된다. IMF위기 같은 경제위기가 오면 양극화는 더 심해진다. 위기 속에서 소득과 부의 불평등이 더 심해지는 건 당연한 현상이다. 경제가 성장할 때 양극화 해소의 기

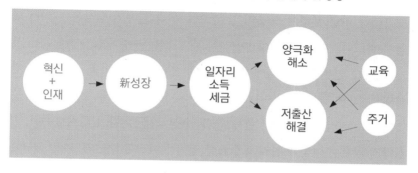

〈그림 14〉 문제 해결의 방아쇠는 혁신, 인재와 新성장

회가 온다는 것이 경제성장 역사의 교훈이다. 경제가 성장해야 일자리가 생기며 일자리야말로 최고의 복지다. 또 경제가 성장해야 복지에 쓸 돈을 마련할 수 있다. 성장하지 않으면 복지재원을 무슨 수로 마련하는가? 복지에 쓰려고 국채발행 등 빚을 내는 것은 금방 한계가 온다.

앞에서 언급됐던 '5년마다 장기성장률 1%p 하락의 법칙'대로 간다면 우리 경제의 미래는 희망이 없다. 이런 비관적 전망이 이미 예정된 숙명이니 무조건 받아들여야 한다는 주장은 옳지 못하다. 우리가 하기에 따라 그보다 나을 수도 있다. 과거의 추세란 1990년대 이후 30여년 동안 성장의 힘을 갉아먹은 우리의 잘못이 누적된 것이다. 즉, 장기경제전망은 "이제까지 하던 대로 한다면 그렇게 될 것이다" 정도로만 이해해야 한다.

경제성장을 얘기하면 구시대적 발상이라며 성장의 가치를 폄하하는 목소리가 득세하고 있다. 불가능한 성장에 더 이상 매달리지 말고 저성장을 인정하고 저성장 하에서 복지와 분배에 더 신경쓰자는 것이다. 성장에 대한 이런 비관적인 주장에 보수 진보를 떠나 정치인들, 경제전문가들 다수가 동조하는 게 현실이다.

그러나 이런 체념은 잘못이다. 앞으로 우리 경제의 성장은 우리가 어떻게 하느냐에 달린 것이다. 아마존, 페이스북(메타), 구글, 애플 같은 세계적인 ICT분야의 기업들이 얼마나 많은 양질의 일자리를 창출하는지를 보면서 '고용 없는 성장'이나 '성장의 낙수효과'에 대해 함부로 말할 수 없다. IMF위기와 같은 극심한 불황이 얼마나 양극화를 심화시켰는지, 성장하지 않으면 어떻게 복지에 필요한 재원을 마련할 것인지, 아무 해답도 없이 자포자기하는 것이다.

나는 보수정치인이지만 복지와 분배에 대해서 열린 자세로 전향적인 생각을 가져왔다. 2011년 한나라당 전당대회 출마선언과 2015년 국회 교섭단체 대표연설에서 일관되게 새로운 개혁보수 정치는 성장과 복지가 함께 가는, 나누면서 커가는 따뜻한 공동체를 만들어가야 한다고 강조했다. 성장과 복지의 선순환, 따뜻한 공동체를 만들어가기 위한 노력을 강조하면서도, 그와 동시에 늘 '성장의 가치'와 '성장의 해법'을 강조해왔다. 사람들은 내가 복지와 분배를 강조한 것을 기억하지만 정작 힘주어 강조한 것은 성장과 복지의 균형이었고, 내가 가장 중요하게 생각했던 것은 성장의 해법이었다.

정작 중요한 것은 성장의 해법입니다.

복지는 돈을 어떻게 쓰느냐의 문제인데, 성장은 돈을 어떻게 버느냐의

문제입니다.

성장의 해법은 복지의 해법보다 훨씬 더 어렵습니다.

KDI가 발표한 장기거시경제 전망에 따르면... 대한민국이 성장을 못하는 나라,

저성장이 고착화된 나라가 되는 것입니다.

이는 국가적 대재앙입니다.

성장을 못하면 우리 사회의 모든 게 어려워집니다.

성장을 못하면 일자리와 소득이 줄어들고, 서민 중산층이 붕괴되어 양극화는 더 심각해지고, 국가재정도 버티기 힘들어 복지에 쓸 돈이 없는 악순환에 빠지게 될 것입니다.

통일을 하더라도 통일비용을 부담할 재원이 없습니다.

앞으로 100년간 대한민국의 가장 중요하고 가장 어려운 문제는 경제성장이라고 저는 생각합니다.

양극화 해소 못지않게, 성장 그 자체가 시대의 가치가 되어야 합니다...

저는 야당이 제시한 소득주도 성장론도 재검토가 필요하다고 생각합니다.

적정한 속도의 최저임금 인상, 취약계층에 대한 복지지출의 확대는 빈곤과 양극화 해소라는 차원에서 동의합니다.

최저임금 인상과 복지지출 확대가 저소득층의 소비를 늘려 내수 진작에 어느 정도 도움이 된다는 점도 동의합니다.

그러나 앞에서 말씀드린 대로 2100년까지 저성장의 대재앙이 예고된 우리 경제에 대하여 이 정도의 내용을 성장의 해법이라고 말할 수는 없습니다.

–2015년 4월 8일 국회 교섭단체 대표연설,
『진영을 넘어 미래를 위한 합의의 정치를 합시다』

이처럼 나는 원래부터 성장의 해법이 제일 어렵다고 얘기해왔다. 어떤 사람들은 시대가 바뀌어 이제 경제성장은 더 이상 정부의 역할이 아니라고 주장한다. 이 말에 동의할 수 없다. 내가 무슨 케인지언Keynesian이라서 그런 게 아니다. 경제성장을 위해 민간과 시장의 역할이 중요하다는 점도 인정한다. 그럼에도 불구하고 시대는 변했지만 경제성장을 위한 정부의 역할은 여전히 존재하며, 그 정부 역할의 내용이 과거와 달라졌을 뿐이라고 생각한다. 과거 정부가 경제성장을 주도할 때에는 국가가 금융과 산업에 직접 개입하는 방식이었다면, 지금은 정부가 간접적이지만 여전히 중요한 역할을 하고 있다. 국가 차원의 R&D정책, 산업정책, 기업정책, 인력개발정책, 교육정책 등은 경제성장에 큰 영향을 미친다.

흔히들 자유시장경제의 모델이라고 생각하는 미국에서도 사실은 산업발전과 경제성장에 정부가 큰 역할을 해왔다. 미국 국립과학재단NSF: National Science Foundation은 오늘의 구글이 있게 한 검색 알고리즘 기술개발을 지원했다. 미 해군은 오늘의 우버가 있게 한 GPS 기술개발을 지원했다. 인터넷, 마우스, 인공지능, 탄소섬유, 전자레인지, 수술로봇, 드론, GPS, 자율주행차, 터치스크린, 음성인식기술Apple Siri: Speech interpretation and recognition interface 같은 핵심기술들은 모두 미 국방부의 국방고등연구처DARPA: Defense Advanced Research Projects Agency가 개발을 뒷받침한 것이다. 오늘날 실리콘밸리의 빅테크Big Tech가 존재하게 된 것은 사실상 미국 정부가 리스크가 큰 연구개발에 투자한 결과이다. 실리콘밸리에서 개발되고 있는 인공지능AI이나 빅데이터 관련 기술, 코로나 백신 및 치료제 등도 모두 미국 정부의 과감한 투자 없이는 불가능했다.

이러한 사실들을 보면서 경제학자 마리아나 마추카토Mariana Mazzucato 교수는 "미국 정부가 '기업가적 국가entrepreneurial state'의 역할을 해왔음에도 불구하고 기술개발이나 사업 실패의 리스크는 사회화하여 납세자들에게 부담시키고 기술개발의 수익은 민간이 차지하도록 방치해왔다"고 비판하며, "코로나 이후의 '더 나은 재건BBB: Build Back Better'을 위해서는 부와 가치의 창조에 있어서 공공과 민간의 기여가 정확하게 재평가되어 이익이 배분되어야 하며 공적자금으로 기업을 구제할 때에는 반드시 사회에 기여하는 조건을 달아야 한다"고 주장했다. 즉, 미국은 정부의 개입이 없는 자유시장경제에서 민간이 혁신을 주도해온 것이 아니라, 국가가 리스크를 부담하며 혁신을 위한 투자를 해왔기 때문에 기업가적 국가의 몫은 그 혜택이 국민들에게 돌아가야 한다는 주장까지 하는 것이다. 미국은 민간이 경제성장을 주도하고 정부의 역할은 최소화된 나라라고 우리가 피상적으로 생각해온 것을 뒤엎는 지적이다. (Mariana Mazzucato, "Capitalism After the Pandemic: Getting the Recovery Right", *Foreign Affairs*, Nov/Dec 2020)

성장의 해법은 복지나 분배의 해법보다 훨씬 더 어려움에도 불구하고 우리는 결코 성장의 길을 포기해서는 안된다. 대한민국이 성장을 못하는 나라, 저성장이 고착화된 나라가 된다면, 우리는 결코 선진국이 될 수 없다. 오늘의 한국경제는 1인당 GDP 3만달러를 넘는 선진국이라고 하지만 앞으로 성장률이 추락하면 선진국 지위를 계속 유지할 수 없게 된다.

지금 우리 경제의 잠재성장률이 2%라고 하자. 잠재성장률은 그 나라가 인플레 없이 최대로 성장할 수 있는 힘, 성장잠재력이다. 잠재성장률을 2%에서 밑으로 추락하도록 방치할 것이 아니라 2%에서 3%, 4%, 5%로 올라가도록 만드는 것, 이것이 우리 경제정책의 가장 중요한 목표가 되어야 한다. 성장이 되어야 양극화도, 저출산도 해결할 수 있을 것이다. 앞서 얘기한 이명박 정부의 747이나 박근혜 정부의 474 같은 것을 말하는 게 아니다. 747이나 474는 이를 달성하는 전략도 없이 선거용 내지는 국정홍보용으로 발표한 숫자들일 뿐이다. 나는 앞으로 우리 경제에서 성장률을 1%p라도, 0.1%p라도 끌어올리는 모든 수단과 방법을 다하는 것이 나라의 미래를 위해 정말 중요하고 가치 있는 일이라는 점, 이 정책목표를 위해서 가장 효율적인 정책들을 총동원해야 한다는 점을 강조하는 것이다.

성장을 하고는 싶은데 어떻게 해야 성장할 수 있나? 과거의 고속성장기에 통했던 성장방식으로는 더 이상 한국경제가 성장할 수 없다.

과거의 성장방식은 무엇이었나?

첫째, 양적 성장이었다. 경제개발 초기에는 노동의 투입을, 그 다음에는 자본의 투입을 확대했다. 생산성의 향상도 있었지만 노동과 자본의 양적 확대가 성장을 주도했다. 1990년대 이후 성장률이 내려간 것은 노동과 자본의 양적 확대가 과거만큼 이루어지지 않고 생산성이 획기적으로 향상되지도 않았기 때문이다.

둘째, 모방과 추격의 성장이었다. 기술력이 없는 상태에서 기업과 산업을 일으키기 위해서는 선진국을 빨리 모방하고 빨리 추격하는 수밖에 없었다. 기술이전이나 해외직접투자, 합작투자 같은 방법도 동원되었지만 본질은 모방과 추격을 통해 싼 값에 질 좋은 물건을 만드는 것이 중요했다. 오늘날 우리 경제의 주력산업이 된 반도체, 전자, 정보통신, 조선, 자동차, 석유화학, 철강 등이 대부분 모방과 추격에 성공한 결과였다.

셋째, 수출주도성장이었다. 내수시장이 워낙 작은 규모라 내수 위주의 수입대체 방식으로는 성장이 불가능했다. 수출 주력품목은 시대에 따라 크게 변했지만 경제개발 초기부터 수출에 승부를 걸었고 2차 세계대전 후 세계 자유무역질서의 혜택을 가장 많이 누린 나라라고 할 만큼 우리의 수출주도성장 전략은 성공적이었고 아직도 유효한 전략이다.

넷째, 국가주도형, 재벌대기업 주도형 성장이었다. 국가는 산업정책, 관치금융을 통해 재벌대기업에게 독과점적 지위와 특혜적 여신을 주었고, 재벌대기업들은 관치경제의 보호를 받으면서 차입경영으로 사업을 확장했다.

양적 성장, 모방과 추격, 수출주도성장, 재벌주도성장과 관치경제 등의 특징을 지닌 과거의 성장방식은 1960~80년대의 고속성장을 가능하게 했다. 30여년간 한강의 기적으로 불리운 고속성장을 달성할 정도로 과거의 성장전략은 크게 성공한 것이다. 그러나 시간이 지나고 우리의 기업과 산업들이 일정 수준에 도달하면서 과거의 성공방식은 한계를 드러내기 시작했고 오히려 성장의 걸림돌이 되거나 위기의 불씨가 되기도 했다. 1990년대에 들어서면서 과거 성장방식의 한계가 더 뚜렷이 드러나기 시작했다. 노동과 자본의 투입이 과거만큼 빠르게 늘어나지 않았고, 모방과 추격으로는 더 이상 격차를 줄이기 어려웠고, 국가주도·재벌주도 경제는 자유롭고 공정한 경쟁과 창조적 파괴를 통한 혁신, 그리고 기업가정신의 함양이라는 자유시장경제의 가장 중요한 작동원리에 심각한 장애를 초래하기 시작하였다. 1987년 민주화 이후 폭발한 노동운동에서 보듯이 고속성장 과정에서 노동은 억압되었고, 재벌대기업 확장의 이면에는 중소기업의 발전이 억제된 측면이 있었다. 무엇보다도 우리 경제를 지탱해왔던 재벌대기업들이 실물경쟁력에 비하여 과도한 차입으로 리스크에 취약한 재무구조를 가지게 되었고 재벌의 부실은 은행 등 금융의 부실로 이어지는 구조를 갖게 되었다.

1997년의 IMF위기는 과거의 성장전략이 더 이상 통하지 않음을 확인해준 경보였다. 1990년대 이후 성장의 추락, 특히 IMF위기 이후 성장의 추락을 막기 위해서는 그 때부터 새로운 성장전략을 채택했었어야 했다. 중국이 미국의 전략을 그대로 가져다 썼듯이 우리도 미국 실리콘밸리 같은 혁신 전략을 썼어야 했다. IMF위기 이후 지금까지의 25년이라는 긴 세월은 새로운 성장전략을 찾고 행동으로 옮겨야 했던 시간인데 그렇게 하지 못했기 때문에 우리 경제는 계속 추락해온 것이다. 노동과 자본의 양적 확대가 더 이상 통하지 않는다면 생산성의 획기적 향상을 가져올 혁신을 했어야 했는데 우리 경제는 이것을 못했다. 모방과 추격이 더 이상 통하지 않으면 창의적 혁신을 했어야 했는데 이것을 못했다. 재벌이 더 이상 성장의 엔진이 아니라면 새로운 기업가정신과 혁신이 가능한 창업기업들이 나타나고 이들이 새로운 산업을 발전시켰어야 했는데 이것을 해내지 못했다.

오늘날 대다수 사람들이 예측하는 우울한 전망을 뒤엎고 우리 경제를 살리고 저출산 양극화의 악순환 고리를 끊어줄 성장의 방아쇠, 새로운 성장전략은 어디에서 찾아야 하는가? 양적 성장이 아니라 질적 성장을, 모방과 추격이 아니라 창의와 선도를, 재벌대기업에만 의존할 게 아니라 경쟁력 있는 중소기업과 스타트업의 성공을 가능하도록 하는 길은 무엇인가?

무엇이 성장의 방아쇠냐? 정치가 모든 좋은 것들을 백화점식으로 늘어놓고 전부 다 하겠다고 말할 수는 없다. 대통령의 임기 5년간 좋은 것들을 다 하겠다는 것은 하나도 하지 않겠다는 말과 똑같다는 것을 우리는 반복된 경험으로 알고 있다. 시대의 문제를 해결하는 데 가장 중요한 하나를 선택하고 집중해야 한다. 그것이 바로 경제성장이라는 점을 깨닫고 새로운 성장전략에 집중해야 한다.

성장의 방아쇠, 새로운 성장전략, 그것은 한마디로 혁신innovation 뿐이다.

혁신은 누가 하는가? 혁신은 사람이 한다. 혁신가가 한다. 혁신가의 두뇌력brainpower이 한다.

경제학자 조지프 슘페터는 기업가, 기업가정신이야말로 혁신의 주체라고 하고, 기업가가 만들어 내는 혁신이 창조적 파괴를 통해 자본주의의 동태적 발전을 가져온다고 했다. 슘페터의 혁신, 창조적 파괴보다 자본주의 시장경제의 역동적 발전을 더 잘 설명하는 이론은 보지 못했다.

2017년 6월 22일, 서울대 특강 "희망은 어디에서 오는가"

나는 2016년 9월 30일 서울대 학생들에게 「경제성장과 경제정의」에 대하여 강의하면서 성장의 가치를 강조하고, "경제성장에 마법의 탄환은 없다. 그러나 정도正道는 있다. 시간이 걸리고 고통이 따르고 정치적으로 인기가 없는, 그러나 꼭 해야만 하는 성장전략이 있다. 그것은 혁신성장이다. 혁신성장만이 유일한 성장의 해법"이라고 했다. 그 이후에도 기회가 있을 때마다 혁신성장의 중요성을 강조했다. 나는 1960~80년대에 고속성장을 했다가 1990년대 이후 성장의 추락을 겪고 있는 우리 경제에 가장 필요한 것이 혁신을 통한 성장, 즉 혁신성장이라고 생각한 것이다.

그 후 문재인 대통령도 대통령 취임 후 혁신성장을 말했다. 문 대통령은 민주당 대표, 대선후보 시절에 국민성장, 포용적 성장, 소득주도성장, 공정경제 등을 얘기하다가 대통령이 된 이후에 혁신성장을 추가하여 '소득주도성장, 공정경제, 혁신성장'을 문재인 정부가 추구하는 경제의 3축이라고 한 것이다. 혁신성장이란 말이 '팬시fancy'하게 보였는지 혁신성장을 가져다 쓴 것까지는 좋았으나 문재인 대통령이 과연 혁신성장의 취지를 제대로 이해하고 이 말을 썼는지는 의문이다.

성경에 "하늘 아래 새로운 것은 없다 There is nothing new under the sun"고 했다(전도서 1장 9절). "우리 경제가 다시 성장으로 가려면 혁신 뿐이다"는 말도 새로운 얘기가 아니다. 슘페터 이후에도 많은 사람들이 혁신의 중요성을 이야기했고, 우리나라에서도 많은 사람들이 혁신의 중요성을 말한다. 중요한 것은 어떻게 혁신을 일으키느냐다. 바로 이 점에서 문재인 정부는 혁신성장을 말하면서도 실제 경제정책은 혁신성장과 아무 관계가 없거나 오히려 혁신을 방해하는 정책을 펴왔기 때문에 문재인 정부는 혁신성장을 제대로 추구하기는커녕 오히려 혁신성장을 방해만 했다는 평가를 받게 될 것이다.

예컨대 공무원 17.4만명 등 공공부문 일자리 81만개를 만들겠다고 공약하고 취임 후에는 무려 111조원의 예산을 퍼부었다. 그러나 지난 5년간 만든 일자리들이 어떤 일자리였나? 세금으로 공무원 자리를 늘리고 노인일자리를 만든 것이 과연 우리 경제의 혁신에 어떤 도움이 되었나? 기회비용의 관점에서 보면 세금으로 공무원을 늘리고 공공부문을 비대하게 만드는 것은 거기에 투입되는 막대한 재원을 우리 경제의 혁신을 위해 쓰지 못하게 한다는 점에서 오히려 혁신을 가로막는 정책이다. 공무원이 많아지는 나라가 4차 산업혁명 시대에 혁신국가, 혁신경제가 될 수는 없다. 세금으로 이런 일자리를 많이 만들면 혁신은커녕 경제는 거꾸로 갈 것이다.

노동개혁도 마찬가지다. 문재인 정부는 민주노총, 한국노총과 정치적으로 공동운명체라고 스스로 생각하고 있다. 따라서 양대 노총이 반대하는 노동개혁은 취임 초부터 아예 할 생각조차 없었던 정권이다. 박근혜 정부는 2013년부터 노무현 정부의 노동부 장관을 역임한 김대환 전 장관을 노사정위원장으로 임명하여 의미있는 노동개혁을 시도한 바 있다. 민주노총의 반대, 그리고 한국노총의 '찬성 후 최종 반대 선회'로 박근혜 정부의 노동개혁은 비록 미완의 개혁으로 끝나고 말았지만, 우리나라 노동시장의 고질적인 문제들을 노사정 합의로 고쳐보려는 시도는 했었다. 그러나 문재인 정부 들어서는 그런 시도조차 사라진 것이다. 경제사회노동위원회를 가동했으나 어떤 노동개혁을 할 것인지 청사진조차 제시한 바가 없다.

혁신은 사람이 하는 것이니, 노동시장과 노동정책을 어떻게 하느냐는 혁신과 직결되는 중요한 주제이다. 1960~1980년대의 고속성장기는 노동의 억압기였다. 1987년 민주화 이후 노동조합으로 조직화된 10% 수준의 노동자들은 과보호를 받는 반면 노동조합의 보호를 받지 못하는 대다수의 노동자들은 여전한 차별과 억압을 받는 이중구조가 30년 이상 고착화되어 왔다. 우리 노동시장이 이대로 가면 혁신은 불가능하다. 헌법이 보장한 노동의 권리를 지키면서 어떻게 우리 경제의 혁신을 가져올 노동시장을 만들 것이냐? 이것이 우리 노동정책의 오랜 숙제다. 그 대원칙은 자유, 평등, 공정의 헌법가치일 것이다. 헌법의 노동권을 지키면서 노동시장의 공급자(노동자)와 수요자(기업) 모두 최대한 자유, 평등, 공정을 누리도록 만들고, 일을 하고 싶은데 일자리를 찾지 못하는 사람들에게 인간의 존엄과 가치를 지킬 수 있도록 사회안전망을 제공하는 것, 이것이 노동정책과 복지정책의 목표가 되어야 한다. 유연안정성flexicurity이란 개념이 바로 그런 것 아니겠는가.

규제개혁은 노동개혁 못지 않게 어려운 과제이다. 정부규제government regulations란 정부가 경제주체들의 자유를 구속하는 것이다. 법률, 시행령, 시행규칙, 행정명령, 사업자단체의 자율규제 등 공권력이 뒷받침된 모든 종류의 구속은 정부규제라고 봐야 한다. 경제적 규제의 형태는 다양하다. 진입규제, 사업영역규제, 가격규제, 사업행위규제(code of conduct 같은 종류), 퇴출규제 등 실로 다양한 형태의 경제적 규제가 있다. 환경규제, 안전규제 등 경제적 규제가 아닌 사회적 규제도 당연히 경제에 영향을 미친다. 규제는 그 시장에 참여하는 모든 주체들로부터 영향을 받고 모든 주체들에게 영향을 미친다. 새로운 택시 서비스였던 '타다'를 규제할 것이냐 여부를 둘러싸고 벌어진 갈등의 사례를 보면 단 한 건의 규제에도 얼마나 많은 이해관계자들의 이익과 손실이 엮여 있는지 알 수 있다.

규제를 둘러싼 찬성과 반대는 당연히 정치적인 압력이 되어 입법로비가 되고 선거에도 영향을 미친다. 그런데 스타트업을 포함하여 기업을 하는 사람들은 대부분 규제를 없애달라고 호소한다. 심지어 정부가 지원금을 안 줘도 좋으니 제발 규제를 없애달라는 호소가 많다. 그러나 어떤 규제는 기득권자들이 자신들의 독과점적 지위나 이익을 보호하기 위해 규제를 유지 내지 강화해달라는 로비를 하기도 한다.

우리나라의 규제는 1960년대 이후 국가주도 경제개발 과정에서 누적되어 왔다. 산업의 개발, 진흥 등 산업정책적 목적을 가진 법률과 제도는 모두 규제였고, 안전, 환경 등 사회정책적 목적을 가진 법률과 제도들도 모두 경제적 영향을 미치는 규제였다. 규제는 관치경제의 핵심수단이고, 규제는 시장경제의 작동에 영향을 미친다. 자유롭고 공정한 시장경제야말로 혁신의 가장 중요한 생태계라고 볼 때, 규제개혁이 혁신을 위해 얼마나 중요한지를 알 수 있다. 위에서 노동개혁이 자유, 평등, 공정의 원칙에 따라 이루어져야 함을 강조했듯이 규제개혁의 큰 그림도 자유, 평등, 공정의 원칙 위에 그려져야 한다.

문재인 정부의 경제정책 중 혁신성장은 말로만 그친 반면, 소득주도성장은 정권의 사활을 건 듯이 강하게 밀어붙였다. 소득은 일자리에서 나오는 것이고 일자리는 기업에서 나오는 것이니, '성장 → 일자리 → 소득'은 성립하지만 '소득 → 일자리 → 성장'은 성립하기 어려운 것이라, 소득주도성장이란 말은 경제학의 족보에도 없는 말이었다. 소득주도성장이란 말 자체가 원인과 결과를 혼동한 말이라 경제학자들은 "말이 마차를 끄는게 아니라 마차를 말 앞에 둔 격"이라는 비유로 소득주도성장의 근본적 문제점을 지적했다. 소득주도성장은 기껏해야 ILO가 이야기하는 임금주도성장wage-led growth을 소득주도성장이라고 이름을 고쳐 쓴 정도였다.

더구나 우리나라는 자영업자가 전체 취업자의 24%나 되어 OECD 평균의 두 배 정도이기 때문에, 임금주도성장을 이름만 바꾼 소득주도성장은 코로나 위기 이전부터 영세자영업자에게는 치명적인 부작용을 초래하게 되었다. 실제로 문재인 정부가 추진해온 소득주도성장의 구체적 정책 내용을 보면 주로 임금근로자에게만 적용되는 최저임금 인상, 세금으로 만든 공공일자리, 그리고 각종 복지지원금 등을 포괄하여 국민들에게 가처분소득을 늘려주어 그것이 소비와 성장으로 연결되게 하겠다는 의미 정도로 보인다.

그러나 이 정도의 정책은 최저임금정책이나 복지정책에 해당하는 것일 뿐 이것을 무슨 성장의 해법이라고 말하는 나라는 어디에도 없다. OECD나 일부 선진국이 말하는 '포용적 성장inclusive growth'이란 경제성장이 복지와 함께 가야 한다는 뜻이지 이것이 성장의 해법이라고 말한 것은 아니다. 사실 가처분소득을 늘려주는 가장 확실한 방법은 감세인데, 감세에 부정적인 문재인 정부가 감세를 소득주도성장이라고 말하지는 않는다.

문재인 정부 초기의 경제정책 결정과정에 대해 한 가지 이해가 안 되는 대목이 있다. 2017년 대통령선거를 치르는 과정에서 당시 문재인 후보 캠프에는 '슘페테식 성장정책'으로 가야 한다는 구상이 제기된 적이 있었다. 그러나 문 대통령 취임 후 이 제안은 무시되고 경제정책은 소득주도성장으로 가버렸다. 노무현 정부에서 기획예산처 장관과 청와대 정책실장을 역임한 변양균 전 장관은 문재인 캠프에서 활동했는데 2017년 6월 발간한 그의 저서 『경제철학의 전환』에서 우리 경제가 불황에서 탈출하기 위해서는 "케인즈식 수요 확대에서 슘페터식 공급 혁신"으로 경제철학을 전환해야 한다고 역설하고, 슘페터식 성장정책의 실천방법으로 노동의 자유, 토지의 자유, 투자의 자유, 왕래의 자유를 제안했다.

변양균 전 장관은 우리 경제의 미래를 걱정하면서,

"성장을 하지 않는다는 것은 곧 죽음을 의미한다. 수령 3,000~4,000년이 넘는 세계 최장수 나무들도 계속 성장을 하고 있기 때문에 살아있는 것이다. 성장을 멈추는 순간 쇠락이 시작된다. 우리가 해보려고 하는 모든 일, 기회의 평등 실현, 삶의 질 향상도 성장이 없으면 불가능하다. 우리는 끝없이 진행되고 있는 내리막 경제가 이제 '새로운 정상'이라며 체념해서는 안된다. 초저성장을 새로운 정상이라고 말하는 것은 이미 완벽히 선진국에 들어가 있는 나라에게나 맞는 설정이다. 하나의 선진국 프레임이다. 성장정책을 포기해서는 안된다. 포기하는 순간 우리나라는 주변의 경제대국, 군사대국에 둘러싸인 하청국 신세를 영원히 벗어나기 어렵다"라고 했다. (변양균, 『경제철학의 전환』, 2017년 6월, 바다출판사, 46-47쪽).

변양균 전 장관의 문제인식이나 슘페터식 해법은 나의 생각과 같다. 그러나 이 제안은 문재인 정부에서는 정책으로 채택되지 못했다. 그 이유를 추측할 뿐이지만, 아마 소득주도성장이라는 환상에 사로잡힌 사람들이 대통령 주변을 차지해서 대통령의 눈과 귀를 가로막았던지, 아니면 슘페터식 혁신성장보다는 소득주도성장이 정치적으로 더 매력적으로 보였을지 모른다. 어쨌든 문재인 정부 초반에 그나마 올바른 방향 제시가 있었으나 사장되고 말았던 점은 아쉬운 대목이다.

자, 그렇다면 낡은 성장론을 대체하고 우리 경제를 다시 성장의 길로 인도할 혁신을 위하여 우리는 무엇을 해야 하는가?

나라의 미래가 걸린 이 질문에 한마디로 답을 하라면 나는 '인재양성'이라고 생각한다.

사람을, 인재를 길러서 이 인재들에게 경제의 혁신을 맡기자는 것이다. 즉, 혁신인재가 신성장동력인 것이다. 혁신의 핵심이 사람, 인재이기 때문에 정책적으로 가장 중요한 분야는 교육, 노동 그리고 복지의 문제다. 교육, 노동, 복지가 모두 사람의 일이기 때문이다. 즉, 산업경쟁력의 핵심은 인재이고 정부가 인재를 키우기 위한 교육정책, 노동정책, 복지정책이 중요하다. 정부 차원 뿐만 아니라 기업 차원에서도 스스로 인재를 키우는 노력이 중요하다.

디지털혁신인재 100만명 양병론

우리 경제의 핵심산업인 반도체 산업에서 앞으로 인재가 10만명이 부족할 거라고 한다. 개발자developer가 부족하여 외국 인력을 수입해야 할 거라고 한다. 우리 경제가 혁신을 통해 다시 성장의 길로 재도약하려면 가장 절실하게 필요한 것은 인재다. 4차 산업혁명이 시작되기 훨씬 이전부터 전문가들은 기술이 고도화될수록 인간의 두뇌력이 산업경쟁력을 좌우하게 될 것으로 내다봤다. 예컨대 레스터 서로우Lester Thurow는 1996년 그의 저서, 『자본주의의 미래The Future of Capitalism』에서 '두뇌력 산업의 시대Era of Brainpower Industries'를 말하면서 21세기에는 정보통신, 전자, 바이오, 신재료, 로봇, 컴퓨터, 항공기 등 인간 두뇌력이 중요한 산업의 비중이 커질 것이고, 두뇌력 산업에서 경쟁력의 핵심은 사람에 체화된 '지식과 기술knowledge and skill'이라고 했다. 오늘날 4차 산업혁명으로 부르는 신산업들도 모두 두뇌력 산업들이다. 또 역사가 오래된 산업의 경우에도 산업의 재도약은 새로운 지식과 기술에 따라 이루어진다.

4차 산업혁명이 본격적으로 거론되기 한참 전인 2006년, 미국 브루킹스 연구소는 *The Hamilton Project : An Economic Strategy to Advance Opportunity, Prosperity and Growth*라는 보고서를 발표했다. 미국 초대 재무장관, 건국의 아버지 중 한 명이었던 알렉산더 해밀턴 Alexander Hamilton (10달러 지폐의 인물)의 이름을 딴 이 보고서는 미국 사회가 장기적 번영을 지속해 나가기 위해 필요한 새로운 비전과 경제전략을 제시하였다. 보고서는 미국의 경제적 번영을 지속해 나가기 위한 세 가지 기본원칙을 제시했다:

첫째, 지속성장을 위해서는 모든 국민의 잠재능력이 최대한 발휘될 수 있도록 기회의 균등을 보장해야 하며 이를 위해 모든 계층에 대한 양질의 공교육 제공 및 성장과 분배의 선순환구조가 필요하다.

둘째, 실업이나 빈곤 등의 위험에 대한 적절한 보호장치, 즉 사회안전망은 더 많은 사람들이 창업이나 교육훈련 등 성과가 불확실한 미래투자에 더 적극적으로 참여할 수 있게 함으로써 성장에 도움을 준다.

셋째, 대규모 재정적자와 인구고령화로 인한 재정적자 확대 전망이 미국의 번영에 중요한 위협요인이므로 사회보장제도의 개혁 등 지출억제 노력과 함께 기초과학 및 R&D, 사회인프라 투자 등 시장실패가 발생하는 분야에 대해서는 투자자로서의 정부 역할이 중요하다.

이 원칙들 위에 해밀턴 보고서는 '교육과 노동'을 제1의 정책과제로 제시한다.

"교육과 근면한 노동은 개인들에게 발전의 기회를 제공하며, 이를 통해 모든 세대가 이전 세대보다 더 나은 삶을 영위할 수 있게 한다는 것, 모든 개인이 인생의 출발점에서 제약받지 않아야 한다는 것은 미국 사회의 오랜 믿음이다... 교육은 기회와 생산성 모두를 향상시키므로 성장의 중요한 요소가 된다"라고 특히 교육과 직업훈련의 중요성을 강조했다.

인재를 기르는 일!

지금 대한민국에 인재를 기르는 일은 가장 중요한 경제정책이자 성장의 해법이다. 물적 자본이 아니라 인적 자본이, 단순한 노동력이 아니라

지식과 기술을 가진 노동력이 경쟁력의 원천이며 성장의 열쇠인 것이다.

1997년 IMF위기를 겪은 우리 경제가 그 때부터 지난 25년간 혁신인재 양성의 노력을 일관되게 했더라면 지금 우리 산업의 경쟁력은 어땠을까? 과거의 성장방식은 더 이상 통하지 않는다는 것, 성장률 추락을 막기 위하여 진작 새로운 성장엔진을 찾았어야 했다는 것, 그러나 그렇게 하지 못하여 IMF위기를 맞고 그 후에도 계속 추락의 길만 걸어왔다는 것, 이런 것들은 사실 새로운 얘기가 아니다. "한국경제가 다시 살아나려면 인재가 중요하다"는 것도 하늘 아래 새로운 얘기가 아니다. 우리 경제의 미래를 걱정하는 사람이라면 이 주장에 동의할 것이다. 저성장이 '뉴노멀'이니까 저성장을 받아들이고 복지와 분배에만 집중해야 한다고 믿는 '성장포기자'들을 제외한다면 말이다.

"인재를 길러서 우리 경제를 다시 성장의 길로 나아가게 한다"는 것이 새로운 성장전략 제1호이다.

디지털혁신인재 100만명 양병론!

이런 야심찬 목표를 갖고 추진하는 인재양성이 한국경제가 다시 성장의 길로 가기 위한 국가전략이다. 특히 4차 산업혁명이 우리의 미래 운명에 던지는 엄청난 위험과 기회를 생각할 때, 이 길만이 우리 경제를 앞으로 50년~100년 동안 구해낼 길이라는 믿음이 더 강해진다. 100만명의 인재가 빅데이터, AI, 블록체인, 개발자 등 4차 산업혁명 분야에만 국한될 이유도 없다. 우리가 수십년 이상 잘해왔던 주력 제조업들, 즉 반도체, 휴대폰, 가전, 자동차, 석유화학, 조선, 철강 등도 세계 1등을 유지하려면 혁신인재가 필요하다. 우리 경제를 먹여 살리는 반도체 산업의 경우 10만명의 인재가 필요한데 지금 한 해에 공급 가능한 인재는 5,000명에 불과하다.

디지털혁신인재 100만명 양병론의 100만이라는 숫자는 과연 실현 가능한 목표인가?

관료적 발상과 미시적 계산으로는 100만명이라는 숫자가 불가능해 보일 것이다. 1만명, 5만명의 인재들을 양성하는 프로젝트와는 달리 100만명의 혁신인재를 양성하는 것은 국가개조 차원의 숫자이다. 어지간한 정책 마인드로는 100만명이라는 목표를 달성하기 어려울 것이다. 문재인 정부가 세금으로 공공부문 일자리 81만개를 만드는데, 여기에 들어가는 예산으로 혁신인재 100만명을 양성하면 된다고 단순하게 생각할 일이 아니다. 세금으로 공무원을 뽑고 단기세금알바를 고용하는 것과 디지털 시대에 필요한 창의적 혁신인재를 양성하는 것은 차원이 다른 일이다.

문재인 정부가 아무 것도 하지 않은 것은 아니다. 2018년 12월 26일 과학기술정보통신부는 「4차 산업혁명 선도인재 집중양성 계획('19~'23)」을 발표했다. "혁신적인 교육기관 설립해 4차 산업혁명 이끈다"라는 제목으로 발표된 이 계획에 따르면 2019~2023년의 5년 동안 인재 1만명을 양성한다. 이노베이션 아카데미에서 2,500명의 SW 인재 양성, 국내 석박사급 인재 해외파견으로 2,250명의 글로벌 핵심인재 양성, AI대학원에서 860명 인재 양성, AI 등 8대 혁신성장 부문에서 실무인재 7,000명 양성 등 5년간 5,756억원을 투입하여 1만명을 양성한다는 것이다.

문재인 정부가 5년간 1만명의 인재를 양성한다고 했는데, 나는 100만명의 혁신인재 양성을 제안한다. 1만명과 100만명, 이 100배의 차이는 어떻게 이해해야 하는가? 어느 숫자가 적정한지 판단할 기준이 딱히 있는 것은 아니다. 그러나 이는 혁신인재 양성을 우리의 미래를 좌우할 핵심적인 전략으로 보느냐 아니냐에 달린 문제다.

AI 인재양성의 경우를 보자. 과기정통부는 2019~2023년의 5년간 460억원의 예산을 들여 AI대학원을 지원하여 860명의 인재를 기를 계획이라고 한다. 2019년 과기정통부는 AI대학원 설립을 신청한 12개 대학 가운데 KAIST, 고려대, 성균관대, 광주과기원, 포스텍을, 2020년에는 연세대, 울산과기원, 한양대를 AI대학원으로 선정했다. 이 8개교의 정원은 총 390명이며, 5년~10년간 연 20억원이 지원된다. 그런데 2019년에 미국은 MIT 한 개 대학이 AI대학 설립을 위해 10억달러(약 1조 3천억원)를 투입했고 인문계열까지 전교생에게 AI교육을 한다. 서울대의 경우 최근 15년간 컴퓨터공학과의 입학정원이 55명을 유지하다가 2000년에 겨우 15명 늘어났다. 그러나 스탠퍼드대 컴퓨터사이언스 학과의 입학정원은 2008년 140명에서 현재 745명, 5배 이상으로 늘어났다.

 중국은 35개 대학에 4년제 AI학과를, 101개 대학에 로봇공정학과를, 203개 대학에 데이터사이언스/빅데이터기술학과를 설립할 계획이라고 한다. 화웨이의 윌리엄 쉬 최고전략마케팅책임자(CSMO)는 2018년 10월 11일 상하이 월드엑스포 전시장에서 열린 ICT 콘퍼런스 '화웨이 커넥트 2018' 기조연설에서 "늙은 말이 길을 안다... 향후 3년간 100만명의 AI 전문인력을 양성하겠다"라고 했다. 한 개 회사가 AI 100만 대군 양성을 말하고 있지 않은가.

 일본 정부는 AI 관련 전문인력을 매년 25만명씩 양성하기로 했다. 2019년 3월 스가 요시히데 관방장관이 이끄는 통합혁신전략추진회의는 이같은 내용을 발표했다. 현재 일본 4년제 대학 학생은 학년별로 약 60만명인데 이 중 이공계, 보건계열 18만명과 인문계의 15% 가량인 7만명을 합쳐 매년 25만명을 AI 관련 인재로 육성한다는 것이다. (일본 정부, 「AI 전략 2019: 사람, 산업, 지역, 정부 모두의 AI」) 이렇게 4년만 해도 100만명이다.

100만명이라는 숫자가 과대망상으로 보이는가? 미국, 중국, 일본 등이 인재양성에 투입하는 예산과 그들의 야심찬 계획을 보면 디지털혁신인재 100만명 양성이 결코 과도한 욕심이 아니라 반드시 해내야만 우리 경제가 살아남을 수 있는 필수적인 과제라는 점을 깨닫게 된다. 화웨이라는 한 회사가 3년간 100만명의 AI 전문인력을 양성하겠다고 나오는 판인데, 대한민국 정부는 5년간 5,756억원을 투입하여 겨우 1만명을 양성한다? 이런 안이한 계획으로 글로벌 경쟁에서 과연 살아남을 수 있겠는가? 특히 문재인 정부 들어서 공무원 증원, 복지, 재난지원금 등에 쓰느라 수백조원의 국가채무가 늘어나고 있는데 정작 우리의 미래를 좌우하는 혁신인재 양성에는 1조원도 되지 않는 예산을 투입하는 것은 사실상 미래를 대비하는 계획은 없다고 고백하는 것과 마찬가지다.

혁신인재를 양성하는 교육개혁

혁신인재를 양성하는 일, 이 중요한 일을 정부만 할 수 있는 것은 아니다. 기업도 창의적 혁신인재 양성에 당연히 중요한 역할을 담당한다. 특히 혁신인재 100만명 양성을 국가의 최우선과제로 추진한다면, 정부 혼자 이 큰 일을 다 해낼 수는 없다.

그럼에도 불구하고 정부만이 할 수 있는 가장 중요한 역할이 있다. 그건 바로 교육이다. 흔히 교육을 국가백년지대계國家百年之大計라 한다. 사람을 기르는 일이 나라 발전의 기본이라는 뜻이다. 혁신인재만이 다시 성장으로 가는 길이기에 교육은 경제를 위해서도 백년지대계다. 즉, '혁신인재를 기르는 교육'이 바로 가장 중요한 경제성장정책인 것이다.

교육은 경제성장을 위해서도 중요하지만, 헌법 31조 1항("모든 국민은 능력에 따라 균등하게 교육을 받을 권리를 가진다")에 따라 양극화와 불평등을 해소하는 기회의 사다리라는 차원에서도 매우 중요하다. 또 아이를 낳아 기르는 경제적 부담을 국가가 덜어주는 교육과 보육은 저출산 해소와도 깊은 연관이 있다. 즉 교육은 저성장, 양극화, 저출산이라는 세 가지의 시대적 난제 모두와 닿아있는 중요한 일이다. 이렇게 중요한 교육의 생태계와 인프라를 만드는 것이 바로 정부의 역할이다.

사실 역대 정부들도 모두 창의적 인재를 기르는 교육의 변화를 약속했다. 2018년 11월 6일 '글로벌 인재포럼' 축사에서 문재인 대통령은 "새로운 미래를 위해서는 창의적이고 융합적인 인재 양성이 절실하게 요구된다. 교육혁신으로 4차 산업혁명을 선도할 인적 기반을 만들어나갈 것"이라고 말했다. 문재인 정부 뿐만 아니라 그 이전의 정부에서도 대통령들은 기회가 있을 때마다 창의적 인재의 중요성과 교육혁신을 강조했었다. 그러나 이러한 말들이 실제로 교육현장의 실질적 변화로 연결되어 창의적 인재 양성이라는 결실을 거둔 적은 거의 없다.

그 대신 교육정책은 수시와 정시를 몇 %로 할거냐, 대입전형을 어떻게 할 것인가, 특목고를 폐지할 것인가 등 대학입시제도와 평준화의 문제에 주로 관심이 집중되었을 뿐, 시대가 원하는 혁신인재 양성에는 별 관심이 없었다. 그러는 사이에 우리 교육의 경쟁력은 갈수록 추락했다. 특히 일반고의 공교육 기능이 무너졌다. 오바마 미국 대통령이 한 때 칭찬했던 한국의 교육은 오늘의 공교육이 아니라 과거의 교육이었다. 지금의 교육으로는 혁신인재의 양성도(경제성장), 기회의 사다리 복원도(양극화 해소), 아이 키우고 싶은 나라 만들기도(저출산 해소) 점점 더 어려워지고 있다.

교육의 실질적인 변화와 혁신은 그만큼 어려운 일이다. 우리 교육이 창의적 혁신인재를 만드는 데 문제가 있는 것은 교육 제도와 인프라를 만든 정부의 책임이다. 더 늦기 전에 교육의 혁명적 변화를 모색해야 한다. 단순히 경제성장을 위한 혁신인재의 양성만이 교육혁명의 목표는 아니다. 기회의 사다리를 복원하여 양극화, 불평등을 해소하고 더 공정하고 정의로운 세상을 만드는 것, 교육과 보육의 부담 때문에 결혼과 출산을 회피하지 않도록 국가가 책임지는 교육, 그런 교육이 될 수 있도록 해야만 한다.

대한민국의 미래를 어둡게 하는 저성장, 양극화, 저출산, 이 세 가지 난제를 해결하는 데 교육이 중요한 역할을 할 거라는 점에 동의한다면, 우리는 교육을 바로 세우는 일에 조금도 주저할 이유가 없다.

그럼 어떻게 할 것인가?

첫째, 대학입시제도를 지금보다 훨씬 더 단순하고 공정하게 바꿔야 한다. 학생과 학부모의 입장에서는 어린이집, 유치원부터 초·중·고교가 끝날 때까지 모든 교육은 대학입시에 초점이 맞춰져 있다. 따라서 대학입시제도를 시대에 맞춰 개혁해야 다른 교육개혁을 추진할 수 있다. 좋은 대학에 입학하기를 바라는 것은 부모와 학생의 본능이다. 살고 싶은 동네에 내 집을 갖고 싶은 본능처럼 좋은 대학에 가고 싶은 것도 강한 본능이다. 시장의 본능, 사람들의 본능을 부정하는 경제정책이나 부동산대책이 성공할 수 없듯이, 좋은 학교 가고 싶은 본능을 부정하는 교육정책은 성공할 수 없다. 초·중·고의 공교육에서 어떤 변화나 혁신을 시도하더라도 대학입시와 연결되지 않는 변화라면 부모와 학생은 거기에 관심을 두지 않을 것이다.

대학입시제도는 고소득, 고학력 부모의 자녀가 아니더라도 차별받지 않는 입시가 되어야 한다. 이것은 민주공화국의 공정과 정의의 문제다. 저소득, 저학력 부모라도, 바쁘게 일하는 엄마 아빠라도, 그 자녀가 차별을 받지 않는 입시가 되어야 한다. 그런 점에서 수시전형의 학종(학생부 종합전형)은 '괴물'이란 얘기를 들을 정도로 문제가 심각했다. 생업에 바쁜 부모들은 수많은 수시 종류를 일일이 다 알 수도 없고 따라잡을 수도 없고 아이를 챙겨줄 여력이 없어 학종 전형을 포기하게 된다. 조국 사태에서 보듯이 교수 부모들이 고등학생 자녀를 서로 품앗이 식으로 논문 공동저자로 이름을 올려주는 것을 보면 보통 엄마 아빠들은 대학입시 수시전형에서 불공정한 특권과 반칙이 횡행할 거라고 생각한다. 이렇게 해서 어떻게 개천에서 용이 나겠나?

'어떤 부모를 만나느냐'는 존 롤스가 말한 '천부적 로또natural lottery'다.

학교의 안과 밖

괴물 학종

이기정
서울 미양고 교사

학생부종합전형(학종)에 부정적인 학부모가 현저하게 많은 듯하다. 몰라서가 아니라 알 만큼 알기에 그런 것 같다. 왜 그럴까?

우선 학종 주창자들의 얘기와는 달리 학종이 주는 시험 부담이 엄청나게 크다. 어쩌면 악명 높았던 죽음의 트라이앵글을 넘어선다. 죽음의 트라이앵글 당시 학생들이 준비해야 하는 시험은 최대 세 종류였다. 그러나 학종은 네 종류나 된다. ①내신 ②수능(수능최저학력) ③구술면접고사 ④교과 경시대회 시험이다. 그런데 ④도 시험인가? 그렇다. 경시대회 중 영어, 수학, 국어, 사회, 과학 등의 경시대회는 명백한 시험이다. 물론 네 종류의 시험 중 2~3개만 반영하는 대학도 많다. 하지만 그것은 별다른 위로가 되지 못한다. 입시를 준비하는 학생들은 저학년일수록 다수의 대학을 염두에 두고 공부할 수밖에 없다.

무엇보다 학종은 아이들의 학교생활을 입시경쟁의 영역으로 전부 편입시켰다. 그래서 학생의 모든 학교활동(봉사활동, 동아리활동, 독서활동, 진로활동, 학생회활동, 학급활동, 경시대회 등은 사실상 입시경쟁이 되었다. 심지어는 장애우를 돕는 선한 활동조차도 이젠 입시경쟁이다. 이 많은 것들을 어떻게 잘할 수 있나? 조금 하고는 많이 한 것처럼, 부실하게 하고는 충실하게 한 것처럼 꾸미는 위선과 거짓의 문을 두드릴 수밖에 없다. 이것만으로도 걱정이 태산인데 학부모의 근심은 학생부 기록으로도 이어진다. 학생이 아무리 활동을 많이 해도 그것이 학생부에 빠어나게 기록되지 않으면 말짱 도루묵일 수 있다. 그래서 이제 학부모는 아이를 담당한 교사가 학생

부작성을 뛰어나게 잘해주는 사람이기를 기도해야 한다. 어떤 교사여야 할까? 글을 잘 쓰는, 기록에 정성을 다하는 교사면 좋겠는데 그것만으론 부족하다. 아이를 위해 과장된 기록을 서슴없이 하고, 필요하다면 거짓말도 해주는 교사여야 만족할 것 같다.

최대 네 종류의 시험과 수많은 학교활동…, 이것만으로도 입시 부담이 사상 최고인데 학종은 여기에 면접과 자기소개서까지 더한다. 그리고 이것들 모두에 대한 평가가 정성평가로 이뤄진다. 학종 주창자들은 정성평가를 최선의 평가라 예찬하지만 학부모에게는 도대체 종잡을 수 없는 애매모호한 평가일 뿐이다. 결국은 입시 부담만 증가한다. 물고기의 위치가 불확실할수록 그물을 더 넓게 쳐야 하는 어부처럼 학부모도 입시의 그물을 더 넓게 펼칠 수밖에 없게 된 것이다.

이러한 입시를 돈과 시간이 부족한 학부모가 감당할 수 있을까? 순박한 학부모가 위선적 학부모를 이길 수 있을까? 대답은 자명하다. 대다수 학부모에게 학종은 부자에게 유리한 금수저 전형이고, 얼굴 두껍고 속 시커먼 사람에게 유리한 후흑학 전형일 뿐이다.

상황이 이러한데 학종 주창자들은 학종이 학생들의 다양한 활동을 불러왔다고 내세운다. 좋은 일이긴 하다. 하지만 학부모는 이제 그런 활동이 너무 많아서 걱정이다. 그리고 그것들은 이제 예전의 낭만적 순수성을 잃어버린 입시경쟁으로서의 힘겨운 활동들이다. 또 학종 주창자들은 학종으로 인해 학교 수업에 상당한 변화가 일어났다고 말한다. 그러나 전체적으론 아주 작은 변화일 뿐이다. 또 학종의 근본적 한계로 인해 앞으로도 그 변화가 미미할 수밖에 없다. 작은 변화나마 이루어낸 교사의 고군분투는 높이 평가해야 하지만 지나친 과장과 일반화는 현실을 왜곡한다.

학부모에게 학종은 괴물일 뿐이다.

2018년 9월 4일, 경향신문, 이기정 칼럼, '괴물학종'

고학력 부모가 도와주지 않으면, 또 부모가 사교육비를 대지 않으면 원하는 대학에 가기 어려운 입시제도는 반드시 고쳐야 한다. 괴물이라고 비판받는 학종 등 복잡한 수시전형을 최대한 객관화, 단순화 시키고 공정하게 만들어야 한다.

수시와 정시의 비중에서 정시 비중을 대폭 늘려야 한다는 주장도 있다. 유명한 대학일수록 수시 비중이 높아서 조국 사태 이후 교육부가 인센티브와 보조금을 동원해서 2024년까지 정시비중을 40% 이상으로 높이도록 압력을 행사하는 중이다. 그러나 문제는 그렇게 간단하지 않다는 반론도 있다. 수시를 줄이고 정시를 늘리기만 한다고 공정한 대학입시가 되지 않는다. 2022년 3월 교육부가 발표한 「2021년 초중고 사교육비조사

The JoongAng

FOCUS 중앙일보대학평가원 리포트 ▶관계기사 6, 7, 31면

2020년 10월 17일 토요일 001면 종합

내신·수능 어떻게 바꿔도 웃는 쪽은 '금수저'

대학평가원=양선희(원장), 최은혜·문상덕 기자
시뮬레이션=김창환 미국 캔자스대 교수

정부는 수능 위주 전형을 확대해 대입 공정성을 높이겠다고 밝혔다. 지난주 유은혜 부총리 겸 교육부 장관은 국회 국정 감사에서 수능 위주 전형 40% 확대 계획을 재확인하며, 이를 대입공정성 강화 방안인이라고 했다. 조국 사태 당시 학생부종합전형 등 내신위주 전형의 불공정 문제가 불거지면서 내놨던 대책을 다시 언급한 것이다.

그러나 중앙일보대학평가원이 김창환 미국 캔자스대 교수(사회학)에게 의뢰해 시뮬레이션한 결과 수능 위주 전형이 저소득층의 상위 대학 입학에 유리하지 않은 것으로 나타났다. 이는 대입 졸업자직업경로조사 자료(GOMS)를 활용해 국내 최상위와 상위권 대학 및 의과대학을 대상으로 부모 소득 상위 20%(중산층)와 하위 20%(저소득층) 학생들의 입학가능성을 시뮬레이션한 내용이다.

시뮬레이션 결과 수능 전형을 40%

상위권대 입학가능성 예측 결과
정부 방침대로 수능전형 늘려도
고소득층 자녀 3~4배 많이 들어가

논술 폐지 땐 저소득층 자녀 숨통
"면밀한 분석 통해 입시 개편해야"

로 할 경우 중산층 학생 100명이 입학할 때 저소득층 학생은 27.4명이 입학하는 것으로 나타났다. 이는 내신만 100%로 할 경우(28.7명)보다 떨어지는 숫자다. 또 수능 전형이 100%로 시뮬레이션해보니 20.8명으로 더 떨어진다. 어떤 방식으로 시뮬레이션 해도 수능 전형이 저소득층에게 유리하다는 결과는 나오지 않았다. 다만 논술을 폐지할 경우 저소득층의 입학에 긍정적인 영향을 미치는 것으로 나타났다. 현재의 내신과 수능 전형의 조합만으로는 어떤 경우라도 부모 소득이 중산층 이상인 학생이 상위권 대학에 3~4배 정도 더 많이 들어가는 것으로 나타났다. 이런

수능 위주로 뽑아도 '흙수저' 불리
단위: 명
※중산층 입학생 100명 당 저소득층 입학생 수

내신 100%	28.7
수능 40% 내신 60%	27.4
수능 50% 내신 50%	26.3
수능 70% 내신 30%	24.4
수능 100%	20.8

결과는 정부의 의도나 예측과 크게 어긋난다.

물론 시뮬레이션 분석은 결과를 엄밀히 예측하기보다 경향을 보여주는 것이 목적이다. 그러나 그 경향이 정부가 공정성 강화 방안이라고 내놓은 의도와 전혀 다른 방향으로 움직인다는 점은 문제다. 정부가 내놓은 수능 확대 정책 자체가 효율성을 검증하고 과학적인 분석을 토대로 이루어진 것이 아니라는 것을 방증하는 것이다. 이 정책이 여론을 의식한 즉흥적 임기응변이 아니냐는 의구심이 드는 것은 그래서다. 여론은 수능 확대에 호의적이다. 지난해 9월 리얼미터 여론조사에서도 응답자 셋 중 두 명꼴로 정

시가 수시보다 '바람직하다'고 답했다.

대입에서 저소득층 학생들이 소외되지 않도록 하는 공정성 확보는 중요하다. 대입의 공정성은 우리 사회가 소득계층 이동이 좀 더 원활한 사회로 가는 전제조건이 되기 때문이다. 중앙일보 대학평가원이 올 특별리포트로 기획한 '대학교육의 사회계층 이동' 조사 결과 계층이동의 관건은 상위권 대학에 저소득층 학생이 얼마나 입학하느냐에 달렸다는 점이 드러난다.

이번 시뮬레이션 분석을 한 김 교수는 "입시 전형 비율을 조절하는 방식으로 공정성을 증진하겠다는 것은 매우 효율이 낮은 정책 수단으로 보인다"며 "좀 더 면밀하고 전문적인 분석을 통해 입시제도를 마련해야 한다"고 말했다.

◆시뮬레이션 개요=이번 분석에는 GOMS 2016·2017년 2년간 자료를 활용했다. 이번 분석 대상이 상위권 이상 대학은 서울대 등 11개 주요 대학과 한국과학기술원·포항공대, 그리고 38개 의과대학들이다. 이들 대학의 입학 정원은 전체 대학 입학 정원의 13.6%이다.

2020년 10월 17일, 중앙일보 Focus

결과 발표」에 따르면 월소득 800만원 이상 가구의 학생 1인당 사교육비는 59.3만원인데 200만원 이하 가구는 11.6만원에 불과하다. 무려 다섯 배의 차이가 난다. 사교육비의 이 격차를 그대로 두고 수시를 단순화하고 수시 비중을 줄이고 정시 비중을 늘리면, 결국 수능 준비를 위한 사교육이 늘어나고 강남 8학군 등 대도시 학원가로 학생들이 더 몰리는 현상이 발생한다. 이렇게 되면 내신을 반영하는 수시보다 수능으로 뽑는 정시가 저소득층에게 더 불리할 수도 있다. 공교육이 저소득층에게 좋은 교육의 기회를 보장하지 않으면 단순히 정시를 늘리는 게 공정을 보장하지 않을 수도 있는 것이다. 교육 문제는 이처럼 단순하지 않은 것이다.

정시와 수시를 어떻게 할 것이냐는 간단한 문제가 아니다. 조국 사태의 영향으로 대학입시에서 정시 비중을 올리는 것에 대해 과거보다 더 많은 국민들이 찬성한다. 그러나 정시 확대는 공교육 정상화라는 선결과제가 해결되어야 공정과 정의를 해치지 않을 것이다. 그리고 수시를 최대한 공정하게, 단순하게 만드는 것이 중요하다.

둘째, 공교육을 살려야 한다. 공교육을 살리는 것이 혁신인재를 양성하고 개천에서 용이 나는 기회의 사다리를 복원하고 서민들에게 사교육비 부담을 줄여주는 길이다. 전두환 정권 때의 과외금지처럼 사교육을 규제한다고 공교육이 살아나는 것은 아니다. 공교육을 살리려면 사교육이 하던 학습들을 최대한 공교육 안으로, 질적으로 양적으로 충실하게 가져와야 한다. 그래서 사교육비 부담을 줄여야 한다. 많은 부모들은 자식들 교육과 혼사에 돈을 쓰느라 자신들의 노후자금을 남겨둘 여력이 없다. 그래도 자식을 위해 돈을 쓰게 되는 게 부모다. 그 결과가 OECD 최악의 노인 빈곤율이다. 앞에서 인용한 교육부 조사에 따르면 2021년의 사교육비 총액은 23.4조원, 참여율은 75.5%, 전체학생 1인당 월 36.7만원, 참여학생 1인당 월 48.5만원이었다. 23.4조원의 사교육비 중 영어가 11.2조원, 수학이 10.5조원, 국어가 3.0조원, 예체능 취미·교양이 8.3조원이었다. 우리 주변의 사교육 현실을 살펴보면, 평균 사교육비보다 돈이 더 든다고 하소연하는 집들도 수두룩하다.

국민들의 사교육 부담을 덜어주려면 어떻게 해야 하나? 학원에 아이들을 보내는 이유를 찾아내어서 학교가 이를 최대한 공교육 안으로 흡수해줘야 한다. 학원을 아무리 규제해봤자 아무 소용 없다. 밤 10시 이후 학원수업을 금지하니 주말에 학원에 보내고 방학이면 오전부터 종일 보내는 게 현실이다. 국·영·수 학원과 과외에 부모들이 엄청난 돈을 쓰는 이유는, 대학입시에 제일 중요한 과목들인데 학교에서 배우는 국·영·수로는 부족하다고 생각하기 때문이다. 학원에 가지 않으면 내 자식이 대학입시에서 내신도, 수능도 불리하다고 생각하기 때문이다. 이 돈으로 대형학원과 소위 일타강사는 큰 돈을 벌고, 이러한 현실은 사범대학을 졸업한 예비교사들에게 학교 선생님보다 학원 선생님이 더 매력적인 직업으로 보이게 만드는 인센티브 구조를 만들어낸다.

초·중·고에서 배우는 국·영·수의 수준을 생각해보라. 왜 그 정도의 국어, 영어, 수학을 배우는 데 그렇게 큰 돈을 써야 하는 걸까? 학교 교실에서의 공교육이 무너지지 않았다면 그럴 이유가 없을 것이다. 영어 등 외국어 교육의 경우를 생각해보자. 서울대 정치외교학부 김영민 교수는 "외국어를 제대로 배울 수 있는 기회가 빨리 왔으면 좋겠다. 외국어는 단지 여행 도구나 취직 기술에 그치는 것이 아니다. 모국어로만 이루어진 세계와는 현격히 다른 의미 세계에 접속하는 열쇠다. 외국어를 배워보아야, 자기가 구사하는 언어만큼 생각한다는 말을 실감하게 된다... 한문이나

라틴어 같은 고전어도 배우고 싶다. 한문을 모른다고 한국어 생활에 큰 지장이 있는 것은 아니다. 다만 자신의 언어생활이 깊어질 수 있는 확실한 기회 하나를 놓치게 된다. 한문을 모르면 짐승들끼리 인지상정人之常情이라며 서로를 위로하게 된다" (김영민, 『공부란 무엇인가』 어크로스, 91쪽).

나는 영어 때문에 미국 유학 시절 애를 먹었다. 미국 학생들만큼 듣기, 쓰기, 말하기가 안되니까 당연히 공부가 쉽지 않았다. 박사학위를 하는 4년 내내 '아 영어를 더 잘했으면 얼마나 좋았을까'라는 생각을 계속 했다. 고등학교 때 대학입시용 영어는 잘했던 편이지만, '영어 콤플렉스'는 평생을 따라다녔다. 학위를 받고 난 이후에도 영어는 늘 골치 아팠다. 남들은 미국에서 박사학위를 했으면 영어 하나는 술술 잘할 줄 아는데 속사정은 그렇지 않은 것이다. 특히 오랜만에 영어를 하면 단어가 갑자기 생각 안나고, 외국인과 말하려면 머리 속에서 문법과 문장부터 생각나고, 'the'를 써야 할지 'a'를 써야 할지 헷갈려 틀리는 경우가 많았을 것이다. 그런데 영어의 어려움이 내가 학원에 안 다녀서 그런 것은 아닌 것 같다. 어릴 때부터 영어교육을 제대로 못 받은데다 내 노력도 부족해서 그럴 것이다. 영어 때문에 어려움을 겪으면서 늘 생각한 것은 "왜 우리 학교에서는 영어 하나 제대로 가르치지 못할까?"라는 원망 섞인 의문이었다. 영어가 필수인 시대에 살면서, 또 우리 아이들이 학원에 그렇게 많은 돈을 갖다 바치면서 영어를 제대로 못하는 것은 분명히 우리 교육의 문제다.

학문의 기초라는 수학도 마찬가지다. 수학의 경쟁력은 그 나라의 과학기술경쟁력에 직결된다. 소위 '수포자'가 나오지 않도록 학교 수학교육을 더 재미있게, 알차게 만들어야 한다. 국어도, 인문학도, 사회과학도, 자연과학도 모두 마찬가지다. 학원에서 비싼 수강료를 내고 배우는 수학, 국어, 사회탐구와 과학탐구의 수준이 학교에서 선생님들이 가르치지 못할 수준이 결코 아닌데, 그것을 더 잘하기 위해 학원에 가고 과외를 하는 것이 우리 사교육과 공교육의 안타까운 현실이다.

공교육의 혁신은 학교 교실에서의 수업내용의 혁신에 달려있다. 이는 결국 교사들의 자질과 의지에 달려 있다. 핀란드의 교육 경쟁력이 높은 이유를 물으면 "첫째도 교사, 둘째도 교사, 셋째도 교사"라는 답이 돌아온다고 한다. 앞서 소개한 미국의 The Hamilton Project도 미국의 성장을 위한 제1의 정책과제로서 교육과 노동을 말하면서, "학생들이 얼마나 배울 수 있는가를 결정하는 가장 중요한 요인은 교사들의 자질"이라고 한다. 그동안 정권이 바뀔 때마다 공교육을 강화해서 사교육 부담을 줄이겠다고 공언해왔지만 교사들의 자질을 높이는 제대로 된 개혁을 보여준 기억은 없다. 왜 그랬는지 그 이유를 파악하는 데에서 공교육의 혁신이 시작되어야 한다.

방과전이든 방과후든 학교를 개혁하지 않으면 공교육 정상화는 불가능하다. 학종 내신은 선생님들에게 재량권만 주었을 뿐, 공교육의 내용과 수준을 획기적으로 개선하는 새로운 정책이 절실하게 필요하다. 방과후 수업 등을 위해 필요하다면 선생님들을 더 충원하는 것도 좋다. 그런데 핵심적인 문제는 학교와 학생, 학부모 사이의 신뢰 회복이다. 왜 학생들과 부모들은 학교 선생님보다 학원 선생님의 수업에 더 만족하나? 학교와 학원이 완전 뒤바뀌어 버린 이 현실을 바꿔야 한다. 서울 대치동의 소위 '일타강사'가 수억, 수십억, 수백억원을 버는 현실은 공교육이 무너지고 사교육이 기승을 부리는 지금의 현실이 바뀌지 않는 한 점점 더 심해질 것이다.

학교 선생님들을 탓할 생각은 조금도 없다. 공교육 혁신을 위해 교사들의 자질과 의지가 중요하다고 해서 공교육 실패의 책임이 교사들에게 있다는 말은 아니다. 기업의 혁신을 위해 필수적인 자유롭고 공정한 시장경제라는 생태계를 만드는 것이 결국 국가의 책임이듯이, 공교육 혁신을 위한 교육 생태계를 만드는 것이 결국은 교육제도와 교육정책을 만들어가는 국가의 책임, 정부와 정치의 책임이다. 교사들의 자질을 높이고 의지를 북돋우고 학교 교실에서 수업내용을 혁신하는 일, 여기에 교육정책의 모든 것을 쏟아 부어야 한다. 특히 공교육이 가장 뒤처져 있는 일반고부터 이러한 노력이 시작되어야 한다.

선생님들도 이 노력을 해주셔야 한다. 공교육을 살리는 것이 국가적 과제임을 공감해주고 개혁에 앞장서주셔야 한다. 학교 살리기에 선생님들이 나서주지 않는다면 개혁은 성공할 수가 없다. 학교 선생님들이 개혁에 저항하는 개혁의 대상이 아니라 개혁의 선봉이 되어야만 공교육 개혁이 성공할 것이다.

셋째, 4차 산업혁명에 필요한 경쟁력을 갖추도록 교육의 콘텐츠를 혁신해야 한다. 초·중·고부터 대학까지 누구나 혁신인재가 될 기회를 갖도록 교육의 콘텐츠를 획기적으로 바꿔야 한다. 부모가 부자이든 가난하든 모든 학생에게 보편적으로 새로운 시대에 살아가는 데 필요한 지식을 습득할 기회를 부여해야 한다. 그게 기회의 사다리를 제공하는 동시에 보다 많은 혁신인재를 발굴하는 지름길이다.

공교육의 경쟁력이 세계 최고 수준인 핀란드에서 어떻게 전 국민을 대상으로 AI 교육을 시작했는지 배울 필요가 있다. 핀란드는 전 국민의 AI 문맹률을 낮추고 특히 생산가능인구가 AI 직업훈련을 계속 받을 수 있도록 무크MOOCs(massive open online courses)를 통해 무료교육을 실시하고 있다. 헬싱키대학과 기술자문회사 레악또르Reaktor가 2018년 핀란드 전 인구의 1%인 55,000명이 배우게 하겠다는 목표로 AI교육을 시작한 것인데, 2022년 1월 현재 전세계에서 75만명이 수강 등록을 했을 정도로 성공을 거두고 있다. 이에 고무된 핀란드 정부는 목표를 전세계 인구의 1%인 7,700만명을 교육하겠다고 상향 조정했다. (Finland AI Strategy Report, https://ec.europa.eu/knowledge4policy/ai-watch/finland-ai-strategy-report_en 참조)

핀란드처럼 인구가 작은 나라도 이렇게 하는데, 미국, 중국 등 세계 기술패권을 다투는 나라들은 최근 몇년간 AI 인재 양성을 위해 전 국가 차원의 비상한 노력을 다하고 있다.

미국의 경우 이미 아마존, 구글, 애플, 페이스북(메타), 마이크로소프트 등 민간 주도로 AI 기술개발과 인력 양성이 이루어지고 있으며, 미국 정부도 2016년부터 국가전략을 세우기 시작하여 2018년 '모든 미국인을 위한 AI(AI for the American People),' 2019년 '미국 AI 이니셔티브(The American AI Initiative)' 등의 계획들을 발표하면서 R&D투자 지원, 기술교육 강화, STEM(Science, Technology, Engineering, Mathematics) 교육 강화, 규제 개선 등에 박차를 가하고 있다. 미국은 민간이 R&D와 인력 양성을 주도한다고 하지만, 항공우주국NASA, 국립과학재단NSF, 국립표준기술연구소 NIST, 국방부DOD, 에너지부DOE 등 연방 차원에서 주요 기관들이 고급인력을 길러내고 있다.

중국의 경우 2014년부터 AI를 산업고도화의 수단으로 인식하면서 정부 주도로 R&D, 산업육성, 인재 양성을 지원하고, BAT(Baidu, Alibaba, Tencent)와 화웨이 등 기업들이 적극 참여하고 있다. 중국 정부는 2016년 '인터넷+AI 3년 액션플랜,' 2017년 '차세대 AI 발전계획,' 2018년 '대학 AI 혁신 행동계획,' '대학 AI 인재 국제양성계획,' 2019년 '차세대 AI 발전보고서' 등을 통하여 과학기술강국 건설 및 혁신적인 AI국가를 목표로 하여 인재 영입과 교육을 통한 인재 양성에 박차를 가하고 있다. 2008년부터 시작된 천인千人계획도 세계적 수준의 인재를 영입하는 역할을 계속 담당하고 있다.

일본도 2016년 총무성, 문부과학성, 경제산업성이 합동으로 'AI 기술전략회의'를 설치하고 내각부 종합과학기술혁신회의(CSTI)가 의장을 담당하여 2018년 '미래투자전략 2018,' 'AI 기술전략 실행계획'을 세우고, 2018년 통합혁신전략추진회의에서 AI를 국가 핵심전략산업으로 육성하기 위한 교육과 R&D 강화계획을 발표하고 2019년 'AI 전략 2019'에서는 바로 실행해야 할 인재 양성을 위한 교육개혁을 발표하였다.

핀란드, 미국, 중국, 일본 뿐이 아니다. 2016년 세계경제포럼에서 인공지능, 빅데이터, 클라우드 등이 4차 산업혁명의 핵심 의제로 논의되었는데, 2010년대 후반부터 대부분의 OECD 국가들은 거의 동시다발적으로 AI, 빅데이터 등의 분야에서 R&D투자와 인재 양성을 위한 교육개혁에 열중하고 있다. 상대적인 기술수준이나 고급인력의 확보 차원에서는 미국과 중국이 압도적이며, 독일, 영국, 일본, 프랑스, 캐나다, 스위스 등 소수의 선진국이 앞서가고 있으나, 다른 나라들도 이 경쟁에서 낙오하지 않기 위하여 사력을 다하고 있는 것이다. 아시아에서는 일본, 인도, 싱가폴, 대만 등이 상대적으로 앞서가고 있다.

4차 산업혁명 시대에 다시 성장의 길로 가기 위해서는 AI 인재를 포함하여 디지털혁신인재 100만명 양성이 가장 중요한 국가과제가 되어야 하며, 이를 위해 전 국민, 전 노동계층을 대상으로 K-MOOC 등을 통하여 원하는 사람은 누구나 양질의 교육을 무료로 받을 수 있도록 교육시스템을 정비해야 한다. 대다수의 국민들이 AI 등 신기술에 대해 알고 기초적인 활용능력을 길러야 할 시기가 왔기 때문에 초·중등 교육은 물론 일반인을 대상으로 하는 무료교육을 확대해야 한다. 초·중등 교육에서 지금보다 STEM(과학-기술-엔지니어링-수학) 교육과 글로벌 시대의 필수 언어인 영어교육이 확대되어야 한다.

고급인재는 대학이 담당해야 한다. 미국 MIT 대학이 전교생에게 AI교육을 실시하듯이 AI, 빅데이터 등의 응용분야는 무궁무진하기 때문에 우리도 이제 문과, 이과를 구분하지 않고 어떤 전공을 하는 학생이든 AI 교육을 받을 수 있도록 해야 한다. 2017년 서울대 빅데이터연구원이 시작한 '4차 산업혁명 아카데미' 과정에 등록한 교육생들도 문과 전공자가 69%로 이과보다 많았고, 경영·경제가 33.8%, 인문계열이 22.5%로 다양했다 (중앙일보, "미래 먹거리 빅데이터·AI, 문과생도 선택 아닌 필수," 2018년 2월 18일자).

혁신인재 양성이 중요한 만큼 초등학교부터 대학, 그리고 기업까지 과연 잘 가르칠 사람들이 있느냐가 중요하다. 공교육 혁신을 위해 교사의 자질 향상이 중요하듯이, 혁신인재 양성은 그 혁신의 콘텐츠를 잘 가르칠 수 있는 교수나 교사의 확보가 결정적으로 중요하다. 훌륭한 선생님을 갑자기 어떻게 확보하느냐? 이는 참 어려운 문제다. 최고 수준의 혁신인재를 길러내야 하는 대학원의 경우 그런 인재들을 가르칠 교수라면 세계적으로 영입 대상이 될 정도인데, 급여나 겸직 여부 등에 규제가 있어서 좋은 교수를 확보하지 못한다. 단적인 예로 서울대의 경우 정교수의 평균 연봉이 1억원 정도인데 우수한 30대 AI 연구자를 교수로 영입하기 위해서는 턱없이 부족하다. 좋은 교수, 교사의 확보를 위해서는 교육부나 학교 자신의 규제와 족쇄를 과감하게 풀어야만 한다.

이상의 과제들과 함께 교육이 양극화 해소에 중요함을 생각하면 교육

격차를 해소하는 정책적인 노력이 필요하다. 마이클 샌델Michael Sandel 교수가 『공정하다는 착각: 능력주의는 모두에게 같은 기회를 제공하는가』(2020, *The Tyranny of Merit: What's Become of the Common Good?*)에서 기회의 평등도 아니고 결과의 평등도 아닌 '조건의 평등'을 얘기하면서 아래와 같이 묘사한 미국 의회 도서관의 풍경은 우리에게 시사하는 바가 크다.

애덤스John Adams(미국 제2대 대통령)가 말하는 꿈은 단지 사회적 상승만을 의미하지 않음을 알 수 있다. 그것은 더 폭넓고 민주주의적인 조건의 평등을 말하고 있다. 그는 미국 의회도서관을 가리켜 "민주주의가 그 스스로를 위해 무엇을 할 수 있는지에 관한 상징"이라고 말했다. 모든 삶의 영역에 있는 미국인들이 자유롭게 와서 공공 학습을 할 수 있기 때문이다.

"자리마다 조용히 앉아서 책을 읽는 사람들을 보면 노인도 젊은이도, 부자도 가난뱅이도, 흑인도 백인도, 경영자도 노동자도, 장군도 사병도, 저명한 학자도 학생도 한 데 섞여 있다. 모두가 그들이 가진 민주주의가 마련한 그들 소유의 도서관에서 함께 책을 읽는다."

애덤스는 "이 장면이야말로 아메리칸 드림이 완벽하게 작동한다는 확실한 사례다. 사람들 스스로가 쌓은 자원으로 마련된 수단, 그리고 그것을 활용할 수 있는 대중 지성, 이 예가 우리 국민 생활의 모든 부분에 그대로 실현된다면 아메리칸 드림은 살아 있는 현실이 되리라"라고 썼다.

유연안정성을 보장하는 노동개혁

노동은 사람의 문제다.

노동은 모든 인간에게 삶의 근원적이고 본질적인 문제다. 태어나서 죽을 때까지 노동을 하지 않는 사람은 없다. 일자리는 소득을 버는 수단이지만 우리 인생에서 일이란 단순히 돈의 문제 그 이상이다. 노동은 인간이라는 존재, 인간의 존엄과 가치, 나와 공동체의 연결, 내 삶의 보람과 성취의 문제이기도 하다. 노동 현장에서의 인간성의 억압, 자유와 권리의 억압, 부당한 차별은 인간의 불행과 직결된다. 따라서 노동은 경제발전은 물론 공동체의 문제와도 연결된다.

자본주의 시장경제가 발달하면서 노동의 권리와 의무를 어떻게 설정하느냐, 노동과 자본의 관계를 어떻게 설정하느냐, 노동시장의 룰rule을 어떻게 설정하느냐는 나라마다 경제제도와 정책의 중요한 부분이었고 정치적으로도 매우 민감한 주제였다. 고용주인 기업과 피고용자인 노동자 사이에 자유, 권리, 의무를 설정하는 일은 헌법과 법률 속에서 오랜 기간을 두고 진화해왔고, 나라마다 노동 관련 제도는 역사적 경로의존성을 갖고 오늘의 모습으로 진화해왔다. 대부분 자본의 힘에 맞서 노동자의 권리를 강화하는 방향으로 진화해왔으나, 불황기에는 사회적 타협을 통해서 노동권을 약화시키는 변화가 있었다. 노동의 권리를 보장하는 정도는 복지와도 깊은 관련이 있다. 복지국가의 모델이라고 불리는 나라들에서 노동의 권리가 더 강하게 보호되는 경향이 있다. 또 노동자가 실업 상태에 빠졌을 때 국가가 어떤 사회안전망을 제공하느냐도 복지의 문제이다.

노사관계가 자본주의의 핵심 제도로 자리잡은 것은 1930년대 대공황 이후다. 노동자들의 힘이 약해서 국가가 노동을 보호해주지 않으면 경제도 어려워질 수 있음을 경험하게 된 것이다. 임금수준이 너무 낮으면 소비도 낮아지고 공급이 수요보다 넘쳐나면 불황이 찾아오고 기업과 노동자 모두 힘든 상황을 겪게 된다. 즉 노사관계는 자본주의에서 노와 사 모두를 위한 것이라는 공감대를 통해 시장경제의 핵심적인 제도로 자리잡게 되었다. 양극화가 심화될 때 노동정책은 더욱 중요한 의미를 갖는다. 불평등을 막기 위한 사후대책이 복지제도라면, 사전적으로 분배를 개선하기 위한 대책이 바로 노동정책이기 때문이다. 노동과 자본 사이의 배분이 공평해질수록, 그리고 노동자들 사이의 격차가 작을수록 불평등은 줄어들 수 있다.

경제성장과 경쟁력의 관점에서 보면 노동은 그 나라 국민들의 경쟁력, 산업과 기업의 경쟁력, 국가경쟁력을 결정한다. 그런 점에서 노동과 교육은 통한다. 둘 다 사람의 문제이기 때문이다. 기술이 발달할수록 사람의 경쟁력이 중요해지며, 노동시장 제도는 그 나라의 산업경쟁력에 큰 영향을 미친다. 혁신성장은 사람(인재)이 가장 중요하기 때문에, 노동의 경쟁력이 성장동력의 핵심요소다. '상품시장의 공정한 경쟁이 살아 있을 때' 상품의 경쟁력이 있듯이, '노동시장이 효율적이고 공정하게 작동할 때, 그리고 약자들도 다시 도전할 수 있는 기회를 가질 때' 노동의 경쟁력도 강해진다.

노동의 경쟁력을 제고하기 위한 노동개혁을 해야 한다. 4차 산업혁명과 저출산, 고령화에 대응하기 위한 변화도 필요하다. 그와 동시에 시대의 화두인 '공정노동'도 요구된다. 기회와 조건이 평등하게 주어지지 않으면, '가짜'가 '진짜'를 대체하게 된다. 공정한 경쟁이 이루어지지 않거나 합당한 보상이 이루어지지 않으면, 열심히 일할 마음이 사라지게 되고 더 나은 실력을 쌓으려는 노력도 포기하게 된다.

과연 우리는 노동개혁을 할 수 있을까? 새로운 경로를 선택하는 것은 기존의 것을 바꾸어야 한다는 것을 의미한다. 그만큼 개혁에 대한 저항도 크게 마련이다. 이 저항에는 기득권을 포기하지 않으려는 저항도 있고, 익숙함을 포기 못하는 이유도 있다.

그러나 노동개혁의 시대는 이미 오고 있다. 피할 수 없는 큰 변화가 시작되었기 때문이다. 첫째, 4차 산업혁명의 신기술, 즉 디지털 대전환이다. 새로운 기술발전은 늘 기회가 된다. 삼성전자는 아날로그TV에서 소니에게 뒤졌지만 디지털TV 시대가 오면서 불가능해 보였던 추월에 성공했다. 산업화는 구미 선진국보다 늦었지만, IT시대의 적응속도는 우리가 가장 빠르다. 새로운 기술은 우리에게 분명 기회가 될 수 있다. 둘째, 포스트 코로나 경제다. 아무도 예측하지 못하는 불확실성은 위기의 원인이 되기도 하지만 기회의 돌파구가 되기도 한다. 또한 포스트 코로나의 불경기가 개혁의 기회가 될 수 있다. 구조조정, 제도개혁은 소위 잘 나갈 때는 쉽지 않고, 어려울 때 수용성이 높아지기 때문이다. 변화와 불확실성이 바로 개혁의 성공으로 연결되는 것은 아니다. 변화된 환경에 얼마나 빨리 맞추어 가느냐가 중요하다.

복지에서 가장 앞서가는 북유럽 국가들의 경우에도 노동의 권리가 강화되기만 했던 것은 아니다. 스웨덴, 네덜란드, 덴마크, 독일의 경우 산업경쟁력이 약화되고 경제성장이 정체되고 실업률이 치솟았을 때, 정부는 노사간 사회적 대타협을 통하여 노동의 유연성을 높이는 대신 기업들은 노동자의 삶을 보호하는 데 기여하는 개혁을 모색해왔다.

독일

독일의 경우 2002년 슈뢰더 총리 시절 노동시장을 개혁한 일명 '하르츠 개혁'을 단행했다. 2003년부터 2005년 사이에 하르츠 I법부터 IV법까지 독일이 단행한 노동개혁의 주요 내용은, 기간제와 파견제 노동에 대한 규제완화, 고령자 취업 지원, 실업자를 임시 고용하여 정규 노동시장으로의 진입을 돕는 인력알선대행사 도입, 저임금 노동에 대한 세금 혜택, 실업자의 자영업 창업 지원, 장기실업자를 관리하는 직업센터 설립, 연방고용청 개혁, 장기실업자 실업급여 축소 및 실업부조와 사회부조를 통합한 '실업급여 II' 지급 등이다. 2003년에는 '어젠더 2010'을 시행하여 신규고용시 해고제한 적용 사업장을 5인에서 10인으로 완화, 신규채용자의

독일 - 슈뢰더 총리와 페터 하르츠의 노동시장 개혁(하르츠 개혁) 발표   출처 : google image

수습기간을 6개월에서 2년으로 연장, 실업급여 및 실업보조금 축소, 기업의 재정위기시 기업 차원의 임금협약 허용 등의 개혁을 단행하였다.

그 후 독일은 메르켈 시대에 4차 산업혁명에 대비하여 '인더스트리 4.0'(2012년~2015년), '플랫폼 인더스트리 4.0'(2015년~현재)을 추진하면서 모든 이해관계자들이 참여하여 ICT와 제조업의 융합을 통한 제조업의 혁신을 도모하고 있다. 이와 함께 추진한 것이 '노동 4.0'으로서 노·사·민·정·학의 사회적 대화 플랫폼을 통하여 노동의 디지털화와 유연화 추세에 맞게 좋은 노동을 실천하는 원칙을 정했다. 노동시장 상황 변화에 대해 사후 대응보다 적극적 예방조치를 도모하고, 디지털화 과정의 이해 충돌은 동반자로서 해결하고, 정부가 동반자 관계의 여건을 조성하고, 인더스트리 4.0을 사회적으로 함께 추진하자는 것이다.

네덜란드

네덜란드는 수출에 의존하여 호황을 구가하던 경제가 1970년대 두 차례의 석유파동 당시 고물가 고임금으로 경쟁력을 상실하면서 고실업과 저성장의 수렁에 빠졌다. 또한 국가연금제도, 의료보장 등 사회보험에 대한 공공지출이 늘어나 국가부채비율이 늘어나면서 노사 간에는 실업 해결, 청년과 여성의 노동시장 진출 등 위기를 해결해야 한다는 공감대가 형성되기 시작했다. 네덜란드에서는 노조와 기업 대표가 먼저 움직이기 시작했다.

1982년 헤이그 외곽의 바세나르Wassenaar에서 노사 대표 8명이 한자리에 모여 국가경쟁력 확보를 위한 일자리 나누기, 노동시간 단축, 청년과 여성을 위한 시간제 노동 확대, 노동시장의 구조개혁에 합의한 바세나르 협약을 결의했다. 이 협약을 통하여 노동조합은 임금의 물가연동 인상

체제를 끝내고 그 대신 사용자는 노동시간을 축소하고 (주당 40시간→38시간) 시간제(주당 30시간 미만 노동) 고용 활성화로 고용을 창출하기로 합의하였다. 또 중앙교섭단체가 통제하던 해고와 고용에 있어서 회사의 자율성을 더욱 보장해주었다. 정부는 공공부문 임금보호 조치를 폐지하고 법적 최저임금을 동결하는 한편 세금과 사회보장 부담을 낮추고 기업에게 보조금을 지급하는 등 기업의 생산과 고용 확대를 유도하였다.

1993년에는 '신노선협약'을 맺어 노조 단체는 자발적으로 임금인상을 억제하고 단체협상을 부문별 혹은 지역별 수준으로 분권화하는 데 동의하고, 사용자 단체는 수익성 개선과 동시에 주당 노동시간을 38시간에서 36시간으로 더 줄이고 직업훈련과 인적자원 개발을 약속하고, 정부는 노동자들의 임금인상 자제에 대해 세금부담을 내려주고 임시직 노동자들의 법적 지위를 개선하는 데 합의하였다.

특히 바세나르 협약에서 주목해야 할 점은 네덜란드 노동조합은 시간제 근로에 대한 편견을 버리고 시간제 근로의 확대를 받아들였다는 것이다. 이 협약 이후 네덜란드의 시간제 근로는 현저히 증가하여 전체 취업자의 약 35%를 차지하고 있다. 특히 여성 근로자의 60%는 '일과 가정의 양립' 등을 위하여 시간제로 일을 하고 있다. 네덜란드에서도 협약을 맺을 당시에는 시간제 근로가 전일제 근로를 대체하여 '질 낮은 일자리'를 양산할 것이라는 우려가 있었다. 하지만 그런 우려와는 달리 1980년대 중반부터 시간제 근로가 늘어나면서 전일제 근로도 동시에 증가하여 실업률이 획기적으로 줄어들었고, 네덜란드의 성장률을 높이는 데도 크게 기여했다. 즉 전일제 근로를 통해서는 창출되지 않았던 일자리가 시간제 근로로 만들어지면서 경제에 활력이 생긴 것이다. 예를 들면 소매점에서 점심시간과 같이 사람이 한참 붐비는 시간엔 전일제보다 시간제가 필요

한 식이다. 따라서 네덜란드의 경험은 새로운 고용 형태로도 성장을 이끌
수 있다는 것을 보여 준 사례라고 볼 수 있다.

　정부의 관여 없이 노조와 기업이 먼저 움직인 점은 네덜란드의 특징이
다. 바세나르 협약이 노사 주도로 성사된 원동력은 양보와 합의를 통한
사회적 대타협 정신이 있었기 때문이다. 1930년대 대공황 때 국론이 분
열되어 대립과 갈등, 파업으로 경제가 나락으로 추락했고, 경제 실패와
국력 약화로 인하여 나치에게 침략당한 아픔을 노동계와 기업인들이 함
께 각성하고 노사의 사회적 책임성을 공유하게 되었다. 노동계는 경직된
노동시장과 높은 임금의 기득권을 주저 없이 포기하고 노조의 이익보다
미취업 청년세대와 여성의 참여를 위하여 노동시간을 줄이고 임금수준
을 낮추는 결단을 했다. 기업들도 법인세, 노동자들의 노동환경 개선, 후

1982년 바세나르 협약 당시의 분위기. 왼쪽부터 두 번째, 세 번째, 다섯 번째가 각각 루드 루버스
총리, 크리스 반 빈 고용주연합(VNO) 대표 , 빔 콕 네덜란드 노총(FNV) 대표　　출처 : google image

생복지, 고용보장, 임금인상 요구를 받아들여 유럽에서 가장 높은 노동자 소득을 가능하게 했다. 정치는 협치민주주의를 통하여 노사정이 함께 경제사회위원회를 통하여 통합과 화합, 양보와 희생으로 국가경쟁력의 초석을 놓았다.

스웨덴

스웨덴은 1932년 노조의 전폭적인 지지로 사민당이 정권을 잡았다. 그러나 노사갈등과 대립, 총파업과 직장폐쇄 등이 이어지자 1935년 사민당은 자신과 '혈맹' 관계인 노조에게 "기업이 없으면 국가경제도 없고 일자리도 없어진다"라고 과감하게 쓴소리를 했다. 그리고 계속 노조가 파업한다면 "어쩔 수 없이 법을 만들어 노조의 파업을 금지시키겠다"고 밀어붙였다. 기업에게는 "노조와 기싸움 하지 말고 타협에 임해달라"고 요청하고, 그러지 않을 경우 직장폐쇄금지법을 만들겠다고 위협을 가했다. 사민당의 페르 알빈 한손Per Albin Hansson 총리는 보수정당인 농민당과 손을 잡고 연립정권을 출범시켜 의회 과반수를 차지한 후 법제정 권한을 무기로 노와 사에 압박을 가한 끝에 1938년 살트쉐바덴Saltsjöbaden 협약을 이끌어냈다. 이 협약은 스웨덴의 노사평화, 경제성장, 복지를 만드는 기폭제가 되었다. 살트쉐바덴 정신은 지금도 국가를 위해 대의를 실현한 사회적 대타협으로 스웨덴의 교과서에 실려 있을 정도다.(최연혁, 『좋은 국가는 어떻게 만들어지는가: 떠나고 싶은 나라에서 살고 싶은 나라로』, 2016년, 시공사)

살트쉐바덴 협약의 주요 내용은 다음과 같다:

"사용자는 노조를 교섭상대로 인정하고 노조는 사용자의 배타적 경영권을 인정한다. 고용주에게는 노동자를 해고할 권리가 있으며, 근로계약을 종료할 수 있다. 노동자들은 중앙 차원에서 단체교섭권을 확보하고 회

스웨덴, 살트쉐바덴 협약   출처 : google image

원 노조들은 근로계약과 쟁의 해결을 위한 협상권을 노총에 위임하고 모든 분쟁조정은 노총 차원에서 해결한다. 노총의 제안을 거절하는 산별 노조가 있다면 이에 대한 지원을 중지한다. 노조원의 일정 비율 이상이 파업에 반대하거나 공장폐쇄 등의 위험이 있는 경우에는 쟁의행위가 제한된다. 단체협약의 기간은 1년을 기준으로 한다. 노·사는 중앙 차원의 임금결정과 산업평화에 대한 책임을 지고 정부는 적극적 노동시장 정책을 통해 완전고용을 달성하고 복지정책을 강화하도록 최선을 다한다.”

스웨덴은 랜-마이드너 모델(1950~80년대)을 통해 연대임금정책(동일노동 동일임금 원칙)으로 기업별, 산업별 임금격차를 해소하고, 경쟁력을 갖춘 부문은 임금인상을 억제하고 경쟁력이 없는 산업과 한계기업의 자연도태를 유도하며, 임금인상 억제로 발생한 고임금 부문의 초과이윤은 임금노동자기금으로 조성하여 기술개발, 기업경쟁력 강화, 복지비용으로 활용하며, 한계기업의 도산으로 발생하는 실업자는 적극적 노동시장 정책을 통해 재흡수하기로 하였다.

그 후 스웨덴은 본격적인 복지국가의 길로 들어섰다. 1950년 GDP 대비 공공사회지출의 비중은 9.7%였는데 1975년 23.7%로, 1993년 36.8%로 급증했고, 복지국가의 확대는 공공부문의 비대화와 함께 진행되어 1970~2000년 기간 정부부문의 고용 비율이 19%에서 29%로 증가하고 민간부문의 고용자 수는 줄어들어 경제 전체의 효율성을 약화시켰다. 그 결과 스웨덴은 1991~1993년의 3년간 마이너스 성장을 기록하여 복지국가 성립 이후 최악의 위기를 겪게 되었다. 이에 따라 스웨덴은 시장지향적 경제구조 개혁, 사회복지 축소, 연금제도 개혁 등을 단행하였다. 사회복지는 주택보조금 삭감, 산재보상 삭감, 상병보상임금과 실업수당 삭감, 가족수당 삭감, 공공복지서비스 사용료 인상 등 복지수준을 낮추고 수혜조건을 강화하고 복지와 근로의 연계를 강화했다.

덴마크

덴마크는 다른 북유럽 국가들과 마찬가지로 오랜 조합주의적 전통을 가지고 있었고 정부의 노사관계 개입은 최소화하고 중앙집중적 노사관계에서 노사간 자율에 의한 합의적 노사관계를 유지해왔다. 1899년 '9월 타협' 이후 노사간 조합주의적 전통을 확립하고 노조의 파업권과 사용자의 직장폐쇄권을 인정하였다. 그러나 1970~1980년대에 높은 실업률과 국가경쟁력의 약화를 겪으면서 노동개혁의 필요성이 제기되었다. 복지국가가 팽창되면서 실업자들이 일을 하기보다는 실업수당에 의존하려는 경향이 강해지게 되고 복지재정이 국가재정에 과도한 압력으로 작용하였다. 1980년대 이후 고실업이 지속되다가 1993년 실업률이 9.6%까지 오르자 실업자들을 노동시장에 복귀시켜야 한다는 주장이 제기되었다.

이에 정부와 노사는 국가경쟁력 강화가 고용창출이라는 점에 합의하였고 1990년대 초반부터 노동개혁을 추진하였다. 그 후 덴마크 노동시장은 ① 유연한 노동시장, ② 관대한 복지정책, ③ 적극적 노동시장 정책을 특징으로 하게 된다. 유연성은 고용보호의 수준을 낮추어 해고의 자유와 노동의 이동성을 높였다. 그 대신 31개의 실업보험기금을 운영하여 2006년에는 전체 취업자의 83%가 실업보험에 가입하였고, 실업수당도 평균적인 생산직 노동자의 경우 순소득대체율이 약 70%에 달해 OECD 국가들 중 가장 높은 수준이었다. 1994년 이후 적극적 노동시장정책을 펼쳐서 무기한에 가깝던 실업급여 수급기간을 4년으로 단축하고 1년은 소극적 기간, 3년은 적극적 기간으로 구분하여 고용사무소에서 제공하는 직업훈련에 참여할 경우에만 실업급여를 지급했다. 또 고용사무소는 6개월 이상 실업자에게 구체적인 개인행동계획을 제시하고 실업자가 동의하면 양자간 계약을 체결했다. 육아휴가와 교육훈련휴가 기간 중에도 실업급여를 지급했다. 덴마크의 노동모델은 노동시장의 유연성과 고용의 안정성을 동시에 달성한다는 뜻에서 유연안정성flexicurity 모델이라고 한다.

〈그림 15〉 덴마크의 '황금삼각형' 유연안정성

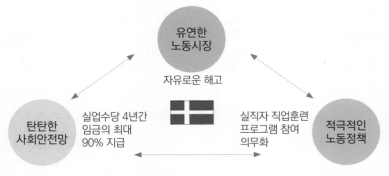

아일랜드

아일랜드는 1987년부터 총 7차에 걸친 사회협약으로 정부, 노동, 기업과 사회세력들이 참여하여 기본적으로 자유시장경제 원리를 존중하면서 경제사회의 포괄적 운영의 방향과 틀에 대한 사회적 합의를 도출하는 아일랜드 고유의 모델을 창출하였다. 1987년부터 2005년까지 1~6차의 사회협약을 3년 단위로 맺었다. 1987년 '국가재건을 위한 프로그램'은 임금인상 완화와 재정 보상, 저소득 노동자를 위한 보호 조치, 사회복지 이전지출의 유지, 공공지출 통제 등이 주요 골자였다.

1990년의 '경제 및 사회적 진보를 위한 프로그램'은 임금인상 완화(3%)와 재정 보상, 저임금 노동자를 위한 보호 조치, GDP 대비 부채비율 경감 목표 설정 등을, 1994년의 '경쟁력과 고용을 위한 프로그램'은 임금인상 완화와 재정 보상, 고용 창출을 위한 적극적인 노동시장 정책 추진 등을, 1997년의 '사회통합과 고용 및 경쟁력을 위한 파트너십 2000'은 임금인상 완화와 재정 보상, 사회적 파트너십 참여의 깊이와 폭 확대, 전략적 목표로서 사회적 배제의 척결, 기업 수준으로 파트너십 확대 등을, 2000년의 '번영과 형평을 위한 프로그램'은 임금인상 완화와 재정 보상, 공공부문의 임금 형평성, 아동수당과 연금, 기타 수당 인상 등을, 2003년의 '지속적인 진보'는 임금인상 자제, 주택보급의 확대 및 물가상승 억제, 강제퇴직수당의 인상 등을 주된 내용으로 하였다.

2006년에는 '2016을 향한 파트너십'이라는 10년 협약을 시작했는데, 노동시장 유연성 제고, 고용 안정성 제고, 근로조건 보호 강화, 임금인상 자제, 국가고용관리청 신설, 연금개혁 보고서 채택 등이 주된 내용이었다.

아일랜드의 경우 위와 같은 사회적 협약에서 공통적으로 나타나는 것은 임금인상 억제 대신에 정부가 사회보장을 강화하고 고통을 분담하기 위한 재정적 지원을 하였다는 점이다.

노동은 사람의 문제이기 때문에 정치적으로 예민한 문제다. 경제법·제도가 정치와 관계되지 않는 것은 거의 없지만, 노동제도만큼 정치적 민감도가 높고 휘발성이 강한 이슈도 없을 것이다. 김영삼 정부는 1997년 새해 벽두에 노동법을 날치기 통과시켜 노동계의 투쟁을 불러왔다. 그 후 김영삼 대통령은 노동법 재개정을 받아들일 수밖에 없었고, 그 때부터 레임덕이 시작되었다. 한보사태에 이어 대통령의 아들까지 구속되면서 사실상 정권이 무기력해진 시점에서 동아시아 외환위기가 닥치자 IMF 구제금융까지 가게 된 것이다.

자본주의, 시장경제, 민주주의를 채택하고 있는 나라들은 노동과 복지에 관한 제도가 선거를 통해 집권한 세력에 의하여 결정된다. 임금노동자들이 국민의 상당수를 차지하는 현실에서 이들의 고용, 임금, 근로조건, 복지와 직결된 법률의 제·개정은 경제적 합리성으로만 결정되기 어렵다. 어느 나라나 노동자 농민의 이익을 대변하는 정당이 출현하게 되고, 다른 정당들도 중산층 서민의 다수를 차지하는 노동자들의 목소리를 무시할 수 없다. 이런 상황에서 노동의 권리를 충분히 보장하면서 산업경쟁력을 강화하는 노동제도를 유지한다는 것은 결코 쉽지 않은 일이다.

우리나라의 경우 노동시장 제도는 1987년의 민주화 이전과 이후로 나누어 볼 수 있다. 1987년 이전에는 군사독재 정권 하에서 헌법상 노동의 권리에도 불구하고 단결권, 단체교섭권, 단체행동권 등 노동자의 권리는 억압되었다. 1987년 민주화와 함께 노조 운동이 활성화되면서 노동제도의 급속한 변화가 시작되었다.

1988~1997년은 3저 호황과 고성장기의 마지막 기간으로서 연평균 10% 이상의 임금 인상과 완전고용에 가까운 실업률을 보인 가운데, 노조의 정치활동 허용, 복수노조 허용, 쟁의기간 중 대체근로 금지, 직권중재 대상 축소, 부당노동행위에 대한 긴급이행명령 도입, 부당해고 구제제도 도입, 근로시간 단축 등 노동의 기본권을 확대하고 근로기준법 적용을 확대하는 등 그 동안 억압되었던 노동의 권리를 빠르게 강화하는 기간이었다.

1998~2007년은 진보세력의 집권과 노동조합의 정치적 영향력 확대에도 불구하고 1997년의 IMF위기 이후 경제위기를 극복하고 대량실업과 비정규직 등 고용의 문제를 해결하는 데 노력할 수밖에 없었다. 정리해고제, 근로자파견제 등 노동시장 유연화 제도를 도입하고 법정근로시간을 단축하되 탄력근로시간 적용을 확대하였다. 기간제와 파견근로자에 대한 차별을 금지하고 비정규직 사용기간을 제한하는 등 비정규직 보호를 강화하였고, 고용보험의 적용대상을 확대하고 실업급여 지급기간을 연장하는 등 고용안전망을 강화하였다. 한편 교원과 공무원 노조 설립을 허용하고 직권중재제도를 폐지하고 전임자 임금 지급을 금지하였다.

2008년 이후에는 경제성장률은 계속 하락하고 노동시장의 이중구조 문제와 청년일자리 문제가 심각해진 상황에서 통상임금, 주52시간 근로시간 한도를 법제화하고, 탄력근로제, 시간선택제, 저성과자 통상해고, 직무성과급 등 노동유연성을 높이는 조치를 확대하고, 청년고용할당제, 실업급여 기간과 지급률을 늘리는 등의 제도변화가 있었다.

세계경제포럼WEF의 국가경쟁력 지수에서 우리나라 노동시장 경쟁력은 매우 저조한 수준이다. 2018년 48위, 2019년 51위였다. 노동시장 경쟁력을 구성하는 요인별로 순위를 보면 2019년의 경우 정리해고 비용은

116위, 고용·해고의 유연성 102위, 노사협력 130위, 근로자의 권리 93위, 국내이직 용이성 70위, 급여 및 생산성 14위 등으로, 급여 및 생산성을 제외한 나머지 평가항목에서 매우 나쁜 평가를 받고 있다. 노동시장의 경쟁력이 오랫동안 최하위 수준을 면치 못하고 있는 것은 그만큼 고치기가 힘들다는 것을 의미한다.

그렇다면 우리나라 노동시장의 문제는 무엇인가? 국내외의 많은 전문가들이 공통적으로 지적하는 문제점들은, ① 경직성, ② 이중구조, ③ 대립적 노사관계다.

노동시장의 경직성이란 무엇인가?
경제상황 변화에 맞추어 노동시장과 노사관계가 변해야 하는데 변하지 못하게 막는 장애물들이 바로 경직성이다. 채용, 해고, 임금, 근로시간, 근로형태, 작업배치, 휴직과 복직, 실업보험 등 노동과 관련된 모든 측면에서 시장의 자유를 제약하는 것이 경직성이다. 그런데 이 자유가 누구의 자유냐가 늘 문제다. 기업에게 자유는 노동자에게는 구속, 굴종, 차별을 의미하기도 하고, 노동자에게 권리는 기업에게는 규제나 경직성일 수 있기 때문이다.

헌법 제33조가 노동 3권을 보장하고 제32조에서 "국가는 사회적·경제적 방법으로 근로자의 고용의 증진과 적정임금의 보장에 노력해야 하며, 법률이 정하는 바에 의하여 최저임금제를 시행하여야 한다. 근로조건의 기준은 인간의 존엄성을 보장하도록 법률로 정한다. 여자의 근로는 특별한 보호를 받으며 고용·임금 및 근로조건에 있어서 부당한 차별을 받지 아니한다. 연소자의 근로는 특별한 보호를 받는다"라고 규정한 것은 노동자를 약자로 보고 이들을 기업의 횡포로부터 보호하기 위하여 노동자들에게 대항할 권리를 부여한 것이다.

노동시장의 경직성 내지 유연성은 결국 '기업의 자유'와 '노동자의 권리'를 어느 선에서 절충하여 제도를 만들 것이냐에 달린 문제이다. 이 문제는 그 본질상 해법이 정치적일 수밖에 없다. 그러나 그 정치적 결론이 경제에 미치는 영향은 매우 크다. 1987년 이전의 우리 노동시장은 기업의 입장에서는 자유로웠을지 몰라도 노동자의 입장에서는 심한 억압이었다. 1987년 이후에는 노동자의 권리 강화가 급속히 진행되어 지금 우리 노동시장의 경쟁력은 세계 최하위 수준이라고 평가될 정도로 경직성이 심해졌다. 기업경영이 악화되어도 저성과자를 해고하기 어렵고, 해고가 어려우니 기업은 정규직을 충분히 채용하지 않고, 비정규직을 채용하니 부당한 차별이 발생하고, 최저임금을 올리니 전반적으로 모든 기업들이 임금인상 압력을 받고, 근로시간을 일률적으로 규제하니 집중적인 노동이 필요한 기업들은 더 일하고 싶어도 일할 수 없고, 근로조건의 불이익 변경이나 단체협상에 의한 배치전환 금지는 사양산업이나 한계기업들의 구조조정을 가로막고, 신기술 도입이나 신제품 생산이 노조의 동의사항이 되어 생산성 향상을 가로막는 등의 경직성이 경제 곳곳에서 발생하고 있다.

기존 노동자의 권리 강화는 노동시장에 아직 진입하지 못한 잠재적 노동자인 청년 실업자의 상대적 권리 약화로 나타난다. 구직을 하는 청년들 입장에서는 일자리 찾기가 더 어려워지고, 정규직 자리가 없으니 비정규직이라도 할 수밖에 없다. 인국공(인천국제공항공사)의 비정규직을 정규직으로 전환했을 때 문제의 본질은 인국공의 정규직이 되고 싶은 바깥의 청년들에게는 공정한 경쟁에 참가할 기회조차 주어지지 않았다는 점이다.

<그림 16> 노동시장의 이중구조

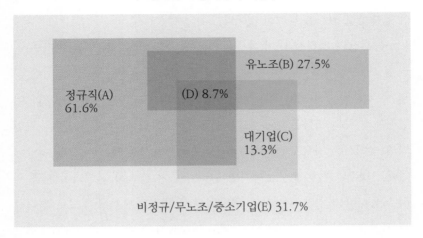

<표 1> 노동시장의 이중구조

		임금 근로자	A 정규직	B 노조 유	C 대기업 (300인 이상)	D 정규 & 노조 유 & 대기업	E 비정규 & 노조 무 & 중소기업
근로자수	(천명)	20,992	12,927	5,778	2,786	1,835	6,664
	(%)	(100)	(61.6)	(27.5)	(13.3)	(8.7)	(31.7)
월평균임금	(만원)	273.4	333.6	366.9	417.6	458.5	165.6
시간당임금	(만원)	1.6	1.9	2.1	2.4	2.6	1.2
근속년수	(년)	5.8	8.0	10.0	10.4	12.5	2.2
사회보험	국민연금 (%)	69.4	88.8	89.3	94.4	98.8	33.5
	건강보험 (%)	77.0	93.6	93.5	96.6	99.5	45.4
	고용보험 (%)	69.7	80.8	72.4	78.4	77.7	48.0
복지수준	퇴직금지급률 (%)	74.0	93.5	91.0	94.6	99.7	38.8
	상여금지급률 (%)	67.1	86.8	86.4	89.2	96.4	32.0
	시간외수당지급률 (%)	50.6	64.9	78.2	81.2	88.6	23.2
	교육훈련여부 (%)	47.7	55.5	81.1	97.3	99.0	29.1

주 : 노동조합 및 국민연금, 건강보험 가입률은 각각 사업장가입률을 의미하고, 대규모(소규모)는 300인 이상(미만)을 각각 의미

출처 : 통계청 경제활동인구조사 부가조사 2021년 8월

노동시장의 이중구조란 대기업과 중소기업, 정규직과 비정규직, 또 노조의 유무에 따라 임금과 근로조건, 사회보험, 복지수준에 큰 격차가 생기는 현상을 말한다. 대기업, 공기업, 금융기관의 정규직, 노조원은 고용이 안정되고 고임금을 받는데 비해 하청중소기업, 비정규직, 무노조원은 고용이 불안정하고 저임금에 시달리는 현상이 이중구조다.

대기업과 중소기업의 격차는 부가가치나 생산성의 격차로 설명되는 부분도 있으나, 우리나라 대-중소기업 관계의 상당 부분이 원청과 하청의 관계이고 대기업의 입장에서는 부가가치가 낮은 공정을 협력업체에 계속 이전함에 따라 격차는 더 벌어진다. 더구나 대기업의 단가인하 압력, 기술탈취 등 갖가지 횡포와 갑질로 중소기업 노동자의 임금이나 근로조건이 더 열악해진 측면도 있다.

정규직과 비정규직의 격차, 노조의 유무도 문제다. 정규직은 노조의 보호 아래 자신들의 임금과 근조조건을 향상시켜 왔으나 노조의 보호를 받지 못하고 근로계약 자체가 허술한 비정규직의 경우 임금과 근로조건이 열악하여 정규직과 비정규직의 격차는 우리 노동시장의 심각한 문제가 되었다. 동일노동-동일임금 원칙으로 정규직-비정규직간 임금격차를 해소하기는 현실적으로 어렵다. 기업들은 정규직의 일과 비정규직의 일을 처음부터 분리하기 때문에(소위 직무분리) '비정규직과 동일한 일을 하는 정규직'을 찾기란 쉽지 않다.

〈그림 16〉에서 보듯이 고용안정과 고임금을 누리는 '대기업+정규직+유노조' 노동자들은 2021년 현재 8.7% 수준이었고(그림의 D), '중소기업+비정규직+무노조' 노동자들은 31.7%인데(그림의 E), 그림 밑의 표에서 보면 그 격차를 알 수 있다. 대기업·정규직·유노조 기업의 임금 수준에 비하여 중소기업·비정규직·무노조 기업의 임금은 1/3 수준으로, 그 격

차가 개선되지 않고 있으며, 대기업·정규직의 사회보험 가입률은 고용보험을 제외하면 90%대의 높은 수준인데 비하여 중소기업·비정규직의 사회보험 가입률은 30~40%대 수준으로 사회안전망의 보호를 받지 못하고 있다. 대기업· 정규직의 고용보험 가입률이 70%대인 것은 우리나라 공무원과 교원이 고용보험에 가입하지 않기 때문이다.

노동시장의 경직성과 이중구조는 일자리 창출과 청년실업에 심각한 영향을 준다. 기업의 입장에서는 정규직은 아무리 생산성이 낮아도 쉽게 해고할 수 없고 비용부담은 크니까 정규직 채용을 꺼리게 되고 기존 인력을 초과근무 시키거나 시간제 비정규직을 채용하려 한다. 즉, 경직성과 이중구조 때문에 기업의 일자리 수요가 정규직은 더 작게, 비정규직이나 초과근로는 더 크게 되는 것이다. 기업의 입장에서는 비정규직 채용과 (50%의 초과근로수당을 얹어주더라도) 초과근로로써, 정규직의 경직성 때문에 부족한 유연성을 보충하는 셈이다. 아버지는 세계 최장의 근로시간을 일하는데 아들은 취직을 못하는 이유다. 이 안타까운 현실이 노동의 경직성에 대한 시장의 반응이다.

그러나 노동시장에 진입하는 청년들의 입장에서는 당연히 임금이 높고 사회보험 등 혜택이 큰 대기업, 공기업, 금융기관에 정규직으로 취업하기를 원하니까 실패를 반복하면서도 취업준비생으로 몇년을 보내면서 중소기업, 비정규직 취업을 꺼리는 것이다. 여기에다 문재인 정부처럼 정부가 공공부문의 일자리를 늘리겠다면서 공무원, 공공부문 일자리를 대폭 늘리게 되면 많은 젊은이들이 여기로 몰려들면서 비정규직 취업을 더 꺼리게 될 것이다.

중소기업, 특히 혁신중소기업이나 스타트업의 입장에서는 좋은 인재가 꼭 필요한데 노동시장의 경직성과 이중구조 하에서 중소기업이 좋은 인재를 오랫동안 채용하기는 하늘의 별따기다. 중소기업들이 만성적인 인재부족 현상에 시달리는 상황에서 중소기업과 스타트업이 주도하는 혁신성장에는 한계가 있다.

대립적 노사관계는 우리 경제발전의 역사인 동시에 민주화의 역사이기도 하다. 그만큼 노사관계는 정치경제적인 것이다. 노사가 대립하면 당연히 기업의 활력과 생산의 효율성, 투자의욕과 외국인투자에 악영향을 미친다. 정치는 공정한 룰을 만들어야 하고, 행정부는 공정하고 엄정한 법집행자가 되어야 한다. 공정한 룰의 핵심은 노사간 교섭력(힘)의 균형이고, 공정한 법 집행의 핵심은 확실한 중립성과 단호한 자세다. 노사정 합의 시스템을 통한 사회적 대화에 참여하는 것이 투쟁하는 것보다 더 낫다는 시그널을 노사 당사자에게 분명하게 보여줄 필요가 있다.

해법의 방향은 명확하다. 노사대등의 원칙에 맞게 노동법을 다시 정비해야 한다. 노동조합의 정당한 권리를 제한하는 법·제도 및 관행을 손질함과 동시에, 인사경영권 침해 등의 문제에 대해서도 노사대등의 원칙에 입각하여 새로운 룰을 만들 필요가 있다. 파업시 사업장 점거 등 고질적인 문제도 고칠 필요가 있다. 그리고 대기업 노동조합의 불법적인 행태에 대해서는 엄정하게 법을 적용해야 한다. 그래야 뭐는 되고 뭐는 안되고가 분명하게 되고, 이러한 불확실성이 제거되어야 산업평화가 가능하다.

중소기업과 비정규직 등 약자 근로자에 대해서는 근로조건 보호를 강화할 필요가 있다. 최저임금제가 불평등 축소의 직접적이고 효과적인 방법이라는 사실을 인정할 필요가 있다. 다만 지나치게 높은 수준, 지나치게 빠른 속도의 인상을 밀어붙이는 방식은 곤란하다. 그런 최저임금 인상은 고용감소 등 약자 근로자에게 도리어 손해가 되는 결과를 가져오기 때문이다. 문재인 정부 초기에 최저임금을 지나치게 빨리 인상한 것이 문제였다고 해서 최저임금 제도 자체가 문제가 있는 것처럼 주장하는 데에는 동의하기 어렵다. 임금보호 효과와 고용감소 부작용을 균형적으로 고려하는 관점에서 '적정 최저임금 수준'을 고민하고 합리적 기준에 따라 최저임금이 결정될 수 있도록 최저임금 결정제도를 만들어야 한다. 이 또한 중요한 사회적 합의 과제다.

약자 근로자의 대명사인 비정규직을 보호하기 위한 정부의 역할도 중요하다. '정규직과 똑같이 일하는 비정규직'은 최소화하겠다는 원칙을 세우고 정책을 펴야 한다.

첫째, 공공, 대기업, 금융 분야의 상시적이고 지속적인 업무에 대해서는 가능한 한 정규직을 쓰고 기간제(계약직) 근로자 사용을 못하게 할 필요가 있다.

둘째, 공공부문의 비정규직을 정규직으로 전환할 경우, 반드시 '공모' 원칙을 지키게 하여 청년들에게 공정한 경쟁의 기회를 주어야 한다.

셋째, 임금차별을 금지함에 있어서 비교대상 근로자의 범위를 확대할 필요가 있다. 매우 좁은 의미에서 '동일한 일을 하는 정규직이 없다'는 이유를 들어 비정규직에 대한 임금차별금지를 피해가는 현실을 그대로 두고 동일노동-동일임금 원칙만 갖고서는 비정규직에 대한 기업들의 교묘한 임금차별을 막을 길이 없다.

넷째, 연공급이 주종을 이루는 현행 임금체계를, 하는 일에 따라 임금이 결정되는 직무급 체계로 바꿀 필요가 있다. 동시에 무기계약직(공공부문에서는 공무직)이 정규직에 비해 임금을 차별받는 일이 없도록 해야 한다. 무기계약직이란 이유로 정규직과 임금을 차별해도 법적 제재를 받지 않는 현실을 고치는 것이 공정한 노동을 실현하는 길이다.

다섯째, 파견근로자, 사내도급(용역)근로자 등 간접고용 근로자에 대한 '(임금의) 중간착취 가능성'을 원천적으로 막아야 한다. 원청이 하청근로자에게 직접 임금을 지급하게 하거나, 하청단가 결정시 임금수준 항목을 별도로 합의하게 하는 등의 실효성이 있는 방법을 강구해야 한다.

끝으로 비정규직이라는 용어는 우리나라에만 존재하는 용어이다. 20년 전인 2002년에 노사정위원회에서 노사정 합의로 탄생된 용어이지만 지금의 현실에는 맞지 않다. 따라서 비정규직 문제의 해결은 비정규직의 정의를 국제기준에 맞추는 것으로부터 출발하여야 한다. 기존의 비정규직은 무조건 '나쁜 일자리' 라는 인식에서 출발하였기 때문에 시대적 변화에 맞게 이에 대한 인식의 전환이 필요하다.

OECD에서 정의하는 임시직temporary workers은 시간제와 용역, 그리고 특고(특수형태근로종사자) 등을 포함하지 않는다. 학교를 다니며 배달 라이더 일을 하는 대학생, 일·가정 양립을 위해 아르바이트를 하는 가정주부, 은퇴 후 소일거리를 찾는 노인 등은 OECD 기준으로는 임시직이 아니다. 하지만 국내기준으로는 비정규직으로 분류된다. 또한 용역근로자의 경우도 본인이 소속된 회사에서는 정규직일 수 있기 때문에 OECD 기준으로는 임시직이 아니다. 풀타임 일자리가 아니더라도 쿠팡맨, 배달의민족 등 시간제 일자리를 자발적으로 찾는 인구가 늘고 있다. 산업의 변화와 함께 워라밸을 중요시하는 인식변화 등이 그 요인으로 꼽힌다. 이런 움직임을 비정규직이라는 획일적인 테두리에 가둘 이유는 없다. 비정규직 노동자의 비율은 38.4%(2021년 8월, 경활 근로형태별 부가조사)라고 하지만 OECD 기준의 임시직으로 파악하면 26%로 낮아진다. 26%도 주요국 대비 높은 수준이긴 하다.

유연안정성(flexicurity=flexibility+security)으로 나아가자.

경직적인 노사관계의 법·제도와 관행부터 변해야 한다. 개별적 노사관계에의 의존도가 높아지는 것은 문제다. 노동조합 조직율이 10% 정도이고, 집단적 노사관계를 통해 단체협약 적용을 받는 'union coverage'도 그다지 높지 않다. 그런데 양극화는 계속 심화되는 상황이니, 자연스럽게 법·제도로 노동자를 보호해야 한다는 여론이 커진다. 그러나 법·제도에 의존하는 개별적 노사관계는 노사자율주의에 기초한 집단적 노사관계보다 더 경직적이고, 사업장간 차별화를 이루기 어렵다.

집단적 노사관계에서도 획일화의 문제가 나타나고 있다. R&D 직원들도 이제는 기존 생산직 노조와 같이 보조를 맞추기 시작했다. 내부노동시장에서는 한 기업에 하나의 노조가 대표로서 파트너가 되는 것이 더 효율적일지 모르지만, 직무별로 외부노동시장이 작동하고 있다면 한 기업 내에서도 다양한 채널을 확보하는 것이 더 나을 수 있다.

해고에 대한 경직성과 불확실성을 없애야만 정규직과 비정규직 사이에, 내부자와 외부 청년실업자 사이에 공정한 경쟁이 비로소 가능해진다. 2015년 9월 노사정위원회의 합의에 이어 고용노동부가 지침을 만든 것도 이러한 노력이었다. 그럼에도 불구하고 문재인 정부는 출범하자마자 이를 적폐지침으로 규정하고 폐기하였다. 이는 퇴보다. 불확실성을 줄이기 위해 룰rule을 명확하게 하는 것을 인정하지 않았다.

흑백논리에서 벗어나야 한다. 예컨대 근로시간의 유연성에 대해서도, 주52시간이 맞느냐 틀리냐가 문제의 핵심이 아니다. 주52시간제를 탄력적으로 유연하게 적용할 수 있는 시스템인가 아닌가가 중요하다.

주52시간 근로한도는 법정근로시간(40시간)을 넘어선 연장근로를 1주에 12시간 이내로만 해야 한다는 근로기준법 조항인데, 이 조항은 오래

전부터 존재해왔던 것이다. 다만, "휴일근로를 연장근로의 범주에 포함시키지 않는다"라는 고용노동부의 지침 때문에 토, 일 근무 16시간을 포함하여 68시간까지 근로시간이 늘어날 수 있었다가, 법원이 "휴일근로도 연장근로에 포함된다"는 판결을 내리면서 52시간의 한도 내에서만 가능하게 된 것이다.

따라서 근로시간의 유연성은 주52시간을 엄격하게 지키면서 탄력적 근로시간제를 유연하게 쓸 수 있는 환경을 만드는 것, 그리고 장시간 근로가 불가피한 상황의 사업장에만 국한해서 '주52시간+α'를 허용해주는 것, 이 두 가지로 나누어 논의할 필요가 있다. 후자의 경우는 지금도 한시적으로 허용되고 있는데, 더 연장하거나 확대할지 사회적 논의가 필요하다. 전자의 경우에는 탄력적 근로시간이 적용되는 기간을 확대하자는 주장이 많으나(예컨대 1년으로 확대), 기업들은 "탄력적 근로시간제가 탄력적이지 않다"는 점에 대한 불만이 크다. 예컨대, 개인별 일일근무시간표를 사전에 미리 짜서 공지해야 하는 등 비현실적인 규제를 고쳐달라는 것이다.

임금체계 유연화 등 임금과 관련하여 유연성을 높여야 한다는 논의도 많다. 연공급 폐지를 공무원과 공공부문부터 우선 적용하고, 점차 민간기업으로 확산시키는 방향으로 개혁의 물꼬를 틀 필요가 있다. 또한 취업규칙 변경시, 노조나 전체 종업원 대표의 동의가 아니더라도 '적용 대상 직군'의 동의로 추진할 수 있도록 허용할 필요가 있다. 전문직, 엔지니어의 노동 유연화에 대해 생산직 중심의 노조가 무조건 반대하는 것은 불합리하다.

노동유연성 확보가 중요한 또 다른 이유는 1인 자영업자 등 소위 '신노동'의 출현에 걸맞는 새로운 노동규율을 마련해야 할 필요성 때문이다. 급증하는 1인 자영업자들은 근로계약을 체결하지 않았기 때문에 '임금근로자'로 인정받지 못하는 사람들이다. 그런데 이들 중 상당수는 예전에 임금근로자들이 하던 일을 하고 있다. 특수직, 플랫폼노동, 프리랜서 등 1인 자영업자 중에도 다양한 속성들이 존재한다.

이들이 어떤 직종, 직무에서 일을 하고 있는지, 다양성과 차이점을 정확하게 파악하는 일부터 해야 한다. 근로시간, 출퇴근 여부, 업무지시 여부, 임금결정방법 등 지금까지 법원이 판단하는 '근로자 여부를 따지는 속성들' 뿐만 아니라 '특정 사용자에 대한 전속성' 등 신노동에 대한 팩트를 정확하게 알아야만 이들에 맞는 '새로운 노동규율'을 만들 수 있다. 플랫폼 노동은 하나가 아니다. 그 안에는 매우 다양한 속성들이 관찰될 것이다. '자율적 노동과 성과기반 보상'의 형태도 있을 수 있고, '중앙집권적 통제와 파편화된 직무분할 및 일처리(예: 택배)'도 존재한다.

신노동의 확대와 함께 노동의 탈경계화와 유연근무도 확산되고 있다. 우선 1인 자영업자의 경우 정규 근무시간의 개념이 없다. 대신 소셜미디어 등으로 항상 연결되어 있어야 한다. 소위 '하이브리드' 근로의 모델도 있다. 풀타임도 파트타임도 아닌 경우, 20~40시간 일하는 노동자(소위 '풀타임라이트')도 늘어나고 있다. 한 노동자가 풀타임 임금근로자, 1인 자영업자, 파트타임 알바 등을 왔다 갔다 하는 경우도 관찰된다. 즉 개인의 전환형 선택적 근로가 늘어나고 있다.

'유연성'은 미래사회에 꼭 필요한 원칙이다. 노동자들의 재량권이 높아진다는 점에선 노동자들도 선호한다. 다만 '소득불안정 및 과도한 노동강도'의 문제가 떠오를 수 있다. 따라서 노동자의 불안함은 줄이는 방향으로 유연노동에 대한 규율방안을 먼저 고민해 볼 필요가 있다. 노동자들과 기업들이 윈-윈 할 수 있는 인센티브를 찾아야만 지속가능한 노동규율이 될 수 있을 것이다.

국가는 1인 자영업자나 유연노동 등 '신노동'에 대한 복지 프로그램을 마련할 필요가 있다. 신노동에 대해 4대 사회보험을 어떻게 적용할 것인가 같은 문제가 핵심이다. 사회보험의 사용자 부담을 전속성이 희미한 신노동에 대해서는 어떻게 처리할 것인가, 이런 문제에 대한 해결책을 찾아야 하는 것이다.

산업안전의 개념도 확장되어야 한다. 예컨대 기존의 공간과 시간 개념을 초월해서 산재사고가 일어날 수 있다. 재택근무가 늘어나면서 회사가 아닌 다른 장소에서의 사고 가능성에 대해서도 고려해야 한다. 육체적 노동에서 비롯되는 사고가 아니라 '정신노동으로부터 오는 위험 및 사고'에 대해서도 세심한 고민과 정책적인 배려가 있어야 한다.

'신노동'에는 다양한 노동집단이 있다. 따라서 노사관계도 노동조합과 단체교섭 중심의 기존 틀에서 벗어나 새로운 관계로 정립될 필요가 있다. 노동조합 이외의 새로운 '보이스 채널voice channel'의 필요성이 커진다. 집단적 노사관계의 궁극적 목표는 노동조합 그 자체가 아니라, '집단적 보이스'를 통해 노동자를 보호하는 것이다. 서비스직, 화이트칼라, 전문직의 비중이 증가하고 1인 자영업자 수가 늘어나면서 노동자들은 하나의 동질적 집단이기보다는 점점 더 파편화되고 새로운 집단적 노사관계 구축의 필요성은 더 커지고 있다. 공제회 등 전통적 조직은 어떻게 활용할 것인가? 공제회와 다른 유형의 조직을 만든다면 어떤 것이 가능할까? 노동조합이 아닌 조직인데도 단체교섭권을 가질 수 있을까? 효과적인 권리 확보를 위한 다른 방법은 없을까? 이러한 다양한 논의가 진행될 수 있을 것이다.

노동시장 유연성과 사회안전망은 동전의 양면이며 이 둘이 결합되어야 유연안정성이 되는 것이다.

사회안전망 강화는 왜 필요한가? 그것은 노동시장에 재도전할 기회를 부여하고 경쟁조건의 공정성을 확보하기 위함이다.

기회가 평등해도 경쟁의 조건이 불평등하다면 이는 불공정한 것이다. 경쟁 조건이 불평등하면 유리한 위치에 있는 사람은 노력을 게을리 할 것이고, 불리한 위치에 있는 사람은 노력하기를 포기할 것이다. 경쟁의 긍정적 효과는 기대할 수 없게 된다. 경쟁 조건이 평등하기란 현실에서 쉬운 일이 아니다. 원래 가진 것이 많은 사람과 그렇지 못한 사람 간에 경쟁조건이 같을 수 없다. 그래서 약자를 보호하고 공정한 경쟁을 위해 평평한 운동장level playing field을 만들어야 한다.

예컨대 모든 취업준비생에게 똑같은 금액의 청년수당을 지급한다고 해서 경쟁 조건이 평등해지는 것은 아니다. 취업준비의 부익부 빈익빈 구조를 깰 필요가 있다. 청년들 간에도 노동시장에서 공정경쟁이 이루어지지 않고 있다. 경쟁의 시작인 대학입시부터 불공정한 경쟁이고 취업준비에서도 불공정한 경쟁의 문제가 있다. 취업준비 경쟁도 결국 '스펙경쟁'의 측면이 있다. 대학입시에 수시를 도입하기 이전부터 이미 대졸자 취업에서는 스펙경쟁이 시작되었다. 1995년의 소위 '신인사관리' 도입으로 시험공채가 없어지고, 자기소개서 및 면접심사가 중요해졌다. 문제는 취업준비에서도 부익부-빈익빈의 문제가 심각하다는 것이다. 돈으로 사는 스펙이라고 볼 수도 있다. 취업준비를 위한 대학생들 간의 경쟁은 부모들의 '재력 경쟁'이 되고 있다. 누구는 집안 형편이 어려워 아르바이트를 하느라 정신이 없고, 누구는 등록금 걱정 없이 스펙 쌓기에 매진하면 누가 취업 경쟁에서 이길 것인가는 답이 뻔하다. 영어권 국가에 어학연수라도 다녀온 학생과 그렇지 못한 학생 간에 취업 성공 확률은 차이가 나는 것이 현실이다.

채용에서 '스펙' 경쟁이 확대되는 추세도 불공정경쟁의 가능성을 높인다. 부모들 간의 인맥경쟁(소위 '배경' 경쟁)의 장이 될 수 있기 때문이다. 부모가 특별히 청탁을 하지 않는다 하더라도, 부모의 인맥으로 인턴을 경험할 수 있었던 청년과 그렇지 못한 청년 간에 공정한 경쟁이 이루어진다고 볼 수 있을까?

왜 요즘 청년들이 공시(공무원시험)와 공기업 입사시험에 목을 매는 것일까? 안정된 직장이고 좋은 일자리라는 이유도 있지만, 과정에서의 공정성이 보장되기 때문일 수도 있다. 시험만 잘 보면 학벌도 안 보고 스펙도 안 본다. 시험이 가장 좋은 선발도구는 아닐 수 있지만, 다른 선발도구보다 공정경쟁의 조건을 충족시키기 때문이다.

그렇다면 공정한 경쟁을 위해 어떤 정책을 펼쳐야 할까? 청년수당을 예로 들어 보자. 핵심은 약자보호다. 모든 청년들한테 똑같은 혜택을 준다고 공정이 아니다. 모든 학생들에게 장학금을 주는 것이 공정이 아닌 것처럼 말이다. 같은 조건에서 출발할 수 있도록 약자에게 더 큰 도움을 주는 것이 공정한 경쟁조건이다. 이런 원칙으로 접근해야 한다. 선택적 복지 관점에서 접근해서 경제적 격차 해소가 목표가 되어야 한다. 섣부른 현물서비스 제공 보다는 현금서비스로 제공하는 것이 더 좋다. 청년들이 자기에게 필요한 곳에 쓸 수 있도록 자유를 주는 것이 좋기 때문이다. 교육훈련비 뿐만 아니라 생계비도 같이 도와주어야 한다.

실업급여 확대라는 안전망도 중요하다. 지난 대선 과정에서 나는 획기적인 방안을 공약으로 내놓았다. 실업급여 수준을 현재 평균임금 60% 수준에서 70% 수준으로 높이고, 동시에 1일 상한선 수준도 기본 66,000원에 '무소득 부양가족 1인당 1일 1만원'을 추가해서, 예컨대, 세 자녀가 있을 경우, 1일 3만원씩 더해서, 96,000원으로 상한선을 상향조정하겠다고 했다. 일을 해서 소득이 생긴 경우에도 실업급여를 일부 받을 수 있도록 하겠다고 했다. 일당 8만원 받는다고 66,000원의 실업급여를 포기해야 한다면, 14,000원 더 벌자고 일을 할 사람은 없을 것이기 때문이다. 직장을 스스로 그만 두는 자발적 실업자도 실업급여를 받을 수 있게 하되, '평생 사용 가능 횟수'를 제한(예: 3회)하고, 실업급여 지급액도 비자발적 실업급여보다는 적은 수준(50%~70%)으로 하겠다고 했다.

이상과 같은 노동개혁이 성공하려면 사회적 합의 과정이 꼭 필요하다. 노동개혁은 다수의 이해관계가 첨예하게 걸려 있다. 크든 작든 기득권이 걸려 있는 사람들은 개혁에 거세게 반대한다. 정치권도 노사합의가 이루어지지 않은 입법은 추진하려 하지 않고 실제로 많은 입법시도가 좌절되거나 매우 늦게 이루어지는 경우가 많다. 그래서 힘들더라도 사회적 합의를 도출하는 과정이 필요하다. 완벽한 합의안을 도출하는 데 실패하더라도 그 과정은 반드시 필요하다.

첫째, 절차적 정당성을 위해서다. 의견을 수렴하고 대안을 논의하는 과정을 생략하고 특정 개혁안을 밀어붙일 경우 노와 사 양측의 반발만 초래한다.

둘째, 사회적 합의를 위한 절차와 과정은 합의 도출을 더 쉽게 만드는 효과가 있다. 사회적 합의의 과정은 '개혁 필요성에 대한 인식공유, 의견수렴, 대안 없는 반대는 안된다'는 원칙에 공감해야 한다. '지금 이대로 가만히 있으면 안된다'는 사실에 대한 인정과 이에 대한 합의가 필요하다.

2022년 4월 평택 쌍용자동차 노조와의 대화

가만히 있으면 어디로 가는가, 반드시 바꿔야만 하는 것은 무엇인가에 대한 인식을 공유하는 것이 가장 중요하다. 그리고 이해관계자 의견 청취와 전문가의 대안 제시 등을 통해서 의견이 수렴되는 경우가 많다. 하나의 안으로 합의가 이루어지지는 않더라도 상당히 좁혀진 범위로 의견이 수렴될 경우 개혁안을 만들기가 훨씬 더 쉬워진다. 전문가를 활용한 합의 과정이 상당히 중요하다. 전문가들도 정치적으로 오염됐다는 말도 많지만, 그래도 정치인들끼리의 논의에 맡기는 것보다는 낫다. 아무 것도 안하고 그냥 정치인들끼리 싸우다가 없던 일이 되어 버리는 과거의 실패사례를 반복해서는 안된다.

셋째, 사회적 합의 과정을 통해 공론화, 즉 국민여론 수렴이라는 큰 무기를 얻을 수 있다. 공무원연금개혁의 경우처럼 당사자들이 크게 반발하더라도 국민적 공감대가 크다면 정치권은 개혁추진의 동력을 얻을 수 있다.

기득권 타파와 혁신을 위한 규제개혁

"산업경쟁력과 성장잠재력을 키우려면 노동개혁과 규제개혁을 꼭 해야 한다."

수도 없이 듣던 말 아닌가. 정권마다, 대통령마다 해오던 말이다. 언론에서도 기회 있을 때마다 노동개혁과 규제개혁에 관한 기사와 칼럼이 등장한다. 소위 진보 대통령들도 후보 시절 최소한 겉으로는 하겠다고 했던 말이다. 정권마다 우리 경제의 경쟁력 강화를 위해 노동개혁과 규제개혁이 필요하다고 입을 모아놓고서는 왜 정작 개혁은 되지 않았을까? 그건 노동과 규제의 개혁이 그만큼 어렵기 때문이고, 기득권의 저항이 그만큼 강하기 때문이다. 이 저항이 정치적 압력이 되어 대통령과 국회가 법과 제도를 개혁하지 못했기 때문이다.

나는 1987년 유학을 마치고 KDI에 갓 들어갔을 때 정부규제와 간섭이 가장 심한 대표적인 산업들을 골라 규제개혁 정책을 연구하는 프로젝트를 하게 되었다. 내가 맡았던 산업들은 광고산업, 정보통신산업, 자동차산업 등이었는데, 이 연구팀에서는 그 밖에도 주류, 석유, 사료, 콩, 화물차, 의약품, 화장품, 여객버스, 자동차관리, 금융, 증권, 보험, 해운, 원양어업, 건설 등 다양한 업종들의 정부규제를 들여다보고 개혁방안을 제시하게 되었다.

예를 들면, 왜 경상도, 전라도, 충청도, 강원도에서는 진로소주를 팔지 않고, 왜 서울에서는 금복주, 보해, 대선, 경월소주를 팔지 않는가? 대선 소주를 먹으려면 왜 부산까지 가야 하고 보해소주를 먹으려면 왜 광주나 목포까지 가야 하는 걸까? 해외로부터 위스키와 와인을 수입하는 나라가 소주는 왜 '자도주自道酒'라는 이름으로 도별 칸막이가 유지되어야 하는 걸까? 왜 소주, 맥주, 양주 등의 병마개 생산을 국세청 OB들이 독점해야 하는가? 왜 박카스나 타이레놀은 약국에서만 팔고 동네 편의점에서는 못 팔게 하는가? 왜 똑같은 박카스인데 타우린 함량이 다르다고 박카스D는 약국에서 팔고 박카스F는 편의점에서 파는가? 왜 방송광고는 광고주와 광고대행사가 방송사와 직접 거래하지 않고 그 중간에 한국방송광고공사 KOBACO가 독점적으로 개입하는가? 왜 무선통신사업은 사업자 수를 제한 해야 하는가? 왜 건물을 짓는 사람은 건물 앞에 비싼 조형예술품을 세워 야 하는가?

이처럼 왜? 왜? 규제하는지에 대한 상식 수준의 질문들은 끝이 없었다.

광화문 흥국생명 앞 망치질하는 사람(hammering man)

출처 : 한겨레

1960년대(좌), 1970년대(우)에
생산된 진로소주

1960년대에 나온 찹쌀표 금복주(좌),
1970~80년에 생산됐던 금복주(우)

1970년대 나온 대선소주(좌),
1980년대 나온 순한선(우)

1980년대에 생산된 경월소주(좌),
1980년대 후반에 나온 경월소주(우)

1990년대 후반에 나온 보해소주(좌),
1990년대 후반에 생산된 보해시티(우)

출처: 2005년 10월 16일, 미디어다음 "1960~2002 한눈에 보는 소주 변천사"

『경제규제와 경쟁정책』 1989 　　　　『경제규제와 경쟁정책(II)』 1990

　그 이전까지 별로 문제 제기를 하지 않았던 정부규제들에 대하여 "도대체 왜 규제하는가? 누구의 이익을 위하여?"라고 규제의 존재 이유를 묻기 시작한 것이었다. 수십년 동안 관청의 인허가, 가격통제, 행정지도를 받아온 산업에서는 시장의 경쟁을 제한하는 규제들이 수두룩하게 널려 있었다. 우리 주변에서 상식적으로 의문이 드는 문제의 대부분이 그런 규제의 산물이라고 해도 과장이 아니었다. 1980년대 말과 1990년대 초에 정부규제에 관한 연구를 수행하면서, 잠재적 경쟁자들의 진입을 가로막는 등 시장의 자유롭고 공정한 경쟁을 제약하는 수많은 규제들이 기존사업자의 기득권을 보호하는 구조를 목격했다. 이런 규제들을 제거하지 않는 한 자유롭고 공정한 시장경제와 그런 경제에서 기대할 수 있는 혁신과 창의는 요원하다는 것을 깨달았다. (한국개발연구원, 『경제규제와 경쟁정책: 1988년도 주요 산업별 경쟁촉진방안』, 1989 및 『경제규제와 경쟁정책(II): 주요 산업별 경쟁촉진방안』, 1990 참조)

　막상 구체적인 산업을 대상으로 규제개혁을 이야기하기 시작하니 기득권자들의 저항은 정말 심했다. 방송광고시장의 유통과정에 독점적으로 개입하여 막대한 수수료를 앉아서 챙겨가는 KOBACO를 해체하고 광고주-광고대행사-방송사 간의 자유로운 시장경쟁에 맡기자는 보고서를 썼다가, 익명의 KOBACO 사람들이 전화를 걸어와 내가 처음 들어보는 욕을 하는데 기가 막혔다(KOBACO는 지금도 방송광고 규제를 하고 있다). 소화제, 감기약, 비타민, 피부연고, 소독약 같은 OTC over the counter 약품은 약국만이 아니라 편의점에서도 살 수 있도록 규제를 풀자고 주장했다가 약사들로부터 거센 항의를 받았다. 약사였던 나의 누나는 동생 때문에 엄청 시달려야 했다. 현대, 기아, 대우의 과점체제였던 자동차산업에 신규진입을 허용하자고 했다가 삼성 편을 든다는 어처구니없는 오해를 받기도 했다. KT가 독점하던 통신산업, 한전이 독점하던 전력산업, 가스공사가 독점하던 LNG산업 등 소위 망網 network 산업에 신규진입을 허용하여 경쟁을 도입하자는 주장도 거센 저항에 부딪혔다. 연구를 하고 보고서를 쓰는 연구자도 이럴진대 실제 정책과 법을 결정하는 행정부와 국회 사람들에 대한 로비와 압박이 얼마나 심했을지 안 봐도 뻔했다. 규제개혁이란 기존 사업자 또는 기득권자의 밥그릇을 건드리는 일이니 그들에게는 생존의 문제였고 저항은 심할 수밖에 없었다.

규제regulations란 무엇인가? 어떤 이유로 어떤 행위를 못하게 하는 것이다. 규제는 자유를 억제한다. 자유를 제한하는 힘은 대부분 국가의 공권력이지만, 어떤 경우에는 '자율규제'란 이름으로 사업자단체나 협회 등이 구성원들의 자유를 제한하는 경우도 있다. 물론 자유를 제한한다고 모두 나쁜 것은 아니다. 공동체의 공공선을 위해 자유를 불가피하게 억제해야 할 경우도 있다. 예컨대 총기규제, 마약규제, 음주운전규제, 환경규제, 안전규제, 최저임금규제 등은 자유를 구속하더라도 공공선을 위해 규제가 필요하다는 사회적 합의 위에 존재하는 규제들이고 헌법도 그런 규제의 필요성을 인정한다.

규제는 '자유롭고 공정한 경쟁이 보장되는 시장경제'를 방해한다. 시장의 신규진입을 막고 독과점시장을 만드는 진입규제(인·허가제), 가격을 통제하는 가격규제, 시장에 칸막이를 치는 사업영역규제 등은 모두 경쟁을 제한한다. 때로는 환경, 생명, 안전 등 사회적 목적으로 포장된 사회적 규제가 시장의 경쟁을 제한하기도 한다. 과거 산업이 시작하고 진화하는 과정에서 규제가 도입되었다가 나중에 이 규제들 때문에 경쟁이 억제되고 기술혁신과 산업발전에 장애물이 되는 경우가 많았다. 특히 우리나라의 경우 산업을 보호·육성·진흥한다는 이유, 물가를 안정시킨다는 이유, 업계의 질서를 바로잡는다는 이유 등 산업정책, 물가정책의 수단으로 도입된 규제가 업종마다, 시장마다 널려 있었고, 그 하나하나가 모두 사업자들의 이해관계와 소비자 이익에 큰 영향을 줄 수 있는 규제들이었다. 이런 규제들 때문에 우리나라는 '규제왕국'이라는 오명을 갖게 되었고, 법률, 시행령, 시행규칙 등 규제들은 우리나라의 오랜 부정부패와 관치경제를 낳은 근본적인 원인이 된 것이다. 자유롭고 공정한 시장경제가 경제발전에 가장 중요한 요소라는 생각으로 OECD 국가들은 오래 전부터 탈脫규제deregulation 또는 규제개혁regulatory reform을 추진해왔다. 그러나 시장경제가 오래 전부터 발달해온 나라들과 달리 우리는 관官주도 경제개발 과정에서 수많은 규제들이 있었기 때문에 우리의 규제개혁은 훨씬 더 어려운 과제였다.

30년 전의 질문과 유사한 질문들이 지금 현재도 그대로 제기되고 있다. 왜 '타다'와 같은 새로운 택시 서비스를 규제해야 하는가? 왜 '우버'는 우리나라에 도입되지 못했나? 왜 게임은 밤에 하면 안되는가? 왜 우리는 원격 진료를 받지 못하는가? 왜 줄기세포 치료를 받으려면 일본에 가야 하나? 왜 아무나 종합병원에 투자하면 안 되는가? 왜 농업은 농민만이 할 수 있는가? 왜 대기업들은 핀테크(금융+ICT기술)에 진출하면 안 되는가? 1980년대 후반 규제에 관한 근본적인 질문을 던진 이래 경제는 엄청나게 커졌는데 규제의 본질과 변화의 어려움은 변하지 않았다.

정부가 관치금융과 산업정책을 수단으로 경제발전을 주도하던 1960~1970년대에는 '자유롭고 공정한 경쟁'이라는 개념조차 희미했다. 새로 성장하는 산업을 어느 기업이 담당할 것인가부터 어떤 지원을 할 것인가까지 정부가 주도한 계획대로 움직였다. 1980년 경제헌법이라고 불리는 「독점규제 및 공정거래에 관한 법률」(이하 공정거래법)이 처음 제정되면서 시장경제의 자유롭고 공정한 경쟁이라는 개념이 본격적으로 논의되기 시작했다. 1987년 민주화 이후 노태우 정권 들어서 경쟁촉진을 위한 규제개혁 정책이 도입되기 시작하였다. 진입규제로 독과점적 지위를 유지해주던 인·허가제가 폐지되면서 경쟁이 촉진되고 경쟁이 도입되면서 가격규제도 풀리는 등 규제를 없애려는 노력이 시작되었다. 수입규제가 풀리고 시장이 개방되면서 해외로부터의 경쟁도 확대되었다. 규제는 풀되, 담합(공동행위), 시장지배력의 남용, 불공정거래행위 등 자유롭고 공정한 경쟁을 제한하는 행위들이 공정거래법과 하도급법의 '규제'를 받게 되는 정상적인 모습으로 변하기 시작한 것이다.

노태우 정부 이래 역대 정부들은 대통령 직속으로 혹은 총리실 산하에 규제개혁위원회를 설치하거나 대통령이 규제개혁회의를 주재하는 등 규제개혁을 추진한다고 했다. '대못을 뽑는다, 전봇대를 뽑는다, 손톱 밑 가시를 뺀다, 신발 속 돌맹이를 치운다'고 했다. 그러나 30여년이 지난 지금도 규제가 우리 경제의 발목을 잡고 있는 현실은 왜 그럴까? 민주화 이후 노동개혁을 제대로 추진한 대통령이 없었듯이 규제개혁을 제대로 추진한 대통령도 없었기 때문이다. 역대 어느 정권도 규제를 폐지할 때 나타나는 기득권의 저항과 이익단체의 벽을 넘어설 자신이 없었기 때문이다. '타다' 같은 새로운 택시나 '우버' 같은 차량공유 서비스는 기존 택시업계의 강한 저항에 부딪혀 실패했다. 김대중 정부 때부터 의료 선진화를 위해 시도되어온 '투자개방형 병원'도 이익단체의 반발에 밀려 아직도 허용되지 않고 있다. 20년째 규제개혁을 외쳤지만 규제는 1998년 10,185개에서 2015년 14,688개로 오히려 늘었다는 지적도 있다.

혁신과 창의, 그리고 이를 꽃피우는 자유롭고 공정한 시장경제, 이런 중요한 것들은 불합리한 규제를 그대로 두고서는 불가능한 것이다. 전경련, 대한상의, 경총, 중소기업중앙회 같은 기업단체들은 정부에게 규제를 혁신해달라고 수시로 건의를 한다. 그러나 이들도 기득권을 가진 기존사업자로서 막상 경쟁을 촉진하는 규제개혁에 대해서는 기득권자의 입장에서 뒤로는 반대하기도 한다.

그렇다면 이렇게 어려운 규제개혁은 어떻게 추진해야 하는가? 어느 정권이든 정말 진지하게 규제개혁을 하겠다면 몇 가지 기본원칙부터 지켜야 할 것이다.

첫째, 대통령이 기득권층의 저항을 극복해야 한다. 대통령이 직접 나서서 이 문제를 해결하지 않으면 규제개혁은 불가능하다. 30년 전 KDI에서 규제개혁 보고서를 쓰던 젊은 박사에게도 그렇게 거친 반발이 있었는데 규제권한을 가진 관료들과 정치인들에게는 얼마나 저항이 클까. 5년 단임의 대통령은 규제개혁에 반발하는 기득권층의 눈치를 살필 필요가 없을 것 같지만 현실은 그렇지 않다. 단임 대통령도 지방선거나 총선, 다음 대선에서 소속 정당의 승리 등 선거에 신경을 쓰거나 기득권층의 집요한 로비나 그들의 논리에 쉽게 흔들릴 수 있다. 대통령 직속으로 혹은 총리실에 규제개혁 추진기구를 아무리 설치하더라도 대통령의 실천의지가 없으면 규제개혁은 용두사미에 그치고 만다는 사실을 우리는 역대 정부마다 보았다. 대통령이 뒤에서 눈치나 살피고 관료들만 앞세워서는 기득권층의 저항을 극복할 수 없다. 관료들은 기득권층의 저항을 극복할 의지도 약하거니와 오랜 규제 속에서 관료들 스스로 규제의 기득권층이 되어버린 경우가 많다. 그런 식으로는 정작 핵심적인 덩어리 규제는 개혁하지도 못하고 잔챙이 규제나 손대는 등 변죽을 울리는 정도밖에 할 수가 없다.

규제개혁에 저항하는 기득권층을 나쁘게만 생각해서도 안된다. 그 사람들은 그들 나름의 절박한 사정이 있다. 기득권층이라는 표현 자체가 나쁜 뉘앙스를 갖고 있지만, 크든 작든 기득권은 기득권이고 그들이 규제개혁에 저항하는 이유는 자신들의 생존 때문이다. 정책이 바뀌어 자신의 생계가 위협받고 퇴출 대상이 되면 누군들 저항하지 않겠는가. 택시 시장이 생생한 사례다. '타다'나 '우버'가 택시 시장에 진입하면 개인택시, 회사택시로 먹고 살던 사람들은 당연히 힘들어지고 생존 차원에서 저항할 수밖에 없지 않겠는가? 뉴욕시에서도 '우버'가 나타나자 택시기사들의 극단적 선택이 잇따랐다. 게다가 택시시장은 아무나 진입해서 경쟁할 수 있는 시장이 아니라 영업하려면 정부의 허가를 받아야 하는 시장이었고 프리미엄을 지불하고 허가를 받았던 사람들이다. 그렇다고 해서 이들의 저항 때문에 다수 국민들에게 혜택이 돌아가고 산업발전을 앞당기는 서비스의 혁신을 포기하는 것이 올바른 해법은 아니다.

결국 이 구조조정은 노동개혁의 경우와 마찬가지로 이해당사자 간의 대타협과 주고받기가 필요하다. 신기술, 새로운 서비스를 허용하는 방향으로 가되 새로운 시장의 새로운 경쟁에서 기존 사업자들의 적응을 어떻게 도와주고 이들의 구조조정을 어떻게 연착륙시킬 것이냐의 문제다. 필요하면 정부 예산을 투입해서라도 이 변화의 과정을 책임져야 한다. 택시업계를 도와주기 위해 정부가 예산으로 택시를 사서 퇴출시키는 감차減車도 하지 않는가. 또 정부는 경쟁이 공정하도록 해야 한다. 카카오택시와 같이 플랫폼이나 네트워크를 독점하는 사업자가 직접 택시영업을 하면서 플랫폼을 이용해서 부당하게 경쟁을 제한하도록 해서는 안된다. 개인택시나 회사택시 스스로도 변해야 한다. 승차거부, 난폭운전, 담배연기, 불필요한 대화 등 승객들이 외면하도록 만든 문제들은 스스로 고쳐야 살아남는다.

둘째, 국민과 소비자의 관점에서 이익이 무엇인지 생각해야 한다. 규제개혁에서 기득권층의 저항을 극복하는 것은 정말 어려운 일이다. 이들이 정치적 반대세력으로 돌아선다고 생각하면 대통령이나 정당들은 개혁에 나서기가 두려워진다. 만약 규제개혁으로 국민도 소비자도 아무도 혜택을 보는 사람은 없고 기존사업자들의 저항만 있다면 그런 규제개혁은 할 필요가 없을 것이다. 그러나 규제개혁으로 새로운 경쟁이 일어나고 시장이 확대되고 일자리가 생기고 소비자들이 편익을 얻고 기술과 산업이 발전하게 되는 경우가 많다. 이런 다수의 이익과 산업의 발전, 새로운 일자리의 창출이 있다면 규제개혁은 반드시 해야 한다.

"자유롭고 공정한 시장경제를 만들려면 경쟁자competitors를 보호하지 말고 경쟁competition을 보호하라"는 게 경제학의 원칙이다. 규제개혁에서 정부가 명심해야 할 말이다. 기존 사업자들을 보호하는 것은 정부의 역할이 아니다. 그들은 변화하는 시장 속에서 스스로 생존하는 법을 터득해야만 살 수 있다. 슘페터는 창조적 파괴creative destruction가 자본주의 발전의 동력이라고 했다. 기존 사업자를 보호하지 않고 자유롭고 공정한 경쟁을 보호하고 촉진하는 것이 창의와 혁신의 정도正道다. 스타트업을 하는 창업가들과 대화를 해보면, 이들이 진정으로 원하는 것은 정부의 지원이 아니라 불합리한 규제를 없애달라는 것임을 깨달을 때가 많다.

셋째, 관료의 저항과 부처이기주의를 극복해야 한다. 규제는 관치경제의 핵심 수단이며 시장경제의 적이다. 과거 개발연대의 산업정책은 모두 지원 아니면 규제였다. 사업의 인·허가권과 같은 진입규제는 시장의 독과점을 보호했다. 금융정책도 마찬가지였다. 지금은 사라진 여신관리제도는 시중금리보다 훨씬 낮은 금리에 소수 계열(대기업집단)에게 대출이나 지급보증을 해줬다. 그런 여신을 받는 것 자체가 엄청난 특혜였다. 이 과정에서 관료들은 규제가 만들어내는 엄청난 힘에 익숙해졌다. 그 힘은 어지간한 기업들에게는 생사여탈권을 쥔 저승사자로 보였다. 또 부처이기주의도 규제를 개혁하는 데 장애물이었다. 새로운 사업이 생기면 복수의 부처가 서로 자기네 사업이라고 하는 바람에 이중 삼중의 규제가 도입되기도 하고, 그 규제를 철폐해야 할 때가 오면 자기 부처의 힘이 약해질까봐 소극적으로 대응하기도 한다. 규제개혁을 관료에게만 맡겨둘 수 없는 이유다.

규제권한을 가진 관료는 그 권력과 거기에서 나오는 부패로부터 자유롭지 못했고 관료는 규제의 기득권층이 되어갔다. 규제와 부패의 관계에 대하여, 공공부문의 부패는 '사적 이득을 위한 공적 지위의 남용the abuse of public office for private gain'이며, 또 '부패=독점monopoly+재량discretion-책임accountability'이다. 규제가 심할수록 부패가 심하며, 규제개혁은 부패를 줄이고 투명성을 높이는 데 큰 도움이 된다. 관료들의 저항을 극복하는 것도 결국 대통령이 할 일이다.(유승민, "규제와 부패," 『투명한 정부: 1998년도 국가예산과 정책목표』, 제6장, 한국개발연구원, 303-361쪽)

넷째, 시민단체에 휘둘리지 않아야 한다. 우리나라의 많은 시민단체들은 순수한 NGO의 역할을 하기보다는 정치적 편향성을 가지고 정치적 활동을 하는 경우가 많다. 문재인 정부 들어서 참여연대, 경실련 등 시민단체 출신들이 청와대, 행정부, 국회 등에 많이 들어가서 정책결정에 영향력을 행사해왔다. 규제개혁의 경우에도 이들이 반대하면 어려운 분위기가 조성된다. 시민단체라고 해서 시민 다수의 의사에 충실한 것은 아니다. 일부 시민단체의 의견에 휩쓸려서 정부가 해야 할 개혁을 못하면 이는 국민을 대표하는 정부가 아니다.

위대한 기업가는 자유롭고 공정한 시장경제에서 태어난다

다시 성장으로, 혁신으로 가는 주인공은 기업가entrepreneur다. 기업가 정신으로 무장한 혁신적인 기업가들이 끊임없이 배출된다면 우리는 미국 도, 중국도, 독일도, 일본도 부러울 게 없다. 슘페터에 따르면 창조적 파괴와 혁신에서 가장 중요한 역할을 하는 사람은 은행가도, 과학기술자도, 발명가도 아니고 바로 기업가다.

우리 경제의 역사상 걸출한 기업가라고 부를 수 있는 인물들은 누구였던가? 현대의 정주영, 삼성의 이병철, LG의 구인회, 대우의 김우중, 포항 제철의 박태준과 같은 분들은 위대한 기업가였다. 이들은 무無에서 유有를 창조해냈고 1960~1980년대 고속성장 신화의 주인공들이었다. 물론 그 시대에 관치금융, 정경유착, 부정부패 등 어두운 문제들은 있었다. 그러나 이런 환경 속에서 기업가들은 자동차, 조선, 석유화학, 가전, 반도체, 철강, 건설 등 우리나라를 먹여 살린 주력산업들을 일구었다. 이들은 지금도 우리 경제를 지탱하고 있는 대기업집단의 창업주들이다. 포스코를 제외하면 이 분들의 3세 내지 4세가 지금 그룹총수 내지 회장의 지위에 올라있다. 재벌의 2세, 3세, 4세들, 그들은 과연 기업가인가? 이들에게 기업가정신이 있는가? 그럴 수도 있고 아닐 수도 있다. 기업가의 DNA 란 반드시 유전되는 것은 아니니까, 훌륭한 기업가의 아들, 딸은 좋은 기업가가 될 수도 있고 아닐 수도 있다.

우리 경제가 혁신의 역동성을 유지하려면 훌륭한 기업가가 끊임없이 배출되는 생태계를 가져야 한다. 그 생태계는 자유롭고 공정한 시장경제다. 그러나 어찌된 일인지 우리 경제에는 오랫동안 새로운 기업가가 출현하지 않았다. 미국은 존 록펠러, 앤드류 카네기, 헨리 포드, 존 모건, 코닐리어스 밴더빌트 같은 산업발전 초기의 기업가들도 있었지만, 페이스북(메타)의 마크 저커버그, 아마존의 제프 베이조스, 애플의 스티브 잡스와 팀 쿡, 구글의 래리 페이지와 세르게이 브린, 마이크로소프트의 빌 게이츠, 트위터의 잭 도시, 위키피디아의 지미 웨일즈, 테슬라의 엘론 머스크 같은 기업가들이 혁신적인 아이디어와 기술을 바탕으로 미국의 신성장을 주도하고 있다. 중국도 바이두의 리옌훙, 알리바바의 마윈, 텐센트의 마화텅, 화웨이의 런정페이 같은 기업가들이 중국의 신성장을 주도하고 있다.

우리 경제에는 왜 오랫동안 혁신적인 기업가들이 거의 출현하지 못했을까? 새로운 기업가의 가뭄 현상! 이는 우리 경제가 1990년대 이후 30여 년 동안 저성장으로 추락하면서 경제의 활력dynamism을 상실한 것과 결코 무관하지 않다. 나는 2000년에 쓴 책, 『재벌, 과연 위기의 주범인가?』에서 재벌구조의 가장 중요한 문제는 '우리 경제에서 발견되는 기업가정신의 고갈'이라고 지적했다.

『재벌, 과연 위기의 주범인가』
2000

경제학자 알프레드 마셜Alfred Marshall은 기업의 출생, 성장, 소멸을 숲

속의 나무에 비유하여 다음과 같이 말했다.

> 오래된 나무들 때문에 햇빛이 가린 숲속의 그늘에서 크기 위하여 애쓰는
> 나이 어린 나무들은 우리에게 의미 있는 교훈을 준다. 그들 중 대부분은
> 도중에 죽고 몇 그루만이 살아남는다. 살아남은 나무들은 해를 거듭할수록
> 강해지는데, 키가 클 때마다 더 많은 햇빛과 공기를 차지하게 된다. 때가
> 되면 마침내 부근의 나무 중에서 가장 키 큰 나무가 되어 영원히 성장할 것만
> 같고 계속 강해질 것만 같다. 그러나 그렇지는 않다. 그 중 한 그루가 다른
> 나무들보다 더 크고 더 강할 수는 있지만, 그들 중 아무도 나이를 속일 수는
> 없다. 한 때 키 큰 나무가 햇빛과 공기를 많이 차지했지만 자신의 생명력이
> 점점 사라지는 것은 어쩔 수 없으며, 결국 키는 작지만 생명력이 끈질긴
> 나무에게 자리를 양보할 수밖에 없다. 이렇게 나무의 일생과 같은 것이 기업의
> 일생이었다.
>
> –알프레드 마셜, 『경제학원리』, 1890년

오랜 시간 동안 우리 경제에서 기업가, 기업가정신이 정체되고 고갈되고 있다면 이는 우리 경제의 생태계에 문제가 있다는 증거다. 즉 우리의 시장경제에 문제가 있다는 말이다. 우리나라 사람들이 미국이나 중국 사람들에 비해서 태생적으로 기업가로서의 천부적 자질이 부족한 것은 결코 아닐 것이다. 마셜의 숲과 나무의 비유를 들자면 생명력이 강한 어린 나무들은 커보지도 못하고 나이 든 고목들만 햇빛과 공기를 차지하면서 성장하지도, 쉽게 죽지도 않는 그런 상태다. 새로운 아이디어들, 새로운 기술들, 새로운 신생기업들이 도전장을 내밀고 새로운 수요와 새로운 시장을 개척하며 새로운 일자리를 만들고, 이 중 상당수는 숲속의 그늘에서

사라지지만 소수라도 살아남아서 우리 경제를 새롭게 책임지는 큰 나무로 성장하는 그런 생태계가 조성되지 못했다.

무엇이 문제인가? 혁신적 기업가는 자유롭고 공정한 경쟁이 보장되는 시장경제에서 탄생한다. 그런데 자유롭고 공정한 시장경제라는 제도적 인프라 혹은 생태계는 진공상태에서 저절로 생기지 않는다. 하늘에서 뚝 떨어지는, 자연발생적인 것이 결코 아니다. 자본주의 시장경제를 우리보다 훨씬 앞서 한 나라들도 처음부터 자유롭고 공정한 시장경제였던 것은 아니다. 자유롭고 공정한 경쟁이 펼쳐지는 시장경제를 만드는 일은 어느 나라에서든 국가의 역할이다.

그런데 자본주의와 시장경제를 하는 나라마다 그 체제와 상태계의 구체적인 모습에는 차이가 있다. 역사적 경로의존성이 있어서 나라마다 자본주의와 시장경제가 다르기 때문이다. 우리나라의 재벌 문제에 내가 오랫동안 주목해온 것도 바로 이 지점이다. 재벌대기업이 독과점적으로 지배하고 있는 경제, 평평한 운동장이 아니라 기울어진 운동장, 그리고 그런 생태계를 고치지 못하고 있는 정부, 그런 상태에서는 자유롭고 공정한 시장경제를 만드는 데 가장 큰 장애물이 바로 재벌대기업들과 정부다. 재벌대기업이 지배하고 있는 기울어진 운동장에서 창의적이고 혁신적인 기업가가 탄생할 수 있을까? 재벌문제의 가장 심각한 부분이 바로 이 지점이라고 생각한다.

소위 자유시장경제의 롤모델이라는 미국도 지금의 시장경제가 국가의 아무런 제도적 노력 없이 거저 주어진 것이 아니었다. 19세기말 유럽이 쇠퇴하고 미국이 세계의 공장으로 떠오르면서 미국의 경제성장은 거대한 독점기업들을 탄생시켰다. 석유는 록펠러, 철강은 카네기, 금융은 모건, 철도는 밴더빌트와 굴드 등의 재벌대기업이 거대한 경제력을 갖고 시장경제와 민주주의를 위협하는 수준까지 이르렀다. 1890년 제정된 셔먼법, 1914년 제정된 클레이튼법과 연방거래위원회법Federal Trade Commission Act의 시대적 배경은 거대기업의 독점, 경제력집중, 노동억압, 환경파괴였다.

1901년~1909년 재직한 제26대 미국 대통령 시어도어 루스벨트 Theodore Roosevelt는 공화당 출신임에도 불구하고 당시 '강도귀족robber baron'이라 불렸던 거대기업의 경제력을 상대로 시장경제 체제의 개혁에 나섰다. 시어도어 루스벨트 대통령은 "우리는 재산권을 존중하지만 부패는 존중하지 않는다"며 강도귀족들과 타협하지 않겠다는 태도를 분명히 했다. 그는 1890년 제정된 이후 10년 이상 잠자고 있던 셔먼법에 근거하여 철강, 금융, 석유 등의 트러스트trust들을 상대로 소송을 제기했다. 1907년부터 4년간 이어진 미국 정부 대 스탠더드 오일의 소송전에서 당시 최대의 트러스트trust를 해체한 이후 철도 트러스트 해체 등 트러스트가 연달아 해체되고 경쟁이 보장되는 새로운 시대를 열어 그는 '트러스트 파괴자trust buster'라는 별명을 얻었다. 시어도어 루스벨트는 대통령으로서 경제정의를 보장하고 특정집단에 대한 특혜를 방지하기 위해 정부가 나서서 자본가와 노동자 등 경제주체 간의 갈등을 해결하는 조정자의 역할을 수행해야 한다는 신념을 갖고 미국경제를 개혁한 것이다.

미국에서 자유롭고 공정한 경쟁이 살아있는 시장경제를 국가가 만들려는 노력은 그 이후에도 면면히 이어졌다. 1982년 반독점법에 따라 거대한 통신독점회사였던 AT&T(Bell의 후신)를 지역별로 분할하는 판결이 있었고, 2001년 마이크로소프트도 분할 직전까지 간 사례가 있다. 최근에도 미국 연방정부와 의회가 구글, 아마존, 애플, 메타(구 페이스북) 등 거대 ICT 기업들의 독점 혐의를 광범위하게 조사하고 있어 이들의 독점에 어

출처 : google image

떤 제재가 가해질지 모르는 상황이다.

　네이버, 카카오, 넥슨 등 극소수 ICT 기업들을 제외하면 지난 수십년 동안 우리 경제에는 혁신적 기업가의 출현이 거의 없었다고 해도 과언이 아니다. 자유롭고 공정한 경쟁을 가로막는 힘이 있었고, 그 중심에는 재벌대기업이 있었다. "큰 복합기업은 마치 백만장자인 포커꾼처럼 막대한 경제력으로 각 시장에서 경쟁자를 무력하게 만든다"는 월터 애덤스Walter Adams 교수의 말처럼(1964년 미 상원 Subcommittee on Antitrust and Monopoly 에서의 증언), 재벌대기업들이 시장에서 경쟁을 제한하는 방법은 기술탈취, 시장봉쇄, 약탈적 가격, 내부거래, 상호보조, 잠재적 경쟁자 배제 등 매우 다양하다. 실제로 혁신적 중소기업이나 스타트업들의 가슴 아픈 사연들을 들어보면 재벌대기업들의 횡포는 상상을 초월하는 경우가 많다.

　혁신적 기업가들이 탄생할 수 있도록 자유롭고 공정한 시장경제라는 생태계를 만들자. 지금이라도 늦지 않았다. 참신한 아이디어와 신기술로

기업을 일으키고 그 '어린' 기업들 중 일부가 크게 성공하여 우리 경제의 성장을 견인하고 좋은 일자리의 보석상자가 되는 그런 다이나믹한 경제를 만들어야 한다. 그들의 실패가 공정한 경쟁의 결과 때문이 아니라 대기업의 횡포와 정부의 규제 때문이어서는 안된다. 최대한 평평한 운동장을 만들어주고 불합리한 정부규제를 없애야 한다. 그들이 '죽음의 계곡death valley'에서 실패할 때 신용불량자로 전락하는 것이 아니라 다시 일어설 수 있도록 자본시장과 금융시장의 발전을 촉진해야 한다.

그런 점에서 재벌정책도 이제는 새롭게 변해야 한다. 재벌이 시장경제의 자유롭고 공정한 경쟁을 훼손하지 않도록 우리나라의 반독점법인 공정거래법이 경쟁법 본연의 역할을 다해야 한다. 사실 그동안 공정거래법은 법 개정 때마다 달라지는 임의적인 기준으로 수십 개의 대규모기업집단을 지정하고 그 계열회사들에 대한 규제를 하는 데 치중한 나머지 경쟁법 본연의 역할을 소홀하게 했다는 비판을 받아왔다. 그래서 공정거래법이 마치 재벌정책의 중심법률인 것처럼 인식되고 있다. 또한 재벌정책이 기업지배구조에 과도하게 집착하고 있는 것도 비정상이다. 상호출자, 순환출자, 상호채무보증, 지주회사와 자회사·손자회사의 관계, 지배대주주와 여타 주주의 관계 등에 대한 규제는 꼭 소수의 기업집단에만 해당하는 문제가 아니다. 기업지배구조에 관한 규제, 그룹총수나 임원들의 횡령, 배임, 뇌물, 탈세 등에 관한 규제는 회사법(상법), 증권거래법, 형법, 세법, 외국환거래법 등에서 엄정하게 다루는 게 옳다.

그 대신 공정거래법과 공정거래위원회는 수많은 시장에서 담합(공동행위), 시장지배력의 남용, 기업결합, 불공정거래행위, 경쟁제한적 내부거래 등 부당하고 불공정한 경쟁제한행위들을 강력히 응징하는 법과 기구로 발전하도록 해야 한다. 말 그대로 자유롭고 공정한 시장경제의 파수꾼이 되라는 말이다. 혁신적인 중소기업, 스타트업들이 자유롭고 공정하게 경쟁하고 합당한 보상을 받을 수 있도록 해야 한다. 그렇게 해야 공정거래법이 자본주의 시장경제의 경제헌법이라는 위상을 가지게 될 것이다. 대기업들도 시장의 경쟁을 부당하고 불공정하게 제한하지 않는 한, 투자, 사업다각화, 판매활동 등 기업활동의 자유를 마음대로 누려야 할 것이다.

기업가와 기업가정신의 르네상스 시대를 열어야 한다. 그러기 위해서는 오랜 시간 동안 시장에서의 자유와 공정을 억누르던 경제적 지위의 남용과 불합리한 정부규제는 사라져야 한다. 4차 산업혁명 시대에 기존 기업이든 새로운 기업이든 누구든 혁신에 앞서가는 모험적인 기업가가 성공하고 보상받는 생태계를 국가가 만들 때 다시 성장으로 가는 길이 열릴 것이다.

6

나누면서 커간다

"성장은 시장, 복지는 정치"

1996년에 『나누면서 커간다』라는 책을 썼다. 이 책 제목은 '성장과 복지의 선순환'으로 가자는 의미였다. 성장과 복지가 함께 가는 세상을 만들겠다는 나의 꿈은 2015년 4월 8일 새누리당의 원내대표로서 국회 대표연설을 했을 때 더욱 분명해졌다.

1996년에 쓴 책. 미래미디어 출판

2022년 도서출판 나루 복간

이제 새누리당은 보수의 새로운 지평을 열고자 합니다.

심각한 양극화 때문에 대한민국이라는 공동체는 갈수록 내부로부터의 붕괴 위험이 커지고 있습니다.

공동체를 지키는 것은 건전한 보수당의 책무입니다.

외부의 위협으로부터 국가안보를 지키는 것이 보수의 책무이듯이, 내부의
붕괴 위험으로부터 공동체를 지키는 것도 보수의 책무입니다.

새누리당은 고통받는 국민의 편에 서겠습니다.

가진 자, 기득권 세력, 재벌대기업의 편이 아니라, 고통 받는 서민 중산층의
편에 서겠습니다.

빈곤층, 실업자, 비정규직, 초단시간 근로자, 신용불량자, 영세자영업자와
소상공인, 장애인, 무의탁노인, 결식아동, 소년소녀 가장, 다문화가정,
북한이탈주민... 이런 어려운 분들에게 노선과 정책의 새로운 지향을 두고,
그 분들의 통증을 같이 느끼고, 그 분들의 행복을 위해 당이 존재하겠습니다.

새누리당은 성장과 복지가 함께 가는, 나누면서 커가는 따뜻한 공동체를
만들어가는 정당이 되겠습니다.

어제의 새누리당이 경제성장과 자유시장경제에 치우친 정당이었다면, 오늘의
이 변화를 통하여 내일의 새누리당은 성장과 복지의 균형발전을 추구하는
정당이 되겠습니다.

자유시장경제와 한국 자본주의의 결함을 고쳐 한국 경제체제의 역사적 진화를
위해 노력하는 정당이 되겠습니다.

-2015년 4월 8일 국회 교섭단체 대표연설문,
『진영을 넘어 미래를 위한 합의의 정치를 합시다』

나는 지금까지 우리 경제가 '다시 성장으로' 가는 것, 즉 '新성장 시대'
를 여는 것이 얼마나 중요한지를 말했다. 경제성장 자체를 시대의 가치라
고 생각할 정도로 성장이 중요하다고 말했다. 시대적 과제인 저성장, 저
출산, 양극화의 삼중고를 해결하는 열쇠가 경제성장임을 강조했고, 다시
성장으로 가기 위해 필요한 개혁과제들을 말했다. 아이를 낳지 않는 것은

일자리, 주택, 보육과 교육이 너무 힘들고 미래에 대한 희망이 없기 때문이니, 성장하는 경제를 만들면 인구 문제도 해결할 수 있다. 양극화 문제도 모두가 가난한 평등이 아니라 다수 국민들의 삶의 질을 높여주고 어려운 이웃들에게 최소한의 인간으로서의 존엄과 가치를 갖고 살도록 하려면 일자리가 필요하고 복지를 위한 예산이 있어야 하니 결국 경제가 성장해야 해결된다.

노동개혁에서는 노동시장을 유연하게 만들되 실업자에게 충분한 안전망을 제공해야 한다고 했다. 실업자 뿐만 아니라 인간다운 생활을 하기 위하여 국가의 도움이 꼭 필요한 국민들에게는 사회안전망이 제공되어야 한다. 그리고 앞의 교육개혁에서는 부모의 경제력이나 사회적 지위와 상관없이 우리 아이들에게 기회의 사다리를 놓아줄 수 있는 양질의 공교육을 제공하는 것이 복지의 기본이라고 했다.

그러면 이제 복지와 사회안전망에 대해 얘기해보자.

복지는 어떻게 할 것인가?

성장과 복지는 그 결정 방식에 근본적인 차이가 있다. 존 스튜어트 밀 John Stuart Mill은 "부富를 생산하는 법칙과 조건들은 물리적 진실의 성격을 갖는다. 그러나 부를 분배하는 법칙은 그렇지 않다. 부의 분배는 순전히 사람들이 만든 제도의 문제다. 부의 분배는 사회의 법과 관습에 따른다"라고 하였다. (John Stuart Mill, *Principles of Political Economy*, 1848년).

즉, 밀Mill에 따르면 '생산=성장'은 시장의 영역이고, '분배=복지'는 정치의 영역인 것이다.

이는 매우 중요한 직관이자 통찰이다. '성장과 복지가 함께 가는 경제'를 우리는 원한다. 그런데 성장과 복지가 결정되는 방식은 서로 다르기 때문에 성장과 복지가 함께 가려면 두 가지 방식이 결합되어야 한다. 성장과 복지에 대해 뭔가 주장하려면 정치인이든 관료든 학자든 이 중요한 깨달음에서 시작해야 한다.

성장(부의 생산)은 시장에서 기업가가 'input'들을 결합하여 'output'을 만들어내는 것이다. 이는 시장의 영역이고 밀Mill의 표현에 따르면 투입요소와 생산물 사이에 '물리적 법칙'이 작용하는 것이다. 국가는 생산을 도와주는 보조 역할만 할 뿐 주된 역할은 시장이, 기업이 한다.

그러나 복지, 즉 부의 분배를 결정하는 방식은 성장과 다르다. 복지를 어떻게 정하느냐는 그 사회를 구성하는 사람들이 어떻게 결정하느냐에 달린 문제다. 따라서 물리적 법칙, 자연의 법칙과는 무관한, 순전히 '정치의 영역'이라는 것이다. 복지와 불가분의 관계인 세금도 마찬가지다. 국민들로부터 세금을 얼마나 걷을 것인가도 정치의 영역인 것이다. 경제학은 그 효과를 분석할 뿐 세금의 크기와 종류를 결정하는 것은 정치의 몫이다.

전제군주가 군림하는 왕국이라면 왕이 자기 마음대로 복지와 세금을 정할 것이다. 욕심 많은 나쁜 왕이라면 생산물을 혼자 다 차지할 것이고, 선심을 가진 착한 왕이라면 일부라도 백성들에게 나누어 줄 것이다. 룰은 왕이 정하니 어떤 왕이냐에 따라, 왕의 기분에 따라 언제든지 바뀔 수 있다. 욕심이든 선심이든 '마음心'이니, 어떤 왕이든 분배의 룰은 '왕 마음대로' 정하는 것이다.

그런데 시민들이 한 표씩 행사해서 대표자를 선출하는 민주주의 국가라면 '다수 시민의 뜻'을 반영하여 복지와 세금을 결정할 것이다. 민주주의에서 '다수의 뜻'에 따라 복지와 세금을 정치적으로 정할 때, 어떻게 정하느냐는 나라마다, 시대마다, 그 나라 민주주의의 내용에 따라 다르다.

'다수의 뜻'이라는 것이 다수가 소수의 이익을 희생양으로 삼아 자신들의 이익을 취하는 단순한 다수결 민주주의인지, 아니면 소수의 의견도 반영하는 숙의형 민주주의인지에 따라 그 결과는 달라질 것이다. 벤자민 프랭클린Benjamin Franklin은 민주주의란 "늑대 두 마리와 양 한 마리가 점심에 뭘 먹을지 투표로 결정하는 것"이라고 다수결의 위험을 경고했다. 3인이 민주주의를 할 때 2인이 담합하여 나머지 1인의 이익을 갈취하는 약탈적 행위가 '다수(2인)의 뜻'에 따라 일어나는 것이 민주주의의 다수결이니 말이다.

앞서 말했듯이 2020년 3월에 코로나 사태가 발생한 이후 정부가 1차 재난지원금을 결정할 때, 당초에는 소득하위 50% 가구에만 100만원(4인 가구 기준)을 지급하자는 것이 기획재정부의 최초 안이었다. 그러나 민주당이 70%까지 지급하자고 하고, 야당이 '전국민 1인당 50만원'(4인 가구 200만원)을 지급하자고 하자, 최종적으로 문재인 정부는 전가구 100만원 지급을 정하게 되었다. 재난지원금을 누구에게 얼마 줄 거냐는 코로나로 인하여 피해를 입은 분들을 국민세금으로 돕는다는 목적에 충실하게 결정하면 될 일이었다. 그러나 현실의 결론은 '다수의 뜻'에 따라 피해를 입지 않은 국민들에게까지 돈을 지급하는 정책이 된 것이다.

지난 역사를 되돌아보면 1987년 민주화 이후 복지와 노동을 강화하는 정책들이 확대된 것도 복지를 강화하라는 시민들의 요구가 정치에 반영된 것이다.

자동차, 반도체, 휴대폰을 생산하는 공장과 판매하는 시장은 어느 나라나 비슷하지만, 복지제도는 정치가 결정하는 것이라 나라마다 다를 수 있고 실제로 다르다. 자본주의와 시장경제가 발전하면서 빈부격차와 양극화 불평등 현상, 경제력의 집중, 독과점, 노동의 억압 등의 현상들이 전개되면서 자본주의와 시장경제의 결합을 수정하는 복지국가의 모델이 등장했다. 그러나 복지의 모델은 나라마다 달라서, 최연혁 교수는 스칸디나비아 모델(스웨덴, 노르웨이, 덴마크), 유럽대륙 모델(독일, 프랑스, 이탈리아, 네덜란드, 벨기에), 영미 모델(영국, 미국, 캐나다, 호주) 등으로 구분하고, 이 세 가지 모델은 복지, 노동, 교육, 세금 등에 있어서 국가와 개인의 책임을 각각 다르게 설정하고 있음을 보여준다 (2016, 『좋은 국가는 어떻게 만들어지는가』, 35-47쪽).

우리나라의 복지는 1960년대부터 제도가 도입되기 시작했고, 1987년의 민주화 이후 본격적으로 복지를 강화하는 방향으로 발전해왔다. 이승만 정부는 1959년에 공무원연금법을 제정했고, 박정희 정부는 1961년에 생활보호법(2000년 김대중 정부가 국민기초생활보장법으로 개정)을, 1963년에는 의료보험법(1999년 김대중 정부가 국민건강보험법으로 개정), 산업재해보상보험법, 군인연금법을, 1973년에 국민복지연금법(전두환 정부가 1986년 국민연금법으로 개정), 사립학교교직원연금법을 제정했고, 전두환 정부는 1986년 최저임금법을 제정했고, 김영삼 정부는 1993년 고용보험법을 제정했고, 노무현 정부는 2007년 기초노령연금법과 노인장기요양보험법을 제정했다.

복지제도는 법만 만든다고 해서 처음부터 제도가 충분히 작동할 수 없었다. 어떤 법은 법률만 제정해놓고 시행은 세월이 한참 지난 후에야 이루어진 것도 있었다. 국민연금은 박정희 정부 시절인 1973년 국민복지연금법이 제정되었으나 13년 뒤인 1986년 전두환 정부 때 국민연금법으로 전면 개정된 이후, 법률의 시행은 그 2년 뒤인 1988년 1월에나 이루어졌다. 빈곤층에 대한 지원은 1961년 군정 시절 생활보호법으로 생활보호대상자들에게 지원을 시작하여 IMF위기 직후인 2000년 김대중 정부가 국민기초생활보장법으로 전면 개정한 이후 지원이 확대되었다.

현재 우리나라의 복지제도는 (1) 공적연금(국민, 공무원, 사학, 군인), 건강보험, 산재보험, 고용보험, 노인장기요양보험, 기초노령연금, 기초생활보장 등의 전통적인 복지 프로그램들과 (2) 넓은 의미에서 복지라고 볼 수 있는 최저임금제, 근로장려세제, 아동수당, 보육지원, 교육지원, 육아휴직수당, 직업훈련 등 적극적 노동시장정책, 저소득층 주거지원 등 다양하게 발전해왔다고 볼 수 있으며, 최소한 제도적으로는 없는 게 없을 정도로 구비되었다. 최근 논의되고 있는 기본소득은 아직 도입한 나라가 없으니, 복지에서 우리보다 앞서가는 나라들이 하고 있는 복지제도는 우리도 대부분 하고 있다고 볼 수 있다. 복지제도는 도입 초기에는 대부분 적용범위를 좁혀서 시작하다가 법률 개정을 통하여 적용범위를 계속 넓히고 복지 혜택도 확대하는 방향으로 발전하여 왔다.

우리나라 복지제도의 역사를 보면 보수는 성장을, 진보는 복지를 중시해왔다는 통상적인 인식이 반드시 옳은 것도 아니다. 박정희 정부부터 김영삼 정부까지 복지제도의 기본틀은 대부분 보수정권에서 도입되었고, 1987년의 민주화와 1997년의 IMF위기 이후 진보, 보수 누가 집권하든 복지는 대선마다 중요한 선거이슈가 되었고 복지제도의 범위와 정부의 복지지출은 계속 확대되어 왔다.

사회보험의 철학과 원리를 지켜라

이제 문제는 '복지의 미래'다. 1960년대부터 시대의 요구를 반영하고 선진국 사례를 참고하면서 발전해온 우리나라의 복지제도를 앞으로는 어떻게 할 것인가? 지금의 제도들을 그대로 두고 계속 복지예산을 확대하기만 하면 되는 것인가? 저성장, 저출산, 양극화 해결이라는 시대적 과제를 염두에 두고 복지의 미래와 관련하여 나는 두 가지 중요한 원칙과 그에 따른 복지제도 개혁의 방향을 제시하고자 한다.

원칙 1: 사회보험의 철학과 원리를 고수해야 한다.

복지제도는 공동체가 무너지지 않도록 자본주의 시장경제가 스스로의 결함을 고치는 과정에서 '정치적으로' 태어나고 발달한 것이다. 산업혁명 이후 자본주의의 생산력이 급속히 성장하면서 농촌에서 이주해온 도시 노동계급의 등장과 이들 임금노동자들의 빈곤화는 사회주의와 공산주의 이념을 탄생시켰다. 산업화와 도시화가 진행될수록 임금노동자들의 삶은 더 큰 위험에 처하게 되었다. 칼 마르크스Karl Marx가 태어난 후발산업국 독일에서 노동운동과 공산주의 운동이 가장 거세게 일어났다. 1863년 세계 최초로 노동계급의 정당인 독일사회민주노동당이 창당되었고 1875년 전독일노동자동맹과 통합하면서 오늘의 독일 사회민주당(SPD, 사민당)

이 탄생하였고, 사민당은 1877년 의회에 처음으로 진출했다. 사민당은 새로 형성된 노동자 계급의 정치적 이해관계를 대변하였다 (독일 사민당은 1959년 고데스베르크 전당대회에서 마르크스주의와의 결별을 선언). 사민당의 약진으로 다급해진 비스마르크 총리는 당근과 채찍으로 체제를 지키고자 했다. 채찍은 바로 1878년 제정된 '사회민주주의 탄압법'으로 상징되는 사회주의자들에 대한 대대적 단속이었고, 당근은 사회보험 입법이었다. 이제 국가가 체제 안에서 국민의 삶을 보호해 줄테니 체제를 뒤엎는 혁명을 하지 말라는 것이었다. (양재진, 『복지의 원리』, 2020 및 주한독일대사관, 『독일은... 사회복지국가』, 2012 참조)

19세기와 20세기에 온 세계를 전쟁과 갈등으로 몰아가고 번영과 가난의 운명을 좌우한 이념ism, ideology이 탄생했고, 공산주의, 사회주의에 맞서 민주주의와 자본주의가 대응하는 과정에서 새로운 경제이념과 해법, 그리고 복지국가가 등장하기 시작한 것이다.

1883년은 역사에서 기억할 만한 해다. 1883년에 마르크스가 사망했고, 같은 해 케인즈와 슘페터가 태어났으며, 비스마르크는 의료보험을 도입했다. 세계 최초의 사회보험이 도입된 것이다. 사회주의, 공산주의에 맞서 독일의 체제와 전통을 지키고자 했던 보수주의자 비스마르크는 1883년 의료보험, 1884년 산재보험, 1889년 공적연금을 연달아 도입했고, 1927년 독일은 실업보험을 도입했다.

유럽의 다른 나라들도 독일과 같은 사회보험을 도입하면서 복지국가로 전환되기 시작했다.

영국은 1601년 엘리자베스 1세 여왕 시절 구빈법救貧法 Poor Law으로 극빈자들을 고아, 노인, 장애인 같은 국가의 도움을 받을 이유가 있는 사람과 신체 조건상 노동이 가능한 사람으로 구분한 후, 전자에게는 구빈원

Otto Eduard Leopold
von Bismarck
1815~1898

Karl Heinrich
Marx
1818~1883

John Maynard
Keynes
1883~ 1946

Joseph Alois
Schumpeter
1883~1950

poorhouse에서 숙식을 제공하고 후자에게는 작업장workhouse에서 노동의 대가를 지불하였다. 이처럼 '복지제공자로서 국가'의 전통을 이미 갖고 있던 영국은 2차 세계대전이 끝나기 전 처칠 수상의 보수당과 노동당의 연립내각이 경제학자 윌리엄 베버리지William Beveridge에게 사회보장에 관한 『베버리지 보고서』를 만들도록 했다. 이 보고서는 "국가는 국민이 안고 있는 다섯 가지 문제를 해결해야 할 의무를 가진다. 불결, 무지, 빈곤, 실업, 질병 등 다섯 가지 사회악을 제거하기 위해 국가는 보건소, 학교, 직업학교, 일자리, 병원 등을 제공해야 한다"고 복지국가의 비전을 제시했다.(최연혁, 『좋은 국가는 어떻게 만들어지는가』, 34쪽)

베버리지 보고서 표지
출처 : google image

스웨덴의 사민주의자들도 자본주의 시장경제의 새로운 모델을 개척해나갔다. 스웨덴은 혁명적 사회주의, 공산주의와 맞싸우며 수정주의자, 개량주의자라는 비판을 받으면서도 자본주의 시장경제와 민주주의를 버리지 않았다. 스웨덴의 사민주의자들은 개인, 자유, 평등, 기회가 조화되는 복지국가를 건설해갔다. 이들은 공산주의자들과 달리 생산수단의 소유가 분배문제를 결정한다고 보지 않았다. 러시아혁명의 성공으로 유럽에서 공산주의 운동이 활발했던 1930년대에도 스웨덴의 사민당 정부는 그 흔한 국유화 조치도 취하지 않았고 계획경제는 개인의 자유와 선택을 말살하는 것이라고 거부했다. 밀 Mill의 말대로 생산은 자본주의 시장경제에 맡기고 조세와 사회복지정책을 통해 근로대중의 삶을 개선해나갔다. 혁명이 아닌 개혁이었고, 그 결과는 세계에서 가장 모범적인 복지국가였다.

오늘날 스웨덴은 사회보장제도가 매우 합리적으로 설계되어 탈빈곤 등 대다수의 사회복지 성과 지표에서 다른 나라들을 크게 앞서고 있다. 스웨덴은 (GDP 대비 사회복지지출의 비중을 기준으로) 우리나라보다 2배 이상 사회보장에 지출하지만 복지국가의 재정적 지속가능성은 세계에서 가장 높은 나라로 평가받는다. 복지의 선진국일수록 노동과 생산활동을 장려하고 완전고용을 추구하는데, 스웨덴의 경우 고용률은 77.5%로서 한국의 66.6%(2017년 15~64세의 고용률)이나 OECD 평균 68.4%를 훌쩍 뛰어넘는다. 즉 모범적인 선진복지국가라고 국민들이 결코 놀고 먹지 않는다는 말이다.

산업혁명 이후 복지국가의 탄생은 정치적이었다. 그러나 1883년 비스마르크의 사회보험 도입 이후 100년 넘게 복지국가가 공산주의, 사회주의의 손을 잡지 않고 자본주의, 시장경제, 민주주의와 함께 장수한 것은 사람들이 동의할 만한 철학과 합리성이 거기에 있었기 때문이다. 나는 그것이 바로 민주공화국의 공화주의共和主義라고 생각한다. 우리 헌법 제1조가 단순히 민주국가가 아니라 민주공화국을 천명한 것, 그리고 1919년 임시정부의 대한민국 임시헌장이 민주공화제를 천명한 것은, 단순히 민주주의만이 중요한 게 아니라 민주주의에 더하여 공화주의가 대한민국을 건국한 철학적, 이념적 기반이라는 뜻이다. 공화주의는 자유와 평등, 공정과 정의, 인권과 생명, 법치, 공공선, 시민의 덕성virtu과 같은 가치들을 존중하며, 이 가치들은 우리 헌법이 가장 중시하는 가치들이기도 하다.

　1987년 민주화 이후 형식적으로 민주주의는 도래했지만, 성숙한 민주주의는 아직 갈 길이 멀다. 나는 정치를 하면서 공화주의야말로 민주화 이후의 민주주의에서 우리가 꼭 가야 할 길이라고 확신하게 되었다. 2017년에 쓴 책, 『나는 왜 정치를 하는가』에서 '따뜻한 공동체, 정의로운 세상'을 만드는 것이 정치를 하는 목표임을 분명히 하였고, 내가 몸담았던 보수정치의 각성과 혁명적 변화를 촉구했다. 헌법의 공화주의 가치들을 제대로 지키자는 것이었다. 자유만 외치는 '가치편식價値偏食'의 보수정치가 아니라 정의, 공정, 평등, 생명, 안전, 환경 등 공동체의 공공선을 제대로 실현하는 개혁보수 정치를 하자는 것이었다. 그렇게 해야만 보수정치가 국민의 마음을 다시 얻을 수 있다는 정치적 이유도 있지만, 그 이전에 그 길이 더 나은 세상을 향하여 대한민국이 나아갈 길이기 때문이다.

　독일은 공산주의와 사회주의라는 위험한 이념의 위협 앞에서 체제와 전통을 지키면서 더 나은 세상을 만들겠다는 정치적 명분을 가지고 사회보험을 처음 도입했다. 그러나 복지국가의 철학적인 뿌리는 그보다 훨씬 앞서 공화주의에서 시작하고 있었다. 근대 정치학의 시조이자 공화주의자인 니콜로 마키아벨리Niccolo Machiavelli는 이렇게 말했다: "어느 시민도 가난을 이유로 공적인 명예로부터 배제되거나 오명을 얻게 되지 않아야 한다. 진정한 공화국이 되기 위해서는 반드시 정의에 기반을 둬야 한

Niccolò Machiavelli
1469~1527

Jean-Jacques Rousseau
1712~1778

다. 공화주의적 평등은 단지 시민적, 정치적 권리의 평등만으로 이루어져 있지는 않다. 시민들에게 존엄과 자존심을 가지고 살 수 있을 정도의 사회적, 경제적, 문화적 조건들을 보장해줄 것을 요구한다." 장 자크 루소 Jean-Jacques Rousseau도 "공화국의 시민들에게 불운이 찾아왔을 때에도 밑바닥으로 떨어지지 않도록 일할 권리와 사회적 권리를 보장해야 한다" 고 했다. 공화주의가 말하는 공공선, 정의, 공정, 평등에는 마키아벨리와 루소가 말하는 사회보장의 원리, 즉, 가난하고 불운한 사람도 인간으로서 존엄과 가치를 갖고 인간다운 생활을 할 사회적 권리를 국가가 보장해야 만 정의, 공정, 평등이 바로 서고 공공선이 지켜진다는 것이다. 이것은 바로 우리 헌법 10조와 34조가 말하는 민주공화국의 헌법가치이다.

존 롤스John Rawls는 『정의론』에서 '공정으로서의 정의justice as fairness' 를 말하면서 정의를 실천하기 위한 두 가지 원칙을 제시했다. 첫째, 평등한 자유의 원칙, 둘째, 차등의 원칙이다. 평등한 자유의 원칙은 기본적인 권리와 의무의 할당에 있어서 모든 사람을 평등하고 (공정한 기회 균등), 누구나 자유를 최대한 누리고 개인의 선택이 보장되어야 한다는 것이다. 평등한 자유를 통해서 공동체 전체의 파이를 키우는 부의 증진, 경제성장,

John Rawls
1921~2002

사회문화의 발전이 이루어진다. 차등의 원칙은 자유로운 선택의 결과 재능과 운 등 천부적 요인으로 불평등이 필연적으로 발생하는데 최소수혜자the least advantaged에게 이익이 되도록 '차등이 지켜져야 한다'는 것이다.

차등의 원칙은, 자유로운 경쟁의 결과 전체 파이는 커져도 승자와 패자의 몫은 불평등할 수밖에 없는데, 이러한 불평등은 천부적으로 타고난 부모, 재능, 운, 외모, 건강, 성격 등(롤스는 이러한 것들을 천부적 로또라고 했다)의 이유로 발생하기 때문에, 무지의 장막veil of ignorance에서 누가 그런 불운을 타고날지 모르는 사람들은 보험을 드는 심정으로 차등의 원칙이라는 정의의 원칙에 합의한다는 것이다. 즉, 그러한 합의가 합리적이며 정의로운 원칙이라는 것이다. 자유를 보장하고 불평등을 받아들이되 그 사회의 최소수혜자에게 불평등을 인내할 만한 보상이 주어져야 한다는 것이 롤스의 정의이고, 자유와 불평등 속에서 소수의 희생을 강요하면 그것은 정의가 아니라는 것이다. 롤스는 이 차등의 원칙이 공정하고 정의로운 세상을 만드는 원칙이라고 했다.

나는 롤스의 정의론이 말하는 평등한 자유의 원칙과 차등의 원칙이 지켜지는 나라가 자본주의 시장경제의 복지국가이며 민주공화국이라고 생각한다. 사람들이 누구나 균등한 기회를 갖고 자유롭게 경쟁하여 보상을 받되, 경쟁에서 뒤처진 가난하고 불운한 사람들이 인간답게 살도록 모든 국민들은 세금, 보험료 등 자신이 감당해야 할 몫을 기꺼이 내고 국가는 필요한 누구에게나 사회안전망을 제공하는 나라가 복지국가다.

마르크스는 "능력에 따라 일하고 필요에 따라 분배한다"는 유명한 말을 남겼다. 이건 사회주의와 공산주의의 기본정신이었다. 복지국가의 사회보험은 어떤가? "능력(재산, 소득)에 따라 돈을 내고 필요에 따라 보험(복지)의 혜택을 받는 것"이다. 사회주의, 공산주의의 원칙과 비슷하게 들리겠지만 그 본질은 많이 다르다.

공적연금, 의료보험, 실업보험, 산재보험은 그 대상이 되는 사람은 누구나 보험료를 납부하도록 하고, 늙거나 병들거나 일자리를 잃거나 다치는 등 '필요'가 발생한 사람에게 돈을 지급하도록 설계되어 있다. 사회적 풀pool인 기금을 모아서 필요에 따라 주는 시스템이다. 노동력을 상실한 노인이 되면 연금을 주고, 병에 걸리면 건강보험이 보호하고, 실업자가 되면 실업급여를 주고, 일하다 다치면 산재보험이 보호하는 식이다. 누구나 노인이 되고 누구나 아플 수 있고 누구나 실업자가 될 수 있고 누구나 일하다 다칠 수 있다. 필요한 사람이면 누구에게나 혜택을 준다는 점에서 이들 사회보험은 '보편적'이다. 필요 여부와 관계 없이 누구에게나 똑같이 준다는 의미의 보편성이 아니다. 정부가 세금으로 어려운 사람들을 돕는 공적부조, 사회복지서비스, 적극적 노동시장정책도 마찬가지다. 소득과 자산이 있으면 세금을 걷되 세금은 누진과세로 더 가진 사람이 더 많이 내도록 하며 그 세금으로 어려운 사람들을 돕고 실업자들이 새로운 일자리를 가질 수 있도록 돕는다는 점에서, 능력에 따라 돈을 내고 필요에 따라 혜택을 받는다는 재분배의 원리는 동일하다.

복지국가는 이 원리를 철저히 지켜야 한다. "능력에 따라 일하고 돈을 버는" 대신에, "능력에 따라 세금을 내고 필요에 따라 혜택은 받는" 원리이다. 이 원리에 따라 자본주의는 스스로의 결함을 고쳐서 수명을 연장한 것이다. 우리가 색안경을 끼고 복지가 사회주의라고 비난할 일이 아니다. 보수주의의 창시자인 영국의 에드먼드 버크Edmund Burke는 "변화의 수단이 없는 국가는 그 보존의 수단도 없다"고 했다. 진정한 보수주의자들은 역사의 진보를 믿는다. 보수는 인간의 불완전함을 인정하고 급진적, 파괴적 혁명의 위험성을 경계한다. 버크의 말대로 '아버지의 상처를 치료하는 자식의 심정으로' 개혁하는 것이 보수다운 개혁이다.

산업혁명 이후 수많은 노동자들이 빈곤과 질병과 실업의 고통에 빠져 공동체가 붕괴할 위험에 처하고 사회주의와 공산주의가 사람들을 유혹했을 때, 자본주의는 사회보험에 기반한 복지국가라는 새로운 원리를 자본주의에 이식하는 개혁을 통하여 새롭게 태어났다. 그 결과는 역사에서 보듯이 자본주의 시장경제, 그리고 민주주의의 승리였다. 주목할 점은 공동체의 붕괴를 막고 공공선과 정의를 실현하기 위한 복지제도의 도입은 대부분 위대한 보수지도자들에 의하여 이루어졌다는 것이다. 독일의 비스마르크, 영국의 처칠, 프랑스의 드골 등이 그들이다.

복지는 지속가능해야 한다

원칙 2 : 복지는 지속가능해야 한다.

　사회보험의 원리에 충실하게 복지제도를 설계했다고 해서 모든 문제가 걱정 없이 해결되는 것은 아니다. 정치가 복지와 세금을 결정할 때 과대하게 혹은 과소하게 결정할 가능성은 항상 존재한다. 특히 선거로 선출된 대표자들이 법을 만드는 민주주의에서는 선거공약으로 높은 수준의 복지를 약속하고 당선된 후에도 이 공약을 의식하거나 다음 선거를 의식해서 복지지출을 늘리려는 동기가 작용한다. 우리의 경우 1987년 민주화 이후 그런 경향이 뚜렷이 나타났다. 진보정권의 경우 그 경향이 좀 더 강했다고 볼 수 있지만 보수정권도 복지지출의 확대는 마찬가지였다. 박정희, 전두환 정권에서 많은 복지제도가 도입되었으나 초기에 그 범위는 제한되었고 복지지출의 수준도 미미했으나 그 후 기존제도의 범위가 넓어지고 새로운 제도들이 도입되면서 복지지출은 크게 증가하게 되었다.

　그러나 복지지출의 증가에는 예산제약이라는 분명한 한계가 있다. 이는 경제상식이다. "공짜점심은 없다No free lunch"는 경제학의 금언을 잊어서는 안된다. 복지지출은 누군가가 낸 돈이다. 심지어 공산주의 계획경제에서도 복지지출은 생산이 뒷받침될 때나 지속가능하다. 자본주의 시장경제에서 정부가 지출하는 복지예산은 세금이다. 세금 이외에 복지재원

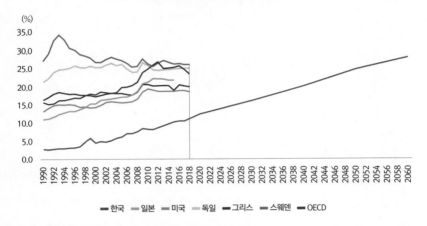

〈그림 17〉 공공사회복지지출의 GDP 대비 비중 추이

출처 : KOSIS, 공공사회복지지출(OECD) : 1990년~2018년
보건복지부, 제4차 중장기사회보장 재정추계 : 2020년~2060년

을 마련하는 방법은 국가가 미래세대에게 빚을 넘기는 것밖에 없다. 즉, 급한대로 국채를 일단 발행하고 나중에 갚겠다고 하는 것이다. 이것이 쌓여서 국가채무가 되는 것이다. 물론 복지 이외에도 국방, 교육, 과학기술 등 정부가 하는 일들은 모두 예산이 필요하고 이를 모두 합친 총세출이 총세입을 초과하면 재정적자가 발생하며 세입의 부족분을 메우려면 국채를 발행하는 수밖에 없다.

〈그림 17〉에서 보듯이 2014년 이전까지 우리나라의 공공사회복지지출은 GDP 대비 10% 미만의 수준이었다. 2015년 처음 10.2%로 10% 대에 진입했고 2018년 11.1%까지 증가했다. 1990년부터 2018년까지 28년 동안 GDP의 2.7%에서 11.1%까지 증가한 것은 1987년 민주화 이후 정부의 사회복지지출이 빠른 속도로 증가했기 때문이다.

또 그림에서는 1990년 이후 스웨덴, 독일, 미국, 그리스, 일본, OECD 평균의 변화 추이를 보여주고 있다. OECD 평균은 1990년 13%에서 시작해서 2018년 20.1%로 30여년에 걸쳐 7%p 가량 증가했다. 그만큼 대부분의 나라에서 공공사회복지지출은 증가하는 추세였다. 국가별 공공사회복지지출의 GDP 대비 비중의 추이는 나라마다 특징이 있다. 스웨덴의 경우 1990년까지 압도적으로 높았는데 1990년대 들어 그 비중이 30% 이상까지 치솟다가 1990년대 중반 이후 복지 구조조정으로 인하여 하락한 이래 2000년 이후에는 독일과 거의 유사한 수준에서 그 비중이 거의 변화 없이 26~27%로 유지되고 있다. 독일은 1990년대 이후 완만하게 계속 증가했으나 2000년 이후 스웨덴보다 약간 낮은 25% 수준에서 큰 변화 없이 유지되고 있다. 일본은 10% 미만의 수준에서 시작하여 1990년대 들어 서서히 오르기 시작하여 2015년 21.9%를 기록할 정도로 계속 증가추세였는데, 이는 일본의 급속한 고령화와 무관하지 않다. 미국의 경우 오랜 시간에 걸쳐 큰 폭의 변화가 없었지만 1990년대 10%대 전반에서 2008년 금융위기 이후 10%대 후반으로 증가하여 2018년 18.7%를 기록했다. 그리스의 경우 서서히 올라가 2000년대 초반에 OECD 평균 수준까지 올랐고 2000년대 중반 이후 급속히 증가하여 OECD 평균을 넘어 스웨덴 수준까지 올랐다가 2012년 이후 다소 내려온 모습이나 2018년 기준 23.5%로 여전히 높은 수준이다.

공공사회복지지출의 변화는 나라마다 변화의 패턴이 다르다. 스웨덴이나 독일처럼 계속 높은 수준을 기록한 나라도 있고 미국처럼 상대적으로 낮은 수준에 계속 머물고 있던 나라도 있다. 일본이나 그리스처럼 낮은 수준에 있다가 높은 수준으로 올라간 나라도 있다. 정부의 복지지출이 변화하는 속도는 나라마다 사정이 있는 것이다.

〈표 2〉 공공사회복지지출의 GDP 대비 비중 전망치 : 2020~2060년

(년, GDP대비 %, %)

		2020	2030	2040	2050	2060
공공사회복지지출/GDP		12.5	15.8	20.1	24.5	27.6
일반재정분야	지출	4.5	4.8	5.1	5.1	4.8
	구성비	(36.1)	(30.6)	(25.6)	(20.8)	(17.4)
사회보험분야	지출	8.0	11.0	14.9	19.4	22.8
	구성비	(63.9)	(69.4)	(74.4)	(79.2)	(82.6)

〈추계의 전제〉   (명, 조원, %)

	2019	2020	2030	2040	2050	2060
합계출산율(명)	0.94	0.90	1.14	1.27	1.27	1.27
명목GDP(조원)	1,914	1,975	2,862	3,827	4,858	6,014
연평균 실질경제성장률(%)	└2.2┘ └2.3┘ └1.3┘ └0.8┘ └0.5┘ (2019~2060년 연 1.3)					

출처 : 사회보장위원회, 보건복지부 제4차 중장기 사회보장 재정추계('20.8)

그렇다면 앞으로 우리나라의 복지지출은 어떻게, 얼마나 증가할까? 〈표 2〉는 공공사회복지지출의 GDP 대비 비중이 앞으로 2060년까지 얼마나 늘어날 것인가를 보건복지부가 추계한 것이다. 이 표를 보면 2020년 12.5%에서 2040년 20.1%, 2060년 27.6%로 공공사회복지지출의 GDP 대비 비중이 크게 늘어날 것으로 정부는 전망하고 있다. 2018년 OECD 평균이 20.1%이니 우리의 11.1%는 OECD 평균의 절반 수준이나, 2030년대 후반이 되면 지금의 OECD 평균과 비슷한 수준이 되고 2060년이 되면 그 1.5배가 된다는 것이다.

〈표 2〉아래의 '추계의 전제'에서 보듯이 합계출산율이 2020년 0.90명에서 2040년 이후 1.27명으로 증가하고 연평균 실질성장률은 2020년대부터 10년마다 2.3%, 1.3%, 0.8%, 0.5%로 매우 완만하게 감소한다고 전제하고 있다. 그러나 성장은 더 정체되고 인구는 더 빨리 줄어들면 우리나라의 복지지출 비중이 OECD 평균에 도달하는 시간은 정부 추계보다 더 짧아질 것이다. 2020년 실제 합계출산율이 0.90명이 아니라 0.84명이고, 2020년대 실질성장률 평균도 2.3%를 유지하기 쉽지 않으니 표의 전망은 너무 안이한 것이다.

인구와 성장률에 대한 전제 외에도 위 표는 앞으로의 복지지출에 대하여 "2018년 기준의 복지제도가 변하지 않고 그대로 유지됨을 가정"한 것이다. 만약 복지제도 자체가 복지지출을 늘리는 방향으로 변한다면 우리나라의 사회복지지출이 OECD 평균을 넘어서는 시간은 2030년대 후반이 아니라 더 빨리 올 가능성이 높다. 이는 이미 현실로 다가온 얘기다. 복지제도는 5년에 한 번 정권이 바뀔 때마다 복지지출을 더 늘리는 방향으로 움직이고 있다. 특히 문재인 정권은 임기 내내 매년 복지제도를 뜯어고쳐서 보장의 범위를 늘렸고 이는 매년 예산에서 복지지출의 급격한 증가로 나타나고 있다.

2015년 4월 국회 대표연설에서 나는 '중부담 중복지' 국가로 나아가는 '합의의 정치'를 하자고 제안했다.

증세 없는 복지는 허구임이 입증되고 있습니다.
이제 우리 정치권은 국민 앞에 솔직히 고백해야 합니다.
세금과 복지의 문제점을 털어놓고, 국민과 함께 우리 모두가 미래의 선택지를 찾아 나서야 합니다.

이 일은 공무원연금개혁보다 더 어렵고, 인기는 더 없지만, 국가 장래를 위해 더 중요한 일입니다.

세금과 복지야말로 합의의 정치가 절실하게 필요한 문제입니다.

'서민증세-부자감세' 같은 프레임으로 서로를 비난하는 저급한 정쟁은 이제 그만두고 여야가 같이 고민해야 합니다.

그 고민의 출발은 장기적 시야의 복지모델에 대한 합의라고 저는 생각합니다.

현재 우리의 복지는 '저부담-저복지'입니다.

현재 수준의 복지로는 양극화 문제를 해결하고 공동체의 붕괴를 막기에 크게 부족합니다.

그러나 '고부담-고복지'는 국가재정 때문에 실현 가능하지도 않고, 그게 바람직한지도 의문입니다.

고부담-고복지로 선진국이 된 나라도 있지만, 실패한 나라도 있습니다.

통계청의 「장래인구추계」를 보면 저출산-고령화로 인하여 앞으로 50년간 기형적 인구구조라는 재앙이 닥치게 되어 있습니다.

현재의 복지제도를 더 확대하지 않고 그대로 가더라도, 앞으로 복지재정은 눈덩이처럼 불어나게 되어 있습니다.

우리가 지향해야 할 목표는 '중부담-중복지'라고 저는 생각합니다.

국민부담과 복지지출이 GDP에서 차지하는 비율을 기준으로 OECD 회원국 평균 정도 수준을 장기적 목표로 정하자는 의미입니다.

이는 결코 낮은 목표라고 볼 수 없습니다...

중부담-중복지를 목표로 나아가려면 세금에 대한 합의가 필요합니다.

무슨 세금을 누구로부터 얼마나 더 거둘지 진지하게 고민하고 합의해야 합니다.

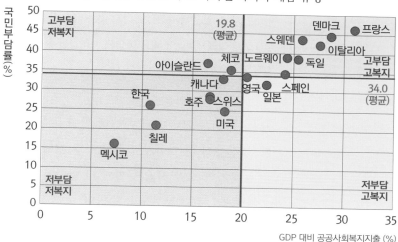

〈그림 18〉 OECD 주요 국가별 복지와 세금 유형

주 1. 호주와 일본은 2017년 기준, 나머지 국가들은 2018년 기준
2. 호주와 스위스는 거의 같은 수치이기 때문에 하나의 점으로 보임
자료 : OECD Revenue Statistics 및 OECD Social Expenditure Database

〈표 3〉 GDP 대비 국민부담률 국제 비교(1980~2019년)

(단위 : 년/%)

연도	한국	일본	미국	프랑스	독일	그리스	스웨덴
1980	16.5	24.5	25.6	39.5	36.4	20.8	43.1
1985	15.4	26.4	24.7	42.0	36.1	24.6	44.1
1990	18.4	28.2	26.0	41.2	34.8	25.2	49.0
1995	18.6	25.8	26.6	42.5	36.3	28.3	45.3
2000	20.9	25.8	28.3	43.4	36.4	33.4	48.8
2005	21.7	26.2	26.1	42.9	34.4	31.9	46.7
2010	22.4	26.5	23.5	42.1	35.5	32.0	43.1
2015	23.7	30.7	26.2	45.3	37.3	36.4	42.9
2019	27.4	-	24.5	45.4	38.8	38.7	42.9

출처 : KOSIS 국가통계포털

증세는 현실적으로 매우 어렵습니다. 그렇다고 해서 지난 3년간

22.2조원의 세수부족을 보면서 증세도, 복지조정도 하지 않는다면, 그 모든

부담은 결국 국채발행을 통해서 미래세대에게 빚을 떠넘기는 비겁한 선택이

될 것입니다.

현재의 복지제도를 그대로 두고도 2030년대 후반에 가면 복지지출은 OECD 평균 수준이 된다. 출산율이 더 낮아지고 성장은 더 정체되고 복지지출은 더 늘어난다면, 중복지의 도달 시점은 훨씬 더 앞당겨질 것이다. 그러나 세금부담이 중부담으로 될 가능성은 높지 않다.

빈곤, 일자리, 저출산 해결을 위한 복지

우리는 ① 사회보험의 철학과 원리, ② 지속가능한 복지라는 두 가지 큰 원칙을 토대로 복지제도를 설계해야 한다.

첫째, 빈곤의 해소가 최우선이다. 사회보험의 원리에 따라 복지는 국가의 도움이 가장 절실하게 필요한 국민부터 먼저 도와야 한다.

2014년 "죄송합니다. 마지막 집세와 공과금입니다. 정말 죄송합니다"라는 편지와 70만원이 담긴 봉투를 남기고 세상을 떠난 송파 세모녀, 2018년 증평 모녀, 2019년 중랑구 모녀와 청주 부자, 2020년 방배동 모자... 질병 때문에 근로능력을 상실하거나 치매간병, 장애 등 저마다의

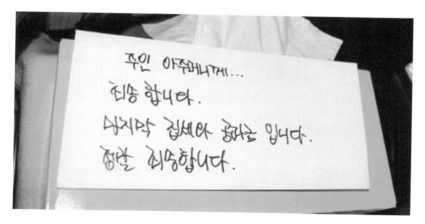

출처 : 네이버 이미지

아픈 사연으로 세상을 하직하는 이웃들이 아직도 대한민국에는 많다. 이분들이 우리 헌법이 천명한 인간의 존엄과 가치를 지니며 인간다운 생활을 하도록 국가가 따뜻한 도움의 손길을 내밀어 사지에서 구하는 것이 최우선이다. 이것이 민주공화국의 참 모습이다. 이 어려운 이웃들이야말로 존 롤스의 정의론이 말한 공동체의 '최소수혜자'이기 때문이다. 경쟁에서 낙오하거나 근로능력을 상실한 사람들을 돕는 정책수단들은 현재의 복지제도 하에서도 다양하게 존재한다.

그러나 문제는 그 다양한 정책들이 얼마나 효율적으로 사각지대 없이, 중복 없이, 촘촘한 사회안전망을 제공하느냐다. 단순히 기초생활보호 같은 공적부조나 의료보험 뿐만 아니라 기초연금, 주거복지와 교육복지가 제공되어야 한다. 노동빈곤층에게는 근로소득장려세제를 확대하고 빈곤층이 최대한 노동시장으로 편입될 수 있도록 국가가 노력해야 한다. 빈곤의 해소는 빈곤층을 대상으로 복지혜택과 근로기회를 드리는 것이기 때문에 그 본질이 선별적일 수밖에 없다. 또한 빈곤층은 사회보험의 사각지대에 놓여있는 경우가 많다. 정부가 빈곤층을 도와서 사회보험 안으로 끌어들이는 노력도 중요하다. 건강보험의 경우 기초생활보호 대상자 등 빈곤층이 건강보험의 대상이 되도록 돕고, 국민연금의 경우 저소득층의 연금 가입을 유도하기 위하여 '두루누리 사회보험료 지원사업'을 통해 10인 미만 영세사업자의 근로자에게 보조금을 지급하고 있는데, 이런 제도들을 확대할 필요가 있다.

둘째, 일자리가 최고의 복지다. 성장에 최대한 도움이 되는 복지제도가 되어야 한다. 이는 복지제도를 설계하기 전에 우리가 꼭 짚어야 할 중요한 전제다. 성장과 복지가 함께 가는, 나누면서 커가는 경제에서는 '일자리=복지'라는 기본부터 지켜야 한다. 나는 앞에서 저성장 시대를 끝내고 '다시 성장으로' 나아가자고 했다. 경제성장이 시장에서 일자리와 소득을 만들고 거기에서 발생하는 세금으로 양극화 해소에 필요한 복지재원을 만들고 저출산 해결에 필요한 각종 재원을 만드는 것이 나의 핵심주장이라고 말했다. 저성장, 저출산, 양극화라는 삼중고의 악순환에 빠져버린 대한민국을 구하는 것은 혁신과 개혁에서 출발하여 성장으로 가고, 성장이 일자리, 소득, 세금을 만들어 양극화 해소와 저출산 해결로 연결되는 선순환구조를 만들어야 한다.

'일자리가 복지'라고 말하면 소위 진보에서는 성장론자들이 복지를 소홀히 하기 위한 핑계라고 공격한다. 이들은 경제성장은 더 이상 불가능할 뿐 아니라 경제가 성장하더라도 고용 없는 성장에다 낙수효과도 없다고 말하면서, 성장을 못해도 복지는 더 해야 한다고 주장한다. 그러나 이는 틀린 말이다. 가장 모범적인 복지국가인 스웨덴의 경제역사가 이를 말해준다. 스웨덴 모델을 연구해온 최연혁 교수는 "경제성장과 일자리가 없었다면 복지천국 스웨덴은 불가능했다. 스웨덴 집권 사회민주당은 '가장 좋은 복지는 일자리'라고 강조한다. 일자리를 가져야 세금을 내고 이걸로 정부의 복지재원이 채워진다. 따라서 노동시장이 무너지면 복지재원 창고가 비어서 복지의 연속성이 무너지게 된다. 경제성장이 뒷받침해줬기 때문에 복지 약속이 가능했다. 중요한 것은 성장과 복지가 함께 가야 한다는 것이다"라고 했다. (최연혁, "경제성장, 일자리 없었다면 스웨덴 복지천국 불가능," 중앙일보, 장세정의 직격인터뷰, 2019년 4월 26일자).

나의 일관된 주장은 양극화, 저출산 해결의 돌파구를 경제성장에서 찾자는 것이다. 그런데 거꾸로 복지제도를 디자인함에 있어서도 최대한 성장과 함께 가는 '성장친화적인 복지제도'를 도입하는 것이 좋다. 노동개혁에서 나는 유연안정성 원칙에 따라 노동제도를 개혁하자고 했다. 복지제도도 노동유연성과 일치하도록 만들어야 한다. OECD에서 한국과 스웨덴을 동시에 담당하는 이코노미스트인 크리스토프 앙드레Christophe André는 "한국은 노동인력 배치를 효율적으로 하지 못한다. 스웨덴은 직업을 보호하지 않고 사람을 보호한다"고 말했다. 사실이다. 스웨덴은 우리보다 훨씬 더 해고가 자유롭고 인력배치가 자유롭고 동일노동-동일임금 원칙도 지켜지고, 그 대신 실업급여 등 사회안전망과 직업재교육이 잘 이루어지고 있어서 "유연하지만 안정적이고, 쉽게 해고될 수도 있지만 고용불안은 없는 근로체계를 만들었다. 이것이 직업 중심이 아니라 사람 중심 노동정책이다. 한국은 노동권력이 보호해주는 일부만 오랫동안 기득권을 누리는 구조다. 공정하지 않을뿐더러 미래를 대비해 인적 자원을 운용하는 데도 방해가 된다."(손진석, "해고 쉬운 복지천국 스웨덴," 조선일보 2020년 10월 23일)

소위 'workfare'(생산적 복지)는 사회안전망을 제공하되 노동유인을 제공해서 생산성과 성장에 도움이 되는 복지를 하자는 개념이다. 근로능력이 있는 사람에게는 안전망을 제공하되 노동시장으로 재진입할 수 있도록 도와주는 데 국가가 세금을 써야 한다. 근로빈곤층의 경우 근로장려세제가 노동의욕을 고취시키도록 디자인하고, 기초생활보호제도도 빈곤층이 실업이 아니라 노동을 선택하는 것이 자신에게 더 유리하도록 디자인하자는 것이다.

그렇지 않아도 생산인구의 감소로 노동력이 부족하고 외국인 노동자 유입이나 이민정책도 쉽지 않은 우리나라에서 청년, 여성, 노인의 경제활동과 취업을 유도하는 것은 복지와 성장 양면에서 매우 중요한 일이다. 적극적 노동시장정책도 여성, 노인, 청년에게는 더 세심한 배려가 필요하다. 실업자를 위한 전직훈련을 강화하고, 비정규직, 단시간근로자의 경우 차별받지 않고 노동시간이 늘어날 수 있도록 지원하고, 경력단절로 인한 불이익을 최대한 줄일 수 있도록 제도를 정비하고, 중소기업 취업을 꺼리는 요인들을 찾아내어 최대한 해소하도록 정부가 노력해야 한다.

특히 청년, 여성, 노인의 경우 실업, 비정규직, 단시간일자리, 경력단절 등의 문제로 경제활동참가율과 고용률은 낮고, 청년의 경우에는 이에 더해서 실업률까지 높다. 2022년 1월 고용동향에서 15세 이상 인구의 경제활동참가율(경제활동인구/15세이상인구)은 62.2%, 고용률(취업자/15세이상인구)은 59.6%, 실업률(실업자/경제활동인구)은 4.1%였다. 그런데 경제활동참가율, 고용률, 실업률이 여성의 경우 각각 52.5%, 58.1%, 4.9%였고, 노인(통계상 60세 이상 인구)의 경우 각각 42.3%, 38.7%, 8.4%였으며, 청년(15~29세)의 경우 48.6%, 45.7%, 6.0%(확장실업률은 19.7%)였다.

문재인 정부는 국민세금으로 단기일자리를 엄청나게 많이 늘렸다. 세금으로 만든 일자리는 그 수만큼 취업자 통계를 부풀리지만 이 단기알바의 내용을 들여다보면 빈 강의실을 찾아다니며 불을 끄는 국립대 에너지 절약 도우미, 라텍스 침대 생활방사선 검출 측정 요원, '제로페이' 홍보 안내원 등 이런 일자리들이 우리 경제에 무슨 도움이 될지 의문이다. 문재인 정부는 2017년부터 2020년까지 4년간 일자리 예산 80조 7천억원을 퍼부어서 세금일자리(재정지원일자리 중 직접일자리)를 2018년 73만개(그 중 노인일자리는 54만개), 2019년 89만개(노인일자리 68만개), 2020년 95만개(노인일자리 74만개)를 만들었고, 2021년에는 무려 30조 6천억원을 퍼부어 103만개(노인일자리 80만개)를 만들 예정이었다. 이러한 세금일자리를 최대한 줄이고 그 예산으로 여성, 노인, 청년들이 민간에서, 시장에서 일자리를 갖도록 정부가 직업훈련, 임금보조, 사회보험보조 등으로 지원하는 것이 더 효율적이다.

셋째, 저출산 해결에 도움이 되는 복지정책을 펴야 한다. 2021년 합계출산율은 0.81명으로서 초저출산 기준선인 1.3명보다 훨씬 더 낮은, 압도적인 세계 최저이며 그 추락속도는 매우 빠르다. 인구가 유지되는 출산율이 2.1명인데 이는 이미 1983년에 무너졌다. 0.81명까지 추락한 출산율이 국가적으로 얼마나 큰 재앙을 초래할지 두려운 현상이다. 대한민국이 지구상에서 사라지는 과정이 이미 시작된 것이다.

정부는 2006년부터 2020년까지 저출산 대책을 위한 사업비로 200조원을 쏟아 부었다지만 저출산 문제가 해결되기는커녕 더 악화되었다. 정부는 2006년부터 「저출산·고령사회기본법」에 따라 5년마다 「저출산·고령사회 기본계획」을 세우고 저출산 문제에 대응하고자 했다. 이 계획에 따라 일과 가정의 양립을 지원하기 위한 보육, 교육, 육아휴직, 주택 지원, 의료비 지원 등 다양한 정책프로그램을 운영해왔다. 시기적으로 보면 2006~2010년의 1차 기본계획 기간에 약 20조원, 2011~2015년의 2차 기본계획 기간에 약 61조원, 2016~2020년의 3차 기본계획 기간에는 무려 118.8조원을 투입했고, 4차 기본계획이 시작되는 2021년에는 처음으로 40조원이 넘는 42.9조원이 저출산 예산으로 계획되었다.

2019년의 경우 저출산 예산의 내역을 보면 '2040세대 안정적인 삶의 기반 조성'에 14조 6천억원, '촘촘하고 안전한 돌봄체계 구축'에 12조 1천억원, '출산·양육비 부담 최소화'에 3조 7천억원, '아이와 함께 하는 시간 최대화'에 1조 6천억원, '모든 아동 존중과 포용적 가족문화 조성'에 3천억원 등 무려 32조 4천억원을 지출했다. 세부내역을 들여다보면 이것이 과연 저출산 대응 예산이 맞는지 의문스러운 것도 있지만, 어쨌든 200조원 넘는 예산을 쓰고도 저출산을 막지 못한 것이다. 이 때문에 정부가 저출산의 정확한 원인을 파악하지 못하고 비효율적인 정책을 선택했다는 비판을 받기도 한다. 그러나 거꾸로 생각해보면 그만큼 저출산의 정확한 원인을 알기 어렵고 효과적인 대책을 찾기도 어렵다는 말도 된다.

아이를 낳지 않는 현상. 이는 여성과 남성의 선택이다. 비혼, 비출산은 여성과 남성 모두 개인의 자유로운 선택이기 때문에 국가가 개입할 여지가 넓지 않다. 여성이든 남성이든 "내 자식이 나보다 더 나은 세상에서 살 거라는 희망이 없기 때문"일 수 있다. 또는 사회문화적 가치관의 변화 때문일 수도 있다.

여성 고용률이 50%가 넘는다. 여성 2인 중 한 명은 일자리를 갖고 있는 상황이다. 특히 20대 여성의 고용률은 68.7%, 30대 여성은 58.6%로 젊은 여성들의 고용율은 상당히 높다. 비혼, 비출산의 선택은 출산율을 크게 낮출 것이다. 과거에 비하여 젊은 여성들의 학력이 높아지고 경제적 기회는 확대되고 결혼과 출산, 육아에 대한 가치관은 변하는데 가사노동과 육아노동은 여성의 몫이라는 부담이 여전히 남아있다면 출산을 포기하는 것은 관점에 따라 합리적인 선택일 수 있을 것이다.

정규직으로 일하던 여성이 육아 때문에 퇴사 후 다시 취업할 때 다수가 취업에 어려움을 겪거나 비정규직 일자리밖에 구하지 못하는 경력단절의 문제, 육아휴직 후 직장에 복귀할 때의 차별 문제 등도 출산을 꺼리게 만든다. 비혼 부모의 아이를 경원시하는 사회적 분위기도 문제다. 이러한 관념, 가치관의 변화는 하루 아침에 형성된 것도 아니고 하루 아침에 해결될 문제도 아니다. 이러한 부분을 과소평가하고 저출산을 경제적 이유로만 파악하고 정부예산을 지출하는 저출산 대책이라면 한계가 있을 것이다.

그럼에도 불구하고 우리는 경제적 원인에도 주목해야 한다. 결혼에는 당장 부부가 함께 살 주택 문제가 있고, 아이를 낳아 기르기 시작하면 육아시간이 필요한데, 이는 일과 직장의 양립 문제, 육아휴직시 소득 감소의 문제가 있고, 육아에 들어가는 비용의 문제가 있으며, 특히 초·중·고의 엄청난 사교육비 부담과 대학 등록금 문제, 그 때문에 자신들의 노후 대비가 어려워지는 문제 등이 모두 뻔히 보이는 경제적 부담들이다. 미혼이든 기혼이든 저출산의 원인에 대한 서베이나 여론조사의 답변을 보면 많은 응답자들이 여전히 '경제적 부담'을 중요한 원인으로 꼽고 있다.

저출산에 도움을 주는 복지정책은 결혼, 출산, 보육, 교육, 육아휴직, 휴직시 직장에서의 차별, 경력단절 피해, 미혼부모에 대한 사회적 홀대, 그리고 주택 등 저출산을 야기하는 다양한 경제적, 시간적 원인들에 대한 대책이 되어야 한다. 추락하는 출산율을 다시 반등시킴으로써 저출산 극복에 어느 정도 성공한 프랑스나 스웨덴의 모델을 보면 공통적인 특징이 있다. 안심하고 아이를 맡길 수 있는 국공립 보육시설과 아이들 교육은 국가가 책임진다는 '에듀케어 시스템educare system'을 만들었다는 것이다. 보육과 교육을 국가가 책임진다는 차원에서 우리는 아직 갈 길이 멀다. 보육과 교육을 국가가 책임지며 앞서 지적했듯이 사교육비 부담을 줄여줄 수 있는 공교육 개혁을 할 수 있다면 아이를 낳아 기르는 일에 대한 부모의 부담은 크게 줄어들 것이다.

보육과 교육을 국가가 책임지는 것이 복지정책의 관심 대상인 이유는 분명하다. 이 문제를 국가가 책임지는 것이 고소득층보다는 저소득층, 서민 중산층의 결혼과 출산에 큰 도움을 주기 때문이다. 박선권의 연구 「저출산 관련 지표의 현황과 시사점」(NARS 현안분석 vol. 58, 2019년 6월 4일, 국회 입법조사처, 10-11쪽)은 혼인과 출산이 소득수준과 관계가 있을 거라는 우리의 상식적인 짐작을 통계로 확인해주고 있다.

이 연구에 따르면 2016년 현재 임금수준이 높을수록 기혼자의 비율이 높았다. 남성의 경우 임금소득 10분위 중 임금수준이 가장 낮은 1분위는 기혼자 비율이 6.9%에 불과했고 임금수준이 가장 높은 10분위는 기혼자 비율이 82.5%로 엄청난 차이를 보여준다. 여성의 경우에도 4분위를 저점으로 임금수준이 높을수록 기혼자 비율이 높았는데 4분위는 28.1%, 10분위는 76.7%로 큰 차이가 있었다. 출산의 경우 2007~2018년간 국민건강보험료 분위별 분만 건수는 보험료가 낮은 1~5분위에서는 분만건수의 비중이 감소한 반면 8~10분위에서는 그 비중이 증가하였다. 즉, 소득이 높을수록 결혼과 출산이 많고 소득이 낮을수록 결혼도, 출산도 적다는 것은 그만큼 국가가 보육과 교육을 책임질 때 그 동안 저소득층이 개인적으로 감당하기 어려웠던 비혼과 저출산의 원인을 완화해주는 효과가 있을 것이다. 사회복지와 정의의 차원에서 고려할 문제라는 뜻이다.

일과 가정의 양립 차원에서도 정부는 저출산 해결을 위해 할 일이 많다. 나는 2017년 바른정당의 대선후보로서 1호 대선공약으로 '아이 키우고 싶은 나라'를 약속했으며 2021년 대선 과정에서도 이 공약을 보완해서 다시 약속했다. '아이 키우고 싶은 나라'를 만들기 위한 대표적인 정책으로 남녀 모두 육아휴직 최대 3년, 육아휴직 급여 인상과 부모보험제도 도입, 퇴근 후 돌발노동 제한, 최소휴식시간 보장 등을 약속했다. 이 공약에 대한 비판도 받았지만 젊은 층으로부터 꼭 필요하다는 목소리도 많이 들었다.

사실 엄마 아빠의 육아휴직과 칼퇴근에 깊은 관심을 둔 계기는 오래 전부터 합계출산율 통계가 발표될 때마다 유독 세종시가 전국의 다른 시·도보다 큰 격차로 출산율 1위를 기록하는 현상에 의문을 갖게 되면서부터였다. 2019년 우리나라의 합계출산율은 0.918명인데 세종시의 경우 1.47

명으로서 OECD 평균 1.63명에 육박하는 숫자였고, 그 전에도 공무원이 많이 사는 세종시는 매년 압도적인 1위였다. 공무원과 교사의 경우 안정된 직장, 안정된 소득과 연금, 안심할 만한 직장보육시설, 그리고 육아휴직 3년 보장이 이들의 출산율을 높이는 요인이라고 짐작하게 되었다.

실제로 2016년의 조사결과를 보면 전국 남녀 교사의 50.6%가 자녀수가 2명 이상이었는데, 이 조사에는 미혼 교사도 포함되어 있으니 기혼교사만 보면 자녀수가 2명 이상인 비율이 더 높을 것이다. 2015년의 합계출산율이 1.26인 점을 고려하면 큰 차이이다. 2015년 보건사회연구원의 「전국 출산력 및 가족보건복지 실태조사」에 따르면 기혼여성의 육아휴직 사용률은 일반회사원이 34.5%였지만 공무원, 국공립교사는 75.0%로 2배 이상이었다. 출산으로 경력단절을 경험한 사람은 공무원, 교사의 경우 11.2%인데 일반회사원의 경우 49.8%였다. (연합뉴스, "교사 절반이 자녀수 2명 이상... '3년 육아휴직'의 힘?" 2016년 10월 2일자). "공무원이 일반 국민보다 최소 두 배 이상의 아이들을 낳고 있다"는 조사결과도 있다. ('2013~2016년 중앙부처, 지자체 공무원 출산휴가 현황 분석,' 국회 신상진 의원실)

똑같은 대한민국 국민인데 왜 공무원과 교사들은 출산율이 특별히 높을까? 공무원, 교사들의 높은 출산율을 보면, 사회문화적 가치관의 변화 때문에 여성들이 아이를 낳지 않을 것이라는 설명에도 한계가 있음을 보여준다. 여성의 교육수준과 경제적 지위의 향상, 가사노동과 육아 부담과 사회적 성취 욕구, 남성 중심의 가정과 직장에 대한 거부감과 저항 등의 이유로 결혼하지 않고 아이를 낳지 않을 거라는 설명은 적어도 공무원과 교사의 경우에는 그렇지 않은 것이다. 즉, 우리나라의 젊은 여성, 남성들은 공무원, 교사와 같이 안정된 일자리에 노후연금이 보장되고 출퇴근이 일정하고 직장에 믿음직한 보육시설이 있고 상사의 눈치 보지 않고 육아휴직을 3년씩이나 쓸 수 있다면, 기꺼이 결혼하고 아이를 낳을 것이라고 말할 수 있다.

많은 젊은이들이 지금 가장 선호하는 직업이 공무원과 교사다. 젊은이들 중 공무원, 교사가 된 사람들과 회사원이 된 사람들 간에 결혼과 출산에 분명한 차이가 존재한다. 그렇다면 저출산 문제를 해결하는 열쇠가 여기에 있지 않을까. 공무원과 교사의 '특별한 혜택'을 비난할 필요는 없다. 늦게까지 야근해야 하고 직장내 경쟁은 치열하고 언제 사표를 써야 할지 불안하고, 겨우 결혼을 해도 아이를 갖기가 겁나고 1년 육아휴직도 눈치가 보여 다 못쓰고 휴직 후 회사에 돌아오면 내 자리가 그대로 있을지 불안하다면, 누가 아이를 낳겠는가. 저출산 극복이 정말 중요한 시대적 국가과제라면 이런 회사의 시스템과 문화, 관행에 근본적인 변화를 만들 수 있도록 국가가 나서서 개입해야 한다.

단순하게 말하자면, 회사원도 공무원, 교사처럼 만드는 것이 저출산 문제의 해법이다. 그러나 회사의 입장에서는 공무원이나 교사와 같은 일자리의 안정성, 노후연금, 3년의 육아휴직 등을 보장하는 것이 회사에 큰 부담이 될 것이기 때문에 기업의 부담을 덜어주면서 제도와 관행의 변화를 만들어 가는 것이 국가의 역할이다. 저출산 예산 200조원은 이런 데 사용하는 것이 해결책이 될 것이다.

보육지원, 아동수당과 같은 저출산 대책 이외에도 사회보험에서도 출산을 장려하는 '크레딧'을 확산할 필요가 있다. 스웨덴을 비롯한 많은 선진국들이 출산크레딧 제도를 하고 있다. 우리나라도 국민연금에서 아이 숫자에 따라 최소 6개월에서 최대 50개월까지 보험료를 납부한 것으로 카운트해주는 출산크레딧을 제공한다. 문제는 우리 정부는 크레딧을 부여하면서 보험료를 대신 납부해주지 않기 때문에 이러한 정책이 연금 재정에 피해를 주고 있다는 점이다. 즉 정치권이나 정부가 생색만 내고 부담은 국민연금에 지우는 셈이다. 선진국에서는 크레딧을 주면 그만큼의 보험료를 정부가 대신 납부해준다.

맞벌이 부부의 경우 초등학생을 방과후 어디에 맡길 곳이 없어서 학원에 보내기도 한다. 엄마 아빠가 퇴근할 때까지 아이를 이 학원 저 학원으로 '돌리는' 현실이다. 이는 교육이기도 하지만 보육에 가깝다. 아이가 초등학교 1학년에 진학하면 오후 1시면 정규수업이 끝난다. 학교의 방과후 교실이나 돌봄교실에 안전하게 맡기기 힘들다면 엄마들이 이 때부터 휴직을 하거나 회사를 그만두는 경우가 많고, 이것이 여성의 경력단절의 중요한 이유가 되기도 한다. 코로나로 어린이집, 유치원, 초등학교가 문을 닫게 되면서 엄마 아빠들이 아이를 돌보는 문제 때문에 얼마나 비상이 걸렸었나. 대부분의 보육, 돌봄시설 등의 주요 관리 인력들은 4시~5시면 퇴근한다. 따라서 퇴근시간까지 아이들이 체계적인 관리를 받는 것이 아니라 방치된다는 인식이 강하다. 이 부분을 해결할 인력을 공급한다면 보육에 도움이 되고 경력단절도 줄일 수 있다.

초등학교 하교시간을 오후 4시로 하고, 초등학교 방과후 교실을 오후 늦게까지 하거나 지역아동센터 등과 연계하는 정책, 등하원과 등하교 공공도우미 지원, 임신과 출산 지원, 난임치료와 냉동정자, 냉동난자 지원, 육아상담 24시간 콜센터, 부모보험 도입 등 아이 키우고 싶은 나라를 만들기 위한 정책들을 내가 특별히 강조해온 것도 그런 맥락이다.

복지, 일자리, 그리고 저출산 문제와 관련하여 나는 사회서비스 일자리의 중요성에 주목한다. 사회서비스 분야는 그 특성상 기본적으로 사람의 노동력이 반드시 수반되기 때문에 재정 투입에 따른 일자리 창출효과가 가장 높은 분야이다. 또한 보육, 돌봄, 간병, 고용서비스 등 사회서비스는 저출산 고령화 문제를 해결하기 위한 필수적인 일자리들이다.

하지만 우리나라의 사회서비스 분야에 대한 투자는 OECD의 평균에 한참 못 미친다. 국제비교를 통해 살펴보면 우리 정부가 OECD 주요국의 평균 수준의 투자만 하더라도 약 140만개의 추가 일자리 창출이 가능하다는 계산이 나온다. 매년 10만명의 자연증가분을 고려한다면 정부가 직업훈련과 자격증의 정비 등 제도정비를 통하여 5년간 100만개 이상의 괜찮은 일자리를 사회서비스 분야에서 창출하는 것은 어렵지 않다.

이는 단순히 국가재정으로 만들어낸 문재인 정부의 공공일자리 100만개와는 전혀 다르다. 문재인 정부의 공공일자리는 일자리의 분야, 형태, 질, 근무시간 등을 따지지 않고 양산해 낸 단기 아르바이트 일자리에 불과하며 이는 정부가 재정지원을 끊는 순간 일자리도 사라진다.

나는 지난 대선 기간에 사회서비스 일자리 100만개 창출을 약속했다. 그러자 민주당의 이재명 후보는 이 공약을 자신의 공약으로 삼겠다고 했다. 그러나 내가 약속한 사회서비스 일자리 100만개는 민간 중심으로 자생적인 일자리 창출을 하겠다는 것이지 재정지원 공공일자리를 만들겠다는 공약이 아니었다.

즉, 사회서비스 일자리는 그 자체만으로 시장에서 원하는 지속가능한 일자리이며 공공, 민간, 반관반민(사회적경제 포함) 등 다양한 유형의 일자리 창출이 가능하다. 무엇보다 국민 복지의 향상을 위해 사회서비스의 양과 질을 동시에 높이는 일에 '집중투자'하는 것이기에 우리 사회가 체감하는 만족도가 굉장히 높고 일자리와 복지가 조화를 이룰 수 있다는 장점이 있다.

지속가능한 국민연금을 위한 개혁

"내 자식이 나보다 더 잘 살 수 있다는 희망," 이것은 사람을 움직이는 힘이다. 내 자식이 나보다 더 잘 살기 위해서는 미래에 어떤 세상이 와야 할까? 정의와 공정, 자유와 평등, 생명과 안전 등 민주공화국의 공공선이 지켜지는 세상이 되어야 한다. 일자리와 소득이 보장되는 경제가 되어야 한다. 열심히 살면 내집마련이 가능한 세상이 되어야 한다. 그리고 경쟁에서 낙오했을 때, 병과 장애로 일할 수 없을 때, 은퇴 후 소득이 없을 때, 국가가 나를 보호해주는 복지국가가 되어야 한다.

그런데 만약 수십년 후에 그런 복지국가가 될 수 없다는 게 뻔히 보이면 어떻게 되겠는가? 30~40년 후 국가의 도움이 필요한 위험한 상황에 처해도 국가의 도움을 받을 수 없다는 게 분명하다면, 그런 미래에 희망을 가질 수는 없을 것이다.

국민연금이 바로 그런 사례다. 국민들은, 특히 젊은이들은 국민연금이 모아둔 적립금이 머지 않아 고갈된다는 것을 이미 알고 있다. 〈그림 19〉는 국민연금이 보험료율 9%, 소득대체율 40%의 현행 제도 그대로 간다면 적립금은 2041년 정점을 기록한 후 2057년에 완전 고갈된다는 정부의 발표대로 그린 그래프다. 보험료율을 12% 내지 13%로 올리고, 소득대체율을 45% 내지 50%로 올리면 기금 적립금은 더 늘어나지만 기금 고갈 시기는 기껏 5~6년을 연장하는 데 그치고 문제의 본질은 똑같이 남는다. 국민연금은 5년마다 한번씩 재정계산을 해서 국민연금종합운영계획을 세우고 연금의 지속가능성과 재정건전성을 점검하는데 2018년 4차 재정계산이 실시되었다.

정부의 국민연금 재정추계 전망을 과연 신뢰할 수 있을까? 정부의 전망은 통계청의 인구 전망치, KDI의 장기 경제성장률 전망치, 국민연금의

〈그림 19〉 3차 및 4차 국민연금 재정계산 재정수지전망 비교

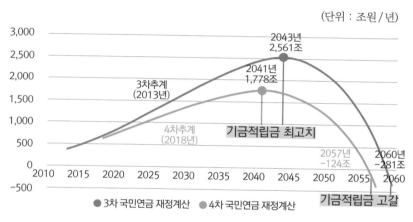

출처 : 국민연금재정추계위원회

〈표 4〉 국민연금 재정수지전망 : 1차~4차 재정계산

	최대적립금	수지적자 발생시점	기금 고갈시점
제1차(2003년)	1,715조(2035년)	2036년	2047년
제2차(2008년)	2,465조(2043년)	2044년	2060년
제3차(2013년)	2,561조(2043년)	2044년	2060년
제4차(2018년)	1,778조(2041년)	2042년	2057년

출처 : 보건복지부

운용수익률에 대한 전망치 등을 전제로 하는데 이들 모두 지나치게 낙관적이라는 비판이 제기되고 있다. 지금까지 네 차례에 걸친 재정추계 전망을 할 때마다 그 이전의 전망보다 적립금 고갈 시기가 앞당겨졌고, 더 많이 내고 더 적게 받고, 더 늦게 받는 개정안이 제시되었다. 이는 당초의 낙관적인 전망보다 연금기금 재정의 현실이 더 빠르게 악화되었기 때문이다. 실제로 감사원은 '국민연금 관리실태 감사보고서'(2020년 7월 30일)에서 2018년 4차 국민연금 운영계획을 세우면서 재정목표를 세우지 않았다고 지적하면서 '재정안정성을 위해 재정목표를 설정하라'고 제안했으나, 보건복지부는 재정목표를 정하면 보험료율을 급격하게 올려야 한다는 이유로 수용하지 않았다.

문재인 대통령은 2018년 8월 보건복지부 산하 국민연금 제도발전위원회가 보험료율을 현행 9%에서 12~13%로 올리는 연금개편안을 마련했을 때 "국민 눈높이와 맞지 않다"고 퇴짜를 놓았다. 그리고는 경제사회노동위원회(경사노위)에 연금개혁을 맡겼다. 연금 적립금이 고갈하는 문제를 해결하려면 지금보다 '더 내거나 덜 받거나 늦게 받는,' 인기 없는 개혁 이외에는 방법이 없다. 그런데 본연의 책무인 노동개혁에 대해서도 합의하지 못하는 경사노위에 연금개혁을 맡긴다는 것은 안하겠다는 얘기나 마찬가지였다. 그 후 문재인 정부는 아무 결정도 못한 채 결국 연금개혁을 포기했다.

국민연금에 대해 문재인 대통령은 2017년 대선 당시 "보험료는 올리지 않고 소득대체율을 50%로 올리겠다"고 약속했다. 즉, 똑같이 내고 지금보다 10%p 더 받게 해주겠다고 한 것이다. 당시 TV토론에서 내가 "보험료를 올리지 않고 무슨 수로 소득대체율을 50%로 올릴 수 있느냐? 2050년대에 가면 기금이 고갈되는데 무슨 돈으로 해결하나? 더 내고 더

"보험료를 올리지 않고 무슨 수로 소득대체율을 50%로 올릴 수 있느냐?"

받든지 해야 하지 않느냐? 보험료 올리지 않는다면 결국 국민세금으로 메우겠다는 거 아니냐?"고 물었을 때, 당시 문재인 후보는 "다양한 방법이 있지 않느냐. 많은 나라의 국민연금들은 국가가 직접 예산을 편성해서 하지 않느냐? 가장 근원적인 방법은 국민연금 가입자 수를 늘리는 거다. 저출산 고령화 문제 해결해야죠. 전문가가 포함된 사회적 합의기구에서 결정하겠다"라는 이해할 수 없는 답변을 했다.

문재인 대통령은 보험료율은 그대로 두고 소득대체율을 50%로 올리려고 했다. 그리하여 연금 적립금이 완전 고갈되면 그 때 가서 '그 해 내고, 그 해 받는' 부과식pay-as-you-go으로 가면 된다는 생각을 했던 것 같다. 그러나 이런 생각은 미래세대에게 국민연금 재정적자의 부담을 다 떠넘기는 무책임한 생각이다. 현재의 보험료율 9%, 소득대체율 40%를 그대로 두면 앞의 그림에서 보았듯이 2057년에(아마도 그 이전에) 적립금은 다 사라지고 그 때부터 매해 필요한 연금지출을 매해 보험료로 충당해야 하는데 '보험료수입-연금지출'은 2057년 한 해에만 124조원의 적자, 2088

년이 되면 783조원의 적자가 발생할 것이다. 이렇게 적자가 발생하면 사람들은 매년 소득의 상당 부분을 연금보험료로 내야 한다. 국민이 그만큼의 보험료를 납부하지 못하면 세금으로 연금기금 적자를 메워야 하는데 세금인들 무슨 수로 이 엄청난 손실을 감당하겠는가.

2020년 10월 정의당은 "국민연금과 공무원연금, 사학연금을 통합하여 재정적자를 줄이고 공평한 노후를 만들자"라고 제안했다. 기존의 정의당 입장을 완전히 뒤엎은 이 제안에 나는 즉각 전적으로 공감한다고 답했다. 2015년 당시 여당인 새누리당의 원내대표로서 국회에서 야당인 민주당을 상대로 공무원연금개혁 협상을 책임지고 추진했던 나로서는 이 제안대로 개혁을 실현하는 것이 얼마나 어려운 일인지 너무나 잘 안다.

2015년의 공무원연금개혁은 박근혜 정부가 잘한 일로 역사에 기록되고 있다. 그런데 이 개혁은 당시 민주당, 민주노총과 전국공무원노동조합(전공노), 한국교총 등의 반발에 부딪혀 정부가 처음 계획했던 것보다 많이 후퇴한 안으로 국회를 통과했다. 그나마 이 법 개정으로 국민의 세금 부담을 30년간 37조원, 70년간 약 333조원 절약하는 개혁을 해낸 것이다. 당시의 협상과정에서 나는 민주노총과 전공노가 반대하면 민주당은 독자적인 목소리를 제대로 내지 못하는 모습을 생생하게 보았다. 그런데 노동조합의 강력한 지지가 당의 기반인 정의당의 대표가 연금의 통합까지 제안하고 나오는 것은 진영을 넘어 참으로 신선한 목소리였다.

국민연금의 개혁은 두 갈래로 생각해야 한다.

첫째, 지금처럼 '조금 내고 많이 받는' 구조로는 국민연금이 언젠가 깡통이 될 테니 '더 내고 똑같이 받는' 혹은 '더 내고 덜 받는' 구조로 국민연금 재정을 개혁해서 지속가능한 연금제도로 만들자는 것이다. 문재인 정부에서 실시된 4차 재정추계 전망에서도 당초 보건복지부는 보험료율을 올리는 안을 제시했으나 문재인 대통령이 직접 나서서 이를 거부했다. 그러자 보건복지부는 '더 내고 더 받는' 안을 내놓았으나 이런 안으로는 연금고갈시기를 기껏 몇 년 연장할 뿐이다. 서구 선진국들은 평균 20% 선의 보험료에 40% 소득대체율로 공적연금을 운영하고 있다. 우리는 9% 보험료에 40% 소득대체율이다. 고령화 문제가 없어도 적자가 날 수밖에 없는 구조다. 일각에서는 '용돈연금'이라고 비아냥대기도 하지만, 40년 가입에 40% 소득대체율을 약속하는 게 국제기준이다. 다른 나라에 전혀 뒤지지 않는다. 주요국의 목표 소득대체율을 보면, 독일은 45년 가입 기준 38.2%, 스웨덴은 40년 가입 기준 36.6%, OECD 35개국 평균은 40.6%이다. 오히려 한국은 보험료율이 매우 낮아 현 가입자들에게는 수익률이 아주 좋은 연금이다 (양재진 『복지의 원리』 148쪽, 160쪽 참조)

국민연금은 현재의 저부담-고급여 체계를 더 늦기 전에 하루 빨리 '적정부담-적정급여' 체계로 개혁해야 한다. 스웨덴은 소득의 18.5%, 독일은 22% 수준에서 연금보험료율을 법으로 동결하고 연금지급액을 자동 삭감하는 고육지책을 택했다. 우리 국민연금의 변천 역사를 보면 보험료율은 1988년 최초 도입 당시 3%에서 시작하여 1993년 6%, 1998년 9%로 인상한 이후 지금까지 24년간 9% 그대로이며, 소득대체율은 1988년 70%에서 시작하여 1998년 60%(연금수급연령을 60세에서 65세로 변경), 2007년에 40%로 개정하되 2028년까지 점진적으로 40%로 낮추기로 한 것이다. 즉 연금 설계의 초기에는 연금 가입을 장려하기 위하여 저부담-고급여로 출발하여, 1998년과 2007년에 부담은 높이고 급여는 낮추는 제도변화를 시도했으나 여전히 적립금 고갈시점은 시시각각 다가오고 있는 것이다.

정부 발표대로 적립금 고갈이 2057년이면 지금부터 35년 후의 일이고 5년 임기 정권이 일곱 번 바뀐 후다. 2015년 공무원연금개혁의 사례에서 보듯이 만약 연금개혁이 기존 가입자의 기득권을 그대로 인정하는 방식으로 이루어진다면, 개혁이 늦어질수록 기존 가입자의 기득권은 더 커질 것이고 따라서 미래세대의 부담은 더 커진다. 연금개혁을 할 때 그 시점까지 정부가 약속해온 권리, 즉 기득권을 일부라도 인정하지 않고 개혁안을 소급적용한다면 더 큰 저항에 부딪힐 것이다. 연금개혁을 늦춰서는 안되는 이유, 개혁을 할 때 기득권을 모두 인정할 수 없는 이유가 여기에 있다. 노무현 정부가 소득대체율을 60%에서 40%로 점진적으로 인하하기로 국민연금 개혁을 단행한 이후 이명박 정부, 박근혜 정부, 문재인 정부에서는 국민연금 개혁이 실종되었다. 다음 정부, 그 다음 정부에서도 인기 없는 연금개혁을 미루기만 한다면 우리는 연금 적자가 국민세금과 정부예산을 통째로 삼키는 재앙에 직면할 것이다. 국민을 설득하고 국민의 동의를 구해 정치권이 진영을 넘어 개혁에 나서야 할 절박한 상황이다.

둘째, 연금간의 형평성 문제다. 2015년 공무원연금개혁을 했을 때 많은 국민들은 "공무원은 국민세금으로 급여를 받는 국민의 공복이고 똑 같은 국민인데 왜 공무원은 보통 국민들보다 더 큰 혜택을 받는가"라는 의문을 제기했다. 그 당시에도 국민연금과 공무원연금을 통합하자는 목소리가 있었다. 국민연금을 공무원연금, 군인연금, 사학연금 등 특수직역연금과 통합하자는 목소리는 특히 매년 국민세금이 연금적자에 대한 보전금으로 투입되는 공무원연금과 군인연금의 경우 상대적으로 더 컸다. 군인연금의 경우 보훈정책적 고려도 있음을 감안하면 연금통합의 우선 대상은 공무원연금일 것이다.

2020년 공무원연금은 2조 5,644억원, 군인연금은 1조 5,779억원을 국고에서 지원하였다. 공무원연금에 대한 국고지원은 2020년 현재 GDP의 0.1% 수준에서 2060년 0.6%로 증가할 전망이고, 군인연금에 대한 국고지원은 2020년 GDP의 0.09% 수준에서 2060년 0.17% 수준으로 증가할 전망이다. 공무원연금은 2015년 국고지원이 3조 727억원이었으나 2015년의 공무원연금개혁으로 2016년 이후 국고지원이 1조원 가량 줄어든 것이다. 사학연금의 경우 2029년에 적자로 전환되며, 국민연금의 경우 2042년에 적자로 전환될 전망이다. 공무원연금의 부담을 늘리고 급여는 줄이는 2015년의 개혁도 쉽지 않았는데 국민연금과의 통합은 상당한 저항을 불러올 것이 분명하다. 그러나 우리는 국민들의 공평한 노후라는 관점에서 이 문제를 들여다 볼 필요가 있다. 우선은 2015년의 공무원연금개혁에서 미진했던 부분을 개혁함으로써 국민의 세금부담을 더 줄이는 방안을 강구할 필요가 있다. 공무원연금을 개혁함으로써 공무원연금의 부담과 급여가 국민연금과 비슷한 수준이 된다면 통합을 하지 못할 이유가 없게 될 것이다.

국민연금 개혁에서 주의해야 할 문제는 기금 운용의 문제이다. 즉, 기금을 어떻게 운용하여 안정적인 수익을 창출하느냐의 문제다. 수익을 창출하면 적립금 고갈시점도 그만큼 늦출 수 있고 연금가입자들에게 이득을 주지만, 모든 펀드가 그렇듯이 자칫 손실을 보면 큰 피해를 끼칠 수도 있기 때문에, 국민연금기금의 운용은 안정성과 수익성이 조화를 이루어야 한다. 국민연금의 적립금은 2021년 2분기말 기준으로 이미 908.3조원이며, 우리나라 금융시장에서 이 정도 규모의 단일펀드는 국민연금 이외에는 없다. 이 기금은 2041년에는 1,778조원으로 지금의 2배 가까이 급증했다가 급속히 추락할 것이라 기금이 쌓여 있을 때 어떻게 운용하느냐가 중요한 과제가 된다.

기금운용의 안정성, 수익성과 별개로 국민연금이 보유한 주식에 대한 의결권 행사는 민감하고 중요한 이슈다. 국민연금기금은 이미 우리 주식시장에서 '어항 속의 고래whale in a fishbowl' 같은 존재다. 국민연금이 단순히 주식을 사고 팔기만 해도 해당기업의 주가는 큰 영향을 받는다. 거기에다 의결권 행사를 한다면 그 원칙과 기준을 정하는 것부터 매우 어려운 일이 된다. 보건복지부는 국민연금기금의 자산운용, 주식투자 및 의결권 행사와 관련하여 기금운용위원회와 수탁자책임전문위원회를 두고 있고, '스튜어드십 코드'(기관투자가의 의결권 행사 지침)를 따른다고 한다.

그러나 삼성물산과 제일모직의 합병에 찬성하도록 압력을 행사했다는 죄로 전 보건복지부 장관과 전 기금운용본부장이 대법원으로부터 최종 유죄판결을 받았다. 문제는 기금운용위원회든 수탁자책임전문위원회든 정치권력이 임명하는 기구이기 때문에 정치권력으로부터 중립적, 독립적이지 못하다는 것이다. 정치적으로 중립이 아닌 이 기구가 어느 회사의 주식을 얼마나 살지, 팔지를 결정하고 보유주식에 대한 의결권을 행사한다면 국민의 쌈짓돈인 국민연금으로 정치권력이 민간기업의 경영에 부당하게 개입하는 길이 열리는 것이다. 특히 기업의 경영권이 걸린 인수합병 같은 중요한 안건에서 국민연금이 백기사든 흑기사든 어느 한쪽 편을 든다면 결정적인 힘이 될 수 있다. 이 모든 것이 기금운용의 수익성과 안정성 차원을 넘어서 권력의 의도가 조금이라도 반영된 것이라면 불법이고 부패다. 이것이 오래전 노무현 정부 때부터 내가 우려하던 '연기금사회주의'이다.

전국민 고용보험제도의 허와 실

근로자의 실직후 생활 안정과 재취업 촉진을 위해 실시된 고용보험 제도는 1995년 첫 도입 후 시행 27년째를 맞고 있다. 그러나 〈표 5〉에서 보는 바와 같이 아직도 가입자가 전체 취업인구의 절반 수준이고, 실직후 실업급여 지급에 그 기능이 편중되어 고용보험의 역할을 확대해야 한다는 목소리가 있다.

〈표 5〉 고용보험 사각지대 추정 (2019년 8월 기준)

취업자 2,736만명(100%)			
A. 비임금 근로자 680만명 (24.9%)	임금근로자 2,056만명(75.1%)		
	B. 적용제외 337만명 (12.3%)	적용 대상 1,718만명(62.8%)	
		가입자 1,330만명 (48.6%)	C. 미가입자 388만명 (14.2%)
D1. 특고 100만명 내외 추정		D2. 특고 50만명 추정	
법적(제도적) 사각지대		고용보험 수혜자	실질적 사각지대

출처 : 2019년 8월 경제활동인구 고용형태별 부가조사에서 계산

2020년 5월 문재인 대통령은 "모든 취업자가 고용보험 혜택을 받는 '전국민 고용보험시대'의 기초를 놓겠다"고 말했다. 뒤늦게나마 사회보험 개혁을 언급했지만, 문재인 정부의 '전국민 고용보험'은 근본적인 해결책이 없는 정치적 구호에 불과했다.

'전국민 고용보험'을 살펴보면 '전국민'이 고용보험 의무가입 대상인 것처럼 말하고 있지만, 실제로는 예술인 등 특고의 일부 직역만 의무가입 대상에 추가했을 뿐이다. 특히 기존의 의무가입대상인데도 가입하고 있지 않은 근로자들에 대한 대책, 그리고 자영업자나 적용제외 대상에 대한 의무가입방안 등 근본적인 고용보험의 문제점들은 논의조차 되지 않고 있다. '전국민' 고용보험이라는 명칭이 무색해지는 대목이다.

자영업자의 경우만 보더라도 구체적인 대책이나 계획도 없이 '사회적 합의시' 적용한다고만 주장하고 있다. 사회적 합의라는 말로 책임만 회피하고 있는 것이다. 실제로 자영업자는 2012년 1월부터 자신이 원하면 고용보험 가입이 가능했다. 그러나 여전히 가입률은 1% 대에 불과하다. 비용부담 때문에 가입률이 지극히 저조한 것이다. 이런 상황에서 자영업자들에게 갑자기 가입을 의무화한다고 하면 반대할 것이 당연하다.

진정한 '전국민 고용보험'을 시행하기 위해서는 공무원 등 적용제외 대상도 가입대상으로 편입해야 하지만, 이에 대한 언급은 한 마디도 없었다. 현재 고용보험 적용제외 대상은 사실상 정년이 보장되는 공무원, 사립학교 교원, 군인 등과 65세 이후 고용된 자, 월 60시간 미만 근로자 등이 있다. 이들 중 공무원, 교원과 같이 상대적으로 안정적인 직업군 160만명이 고용보험 체계로 들어오게 되면 연간 2조 5천억원 가량의 기금 확보가 가능하다.

고용보험기금은 2017년까지 6년 연속 흑자를 냈다. 그러나 2018

년 8,082억원의 적자를 기록한 뒤 2019년 2조 877억원, 2020년 5조 3,292억원을 거쳐 지난해 사상 최대 규모인 5조 7,092억원의 적자를 냈다. 올해에도 2조 2,370억원의 적자가 예상된다고 한다. 이 흐름이 계속된다면 고용보험기금이 고갈될 날이 머지 않았다.

고용보험기금의 지속가능성이 담보되고, 양질의 고용서비스를 제공하기 위한 사회안전망으로 거듭나기 위해서는 현재 가입대상에서 제외된 안정적인 직업군들을 가입대상에 포함하는 것도 적극적으로 논의해야 한다. 그러나 이러한 중요한 논의는 제쳐두고 '전국민'이라는 정치적 구호뿐이라면, 결국 '전국민고용보험'도 국민연금 개혁처럼 흐지부지될 것이 뻔하다.

그렇다면 앞으로 고용보험이 진정한 사회안전망으로 작동되기 위해서는 무엇이 필요할까?

우선 고용보험이 건강보험과 같이 예외 없는 전국민 의무가입과 함께 소득재분배 기능이 들어가도록 재설계해야 한다. 이를 실현하기 위해 고용보험 가입 참여가 저조한 자영업자와 특수고용근로자들과 적용제외 대상인 공무원, 교원, 군인 등 안정적인 직업군 모두 고용보험료를 부담하고 혜택을 받아야 한다.

실업급여에 치중된 고용보험의 기능을 고용서비스 제도의 양과 질 전반으로 확충하는 개혁도 필요하다. 현재 고용보험에서 제공하는 고용서비스는 단순히 실업급여를 주기 위한 5분 미만의 의무적인 상담에 불과하다. 이를 양질의 맞춤형 고용서비스로 전환하면, 앞서 제시한 '사회서비스 일자리' 확대까지 기대할 수 있다.

이런 개혁이 이루어져야 고용보험이 고용과 복지 모두를 개선하는 선순환의 사회보험제도로 전환될 것이다.

코로나 이후 언제든 고용의 위기가 닥쳐올 수 있다. '고용보험 개혁'도 국민연금 개혁과 마찬가지로 더 이상 미뤄서는 안 될 시대적 과제다. 정치권도 눈치만 볼 것이 아니라 보험료 증가가 있으면 국민에게 이에 대해 솔직하게 이야기하고 적극적으로 논의를 시작해야 한다. 그래야 촘촘한 사회안전망을 통해 실업자들이 실업급여와 양질의 직업훈련을 받으며 정상적인 재취업의 기회를 가질 수 있을 것이다.

기본소득이 아니라 공정소득이 답이다

기본소득이란 "모든 국민을 대상으로 소득 및 자산, 노동시장 참여 여부와 관계 없이 일정한 금액이 정기적으로 현금 형태로 지급되는 것"이다. 기본소득 지구네트워크BIEN: Basic Income Earth Network에 따르면 기본소득의 다섯 가지 요소는 "첫째, 모든 국민을 대상으로 가구가 아닌 개인에게 지급, 둘째, 소득 및 자산, 노동시장 참여를 전제조건으로 하지 않는 무조건적인 지급, 셋째, 정기적으로 일정 금액을 지급하는 주기적 지급, 넷째, 서비스나 물품 같은 현물이 아니고 특정 상품과 서비스 구매만 가능한 바우처도 아닌, 현금급여로 지급, 다섯째, 자산조사 없이 모든 사람에게 보편적으로 지급"이다.

2020년 9월 2일 국민의힘은 당의 새 정강정책에서 10대 약속의 첫 번째 조항으로 다음과 같이 기본소득을 명시했다:

1. 모두에게 열린 기회의 나라

1-1 (누구나 누리는 선택의 기회) 국민 누구에게나 건강하고 행복한 삶의 기회를 보장하며, 자율적인 개개인이 넓은 선택의 기회를 가질 수 있도록 다양한 정책을 추진한다. 국가는 국민 개인이 기본소득을 통해 안정적이고 자유로운 삶을 영위하도록 적극적으로 뒷받침하여 4차 산업혁명 시대를 대비한다. 정치, 경제, 사회, 문화, 자연 등 모든 영역에서 삶의 질과 만족도를 지속해서 관찰하고 개선한다.

우리나라 정당이 정강정책에 기본소득을 명시한 것은 2020년 1월 창당한 기본소득당을 제외하면 국민의힘이 처음이다. 국민의힘보다 더 진보적인 민주당이나 정의당도 정강정책에 기본소득이라는 용어를 쓰지 않고 있다. 민주당의 정강정책은 "실질임금 보장... 기본생활이 가능한 수준으로 최저임금을 현실화하고 저임금 노동자의 불안정 노동을 해소하기 위해... 사회보험료 지원을 강화... 전국민 고용보험, 한국형 실업부조제도..."라고 말하고 있으며, 정의당의 정강정책은 "소득주도성장을 통해 모두를 위한 경제성장을 이룰 것... 인간다운 삶을 보장하기 위한 기본조건을 누구에게나 평등하게 제공..."라고 말하고 있을 뿐이다. 2017년 민주당의 대선후보 경선 당시 이재명 후보는 "아동, 청년, 노인, 장애인, 농민 등 국민 2,800만명에게 (매년) 100만원의 기본소득을 지급하고 국토보유세를 새로 만들어 전 국민에게 연 30만원씩 토지배당을 하겠다"라고 공약했다.

정당의 정강정책은 국민과의 공공연한 약속이라는 점에서 국민의힘이 집권하면 정강정책대로 기본소득을 도입해야 마땅할 것이다. 대선후보의 공약도 국민과의 약속이니 실천해야 마땅할 것이다. 실천하지 않으면 그 약속은 대국민 사기일 뿐이다. 기본소득은 이렇게 보수, 진보를 가리지 않고 이슈가 되었고, 언론도 기본소득에 대한 찬반논쟁을 열심히 보도하기 시작했다. 세계 어느 나라에서도 아직 도입되지 않은 기본소득이 우리나라의 대표적인 보수정당의 정강정책에 명시되고 어느 대선후보의 공약으로 등장하였다.

외국에서도 일부 시도는 있었다. 2016년 스위스는 1인당 월 2,500스위스프랑(약 300만원)의 기본소득 도입 여부를 놓고 국민투표를 실시하였다. 2017년 핀란드는 중앙정부 차원에서 2,000명을 대상으로 기본소득을 지급하는 정책실험을 실시하였다. 미국에서는 2019년 민주당의 예비후보 앤드루 양Andrew Yang이 모든 성인에게 월 1,000달러씩 '자유의 배당금Freedom Dividend'이라는 이름으로 기본소득을 지급하겠다는 공약을 내세웠다. 스위스의 기본소득 투표는 부결되었고, 핀란드의 정책실험은 부정적 결론이 났고, 미국의 앤드루 양은 민주당 경선 도중 출마를 포기했다. 미국 알래스카주가 주민들에게 매년 월 1,000~2,000달러를 지급해온 것은 석유개발이익으로 조성된 Alaska Permanent Fund에서 매년 펀드 수지에 따라 배당금을 지급한 것으로 2021년에는 1인당 1,114달러를 지급했다. 이는 기본소득으로 보기 어렵다.

코로나 사태 이후 기본소득 논의가 활발해진 것은 사실이다. 2020년 8월 8일자 *The Economist*지가 "From unthinkable to universal: Universal basic income gains momentum in America"라는 기사에서 보도한 대로 앤드루 양의 기본소득 공약 이후 미국에서는 보편적 기본소득에 대한 논쟁과 실험이 활발하고, 미국인들의 상당수가 코로나 사태 이후 기본소득에 대해 긍정적인 반응을 보이고 있다. 코로나 사태 이후 미 정부와 의회가 1인당 1,200달러를 지급하는 경제부양패키지를 통과시킨 후 기본소득에 대한 미국 사회의 토론은 더 뜨거워진 분위기다. 2020년 5월 LA, Atlanta, Newark, St. Paul 같은 도시의 시장들은 'Mayors for a Guaranteed Income'이라는 네트워크를 구성하여 기본소득과 유사한 제도적 장치에 대해 정책실험을 하고 있다. 트위터의 전 CEO 잭 도시Jack Dorsey는 기본소득의 옹호자로서 시장들의 모임이나 앤드루 양의 조직 'Humanity Forward'에게 거액을 기부하고 있다. 역사적으로 미국은 진보에서는 흑인여성 빈곤층을 중심으로 '권리로서의 적절한 소득decent income as a right'을 요구하는 주장이 있었고, 보수에서도 '최소보장소득guaranteed minimum income'을 지급하자는 주장이 있었다. 최근에는 4차 산업혁명의 기술변화로 대량실업이 발생하면 국가가 이들을 도와야 한다는 목소리가 커졌다.

미국과 유럽 일부 국가들을 중심으로 4차 산업혁명과 코로나 위기로 인하여 기본소득에 대한 관심이 높아진 것은 분명 사실이다. 그러나 몇 가지 짚어야 할 점들이 있다. 우선 최근 미국의 정책실험 중 빈곤층에 현금을 지급하는 것은 전 국민을 대상으로 하는 '보편적' 기본소득과는 거리가 멀고 오히려 전통적 복지인 공적부조에 가깝다. 또한 정기적, 반복적 지급이 아닌 일회성 지급이나 그 액수가 최소한의 생활을 해결하기엔 크게 부족한 경우는 기본소득이라고 보기 어렵다. 그리고 세금이 아니라 자선단체의 기부금은 기본소득의 재원이라고 보기는 어렵다.

앤드루 양의 기본소득 제안을 실행하려면 연간 2조 8천억달러(약 3,200조원)의 예산이 소요되는데, 이 액수는 미국 연방정부의 2020년 예산 4조 7,900억달러 중 사회보장지출(연금 등) 1조 920억달러, 노인·장애인 의료보장지출Medicare 6,940억달러, 의료공공부조Medicaid(저소득층 의료보장지출) 4,470억달러를 모두 합친 2조 2,330억달러보다 훨씬 더 큰 엄청난 액수다. 따라서 2조 8천억달러의 예산을 따로 만들지 않는 한, 기본소득을 하려면 미국 연방정부의 연금 등 사회보장지출, 의료 예산을 모두 폐지하고 6천억달러의 다른 예산까지 삭감해야 가능하다는 이야기다. 이게 가능하겠는가? 그렇게 해서 모든 성인이 월 1,000달러, 연 12,000달러의 기본소득을 받는다고 하더라도 이 정도의 수입으로는 소득이 없는 실업자 가족이 빈곤선을 넘는 생활을 할 수가 없다. 결국 현재의 사회복지

예산보다 훨씬 더 큰 규모의 지출을 하고도 가난한 사람들에게 충분한 도움이 되지 않는다면, 국가의 도움이 필요 없는 사람들에게까지 왜 기본소득이라는 이름으로 똑같은 돈을 주어야 하는가라는 근본적인 의문이 제기되는 것이다.

기본소득은 진보의 이슈라고 알려져 있지만, 보수에서도 최소보장소득이나 '부負의 소득세negative income tax' 같은 개념을 제안해왔다. 우리나라도 근로빈곤층을 위한 근로장려세제(EITC: Earned Income Tax Credit)는 부의 소득세와 그 취지나 구조가 닮은 정책이다. 기본소득과 관련해서 진보와 보수가 다른 점은 진보는 기존의 사회복지를 유지한 채 그 위에 기본소득을 얹자는 생각이고, 보수는 기본소득 같은 것을 하려면 기존의 사회복지를 대부분 없애고 하자는 생각이다. 그런데 이런 생각은 둘 다 문제가 있다. 기존 복지제도를 모두 유지하면서 기본소득을 도입하면 도대체 재원을 어디에서 조달할 것인지 대책도 없는 무책임한 얘기를 하는 것이고, 기존 복지제도를 없애고 기본소득만 도입하면 빈곤층, 노인, 장애인 등 기존 복지제도의 수혜자들은 복지가 사라지는 피해를 입게 될 것이다. 미국도 2.8조달러의 기본소득을 도입하면 그 돈을 완전히 새로 마련하든지, 아니면 기존의 연금, 의료보장과 복지가 아닌 다른 예산들까지 그만큼 삭감하든지 선택의 문제였다.

다시 우리나라의 기본소득으로 돌아가보자.

2020년 코로나 사태로 총선 직전에 재난지원금을 지급하기 전까지 기본소득은 아이디어 차원에서 논의되었고, 서울과 경기도 등 일부 지방자치단체장이 극히 일부의 청년들에게 청년수당 또는 청년배당이라는 이름으로 현금을 지급했을 뿐이었다. 사실 현금지급은 그 외에도 기초연금,

아동수당, 기초생활보호 등이 존재했다. 그런데 코로나 사태로 경제상황이 악화되면서 재난지원금이 거론되기 시작했는데, 2020년 2월 29일 이재웅 쏘카 대표가 "재난기본소득 50만원을 어려운 국민들에게 지급해주세요"라는 청원을 청와대 게시판에 올리면서 재난기본소득이란 용어를 썼다. 이재웅 대표는 "코로나로 경제위기는 심각하고, 사람들은 일자리의 위기, 소득의 위기, 생존의 위기다. 경계에 서있는 소상공인, 프리랜서, 비정규직, 학생, 실업자 1,000만명에게 마스크를 살 수 있는, 집세를 낼 수 있는, 집에서 라면이라도 먹을 수 있는 소득이 필요하다"라고 주장했다. 말은 (재난)기본소득이라고 했지만 코로나로 어려운 1,000만명에게 국가가 지원금을 주자는 제안이었다.

그러자 일부 지자체장이 재난기본소득에 동의하고 다양한 지원책들을 경쟁적으로 시작하게 되었다. 지원 방식은 지자체별로 다양했는데 서울, 대구, 경북, 경남, 충북 등은 중위소득 이하 가구에게 차등적으로 지급한 반면, 경기도, 울산 울주군의 경우는 전 도민, 전 군민에게 1인당 10만원을 지급하였고, 전북 전주는 실업자, 비정규직 5만여명에게 1인당 52만 7천원을 지급하였다.

코로나 사태로 미국, 유럽, 일본 등에서 정부가 국민들에게 재난지원금을 지급하기 시작하자, 우리 정부도 재난지원금을 본격적으로 검토하기 시작했다. 앞서 얘기했듯이 당초 기획재정부는 코로나 사태로 어려운 소득 하위 50%에게 4인 가구 기준 100만원을 지급하기로 방침을 세웠으나, 여당인 민주당은 선거를 앞두고 50%를 70%로 확대하자고 했고, 야당인 미래통합당이 "전 국민에게 1인당 50만원씩 지급하자"고 나섰고, 정부 여당은 전 국민에게 4인 가구 기준으로 100만원을 지급하기로 최종 결정하였다.

2020년 4월 총선 직전에 이러한 논의 과정을 지켜본 나는 4월 7일 "악성 포퓰리즘의 공범이 될 수 없다"라는 페이스북 글을 써서 전 국민에게 재난지원금을 지급하는 결정을 비판했고 이에 부화뇌동하는 야당도 비판했다. "모든 정당들이 선거를 코앞에 두고 국가혁명배당금당을 닮아가고 있다 (* 전 국민에게 1억원을 주겠다고 공약한 당). 전 국민에게 50만원씩 지급하는 정책이든 전 가구에게 100만원을 지급하는 정책이든, 모두 선거를 앞두고 국민의 돈으로 국민의 표를 매수하는 악성 포퓰리즘이다. 건전보수 정당을 자임하는 미래통합당이 악성 포퓰리즘에 부화뇌동하다니 참으로 안타까운 일이다. 기획재정부의 원안으로 돌아가기를 나는 제안한다. 다만 기재부의 원안도 수정되어야 할 부분이 있다. 하위 0~20%는 150만원, 20~40%는 100만원, 40~50%는 50만원을 지급하는 계단식(sliding 방식)으로 하면 일률적 지원보다 형평과 공정에 더 부합하는 하후상박의 방식이다"라고 비판하고 대안을 제시했다.

재난지원금을 소득 하위 50%나 70%에게 지급할 것이냐, 아니면 100%(전 국민 혹은 전 가구)에게 지급할 것이냐? 이 질문은 일회성 재난지원금을 넘어서 기본소득의 본질에 대한 질문이다. 전체 가구에게 같은 액수의 현금을 지급한 정책은 우리 역사상 처음이었고, 이는 기본소득의 차원에서 중요한 선례를 남겼다. 가난하든 부자이든, 실업자이든 취업자이든, 모든 가구(국민)에게 똑같은 액수의 현금을 지급한다는 점에서 재난지원금은 기본소득과 닮았기 때문이다. 만약 이러한 방식의 재난지원금이 코로나 사태라는 비상상황이 아니라 평시에도 반복적으로, 정기적으로 전 국민에게 지급된다면 그게 바로 보편적 기본소득 아닌가.

자, 그럼 기본소득은 과연 공정한가?

전 국민, 전 시·도민에게 1/n씩 나누어주는 방식은 산술적 평등이다. 이것이 평등을 넘어서서 과연 공정한 것인가?

김동식 작가의 단편소설 '고르고 고른 인재들'을 읽어보면 진정한 공정이 무엇인지 생각하게 된다. 인류의 최고 인재들을 태운 우주선에 외계인이 침입해서 그 중 딱 한 명만 잡아먹고 나머지는 모두 살려주겠다고 한다. 한 명의 희생자를 어떻게 고를 것인가를 두고 '고르고 고른 인재들'은 갑론을박을 벌인다. 소설 속 등장인물 가운데 최무정은 능력검정시험 점수가 제일 낮은 사람을 제물로 바치자고 한다. 점수가 가장 낮았던 김남우는 "점수가 낮다고 죽어야 하는 건 공평하지 못하다. 좋은 동네, 좋은 학교의 학생과 가난한 동네 학교의 학생 간에는 애초 능력검정시험 자체가 불공평한 거다"라고 반발한다. 그 사이에 외계인은 이 인재들을 다 삼켜버려 이들은 외계인 몸 속에서 발, 무릎, 허벅지, 손, 팔꿈치, 어깨로 뿔뿔이 흩어졌다. 외계인은 "난 하나만 먹는다고 약속했다. 니들 중 가장 약한 놈을 먹을 것이다. 내 머리 쪽에 출구가 있으니 선착순으로 탈출하라"고 했다. 모두 죽기 싫은 본능에 전속력으로 달렸는데, 발끝에서 시작한 '최무정'이 "잠깐! 같이 출발하자고! 이건 불공평해! 시작점이 다르잖아!"라고 외쳤다.
(김동식, 『성공한 인생』, 144-154쪽, '고르고 고른 인재들' 2018년, 요다)

부자든 가난하든, 실업자든 취업자든, 근로능력이 있든 아니면 근로능력이 없는 환자, 아동, 노인, 장애인이든, 누구든 전 국민에게 무조건 똑같은 현금을 정기적으로, 반복적으로 준다? 이것은 공동체의 최소수혜자를 배려하는 존 롤스의 '차등의 원칙'을 정면으로 위배한 것으로 결코 공정하지 못하고, 따라서 정의롭지 못하다는 게 내 생각이다. '불평등은 불평등한 방식으로 해결해야' 공정의 가치를 실현할 수 있다. 이 때문에 나는 지난 총선 직전에 재난지원금을 전 국민(전 가구)에게 지급한 문재인

『성공한 인생』 2018

차례

정부의 결정과 야당의 들러리 역할을 비판했다. 1차 재난지원금에 지출된 14조원이 넘는 예산을 만약 전 가구에게 똑같이 지급하지 않고 소득 하위 50%에게만 계단식으로 지급했더라면 코로나로 어려운 분들에게 두 번 지급할 수 있었다. 어려운 이웃을 두 번 도울 수 있는 기회를 없애버리고 소득 상위 50%에게 주어버린 정책, 이런 기계식 평등을 공정하고 정의롭다고 말할 수는 없다.

전 국민 지급으로 최종 결정한 문재인 대통령은 "고소득자의 자발적 기부를 검토하라"라는 황당한 지시를 했고, 민주당은 "자발적 기부를 실업자 지원용 고용보험 재원으로 쓰겠다"고 했으며, 정부는 최대 20%(2조 8천억원)가 기부금으로 들어올 거라고 예상까지 했다. 그러나 자발적 기부금은 그 100분의 1인 전체 지원금의 0.2%, 287억원에 불과했다. "돈을 줄테니 성숙한 시민의식으로 기부하라"는 정부의 권고에 대한 시민들의 쿨한 응답이다. 이 정도면 정책이 아니라 코미디 아닌가. 전 국민에게 똑같은 재난지원금을 지급한 결정이 정당했다면 고소득자에게 자발적 기부를 기대하지도 말았어야 한다. 당초 총선의 표를 의식해서 공정하지 못한 정책을 펴놓고 부자들에게 기부하라니 앞뒤가 안맞는 것이다.

당시 나는 국회 기획재정위원회 회의에서 홍남기 부총리에게 "문재인 대통령은 재난지원금을 받느냐? 부총리는 받을 것이냐?"라고 물었다. 부총리의 답변은 "대통령은 확인할 수 없고, 부총리는 안 받는다"는 것이었다. 모든 국민에게 현금을 주는 것이 정당한 정책, 옳은 정책이라면 이들은 왜 받지 않는가? 대통령, 부총리보다 더 부자인 국민들도 많이들 받는데... 나는 처음부터 이 방식에 반대했기 때문에 받지 않았다.

- 유승민 위원 : 부총리께서는 100만원 받으실 거예요?
- 부총리겸기획재정부장관 홍남기 : 당연히 저는 받지 않을 겁니다.
- 유승민 위원 : 문재인 대통령께서는 어떻게 하십니까?
- 부총리겸기획재정부장관 홍남기 : 그것은 제가 확인해 드릴 수 없는데요 저부터는 일단 받지 않고요. 저는……
- 유승민 위원 : 부총리가 안 받으시면 100만 공무원들은 다 안 받습니까?

– 2020년 4월 28일, 국회 기획재정위원회 전체회의 속기록

평등은 '같다equal'는 것이다. n명의 사람들에게 1/n씩 똑같은 돈을 나누어주는 기본소득이 평등한 것처럼 보일 수 있다. 그러나 기본소득이 평등하려면 n명의 사정이, 형편이 똑같아야 한다. 각자의 직업, 소득, 재산, 능력, 운이 똑같다면 기본소득은 평등할 것이지만 그런 세상은 존재하지 않는다. 흔히 '기회의 평등equality of opportunity'과 '결과의 평등equality of results'을 대비한다. 결과의 평등은 사회주의, 공산주의의 이념이고, 자본주의, 시장경제, 민주주의에서는 기회의 평등이 중요하다고 한다. 기본

소득은 평등인가? 사람들의 사정이 다 다르기 때문에 기본소득은 기회의 평등도 아니고 그렇다고 결과의 평등도 아니다.

마이클 샌델Michael Sandel 교수는 "기회의 평등에 대한 유일한 대안은 무익하고 억압적인 결과의 평등 뿐이라고 흔히 생각하지만, 조건의 평등 equality of condition이라는 대안이 있다. 거대한 부나 명예로운 지위를 달성하지 못한 사람들도 품위 있고 존엄한 인생을 살 수 있도록 해주는 것이 조건의 평등"라고 주장했다. (Michael J. Sandel, 『공정하다는 착각』) 앞의 김동식의 소설에서 "애초 능력검정시험 자체가 불공평하다"는 '김남우'나 "이건 불공평해! 시작점이 다르쟈나!"라고 외친 '최무정' 모두 기회의 평등, 조건의 평등, 그리고 공정이 현실에서 얼마나 실현되기 어려운 가치인지를 말해준다. 샌델 교수는 능력주의meritocracy를 비판하면서, 기회의 평등 뿐만 아니라 조건의 평등까지 보장되는 사회가 공정하고 정의롭다고 한다. 그런 관점에서 보면 기본소득은 기회의 불평등도, 조건의 불평등도 보정補正하는 기능이 없다는 점에서 공정, 정의와 거리가 멀다.

기본소득이라는 아이디어가 발생한 배경은 무엇인가? 4차 산업혁명으로 AI 등 기계가 인간의 노동을 빠르게 대체하면서 반복적이고 단순한 노동부터 일자리가 사라지고 더 복잡하고 다양한 노동까지 AI가 대체하게 되면 경제 전반에 대량실업이 발생하게 되니, 이들에게 기본소득이라도 지급해야 사회가 유지된다는 것이 그 요지다. 알파고가 이세돌을 이기기 전부터도 식당, 학교, 병원, 주차장에서 키오스크kiosk로 결재를 하고, 고속도로 톨게이트에서 사람이 사라지는 현상을 우리는 이미 보고 있다. 기존의 일자리들이 사라지면 인간은 무슨 노동을 하게 될 것인가? 인간은 아무런 노동도 하지 않는 세상이 오는가? 이 질문에 대해서는 전문가들조차 전망이 엇갈린다. 한 가지 분명한 것은 그러한 세상이 언젠가 오더라도 사람들 사이의 빈부격차, 경제사회적 불평등과 양극화는 여전할 것이라는 점이다. 어쩌면 4차 산업혁명의 결과, 부를 창출하는 원천은 더 소수에게만 집중되어 불평등과 양극화는 더 심화될지도 모른다.

이러한 가능성에 대비하여 대책을 마련하는 것은 당연히 국가가 해야 할 일이다. 그러나 당장 우리가 기본소득을 도입해야 할 것처럼 과장을 하거나 기본소득만이 유일한 해법이라고 생각할 필요는 없다. 아직은 실업률이 3~4%대이고 청년실업률은 10%, 확장실업률은 25%에 육박하는 현실이지만, 앞으로 기술변화로 실업률이 어떻게 변화할지 지켜봐야 한다. 사라지는 일자리가 있으면 새로운 일자리가 나타날 수도 있다. 다시 성장하는 경제로 나아가기 위해 혁신인재 100만명 양병론을 주장한 이유도 여기에 있다. 4차 산업혁명 시대에 필요한 인재를 기르는 것이야말로 세계 경제전쟁에서 승리하는 길이며, 우리 경제가 성장하는 길이며, 대량실업 사회가 아닌 복지국가의 완전고용-사회보장의 목표를 어느 정도 달성하는 길이기 때문이다. 반도체 산업 하나만 보더라도 앞으로 메모리와 비메모리 반도체 세계시장에서 패권을 차지하는 나라와 뒤처지는 나라 사이에 일자리의 격차가 얼마나 클지 상상하기 어렵지 않다. 기본소득 주창자들이 주장하는대로 실업률이 20~30% 이상으로 치솟는 상황이 온다고 하더라도 기본소득보다는 국민 개개인이 처한 형편에 맞추어 실업급여를 포함한 사회보장제도를 더 튼튼하게 만드는 것이 기본소득보다 더 효율적이고 공정한 대책이 될 수 있다.

기본소득은 "누가 그 돈을 낼 것이냐?"라는 질문을 제기한다.

2022년 3월 현재 우리나라 인구 5,162만명에게:

(1) 월 10만원(연 120만원)의 기본소득을 지급하려면,
   5,162만명 x 120만원 = 61조 9,440억원
(2) 월 50만원(연 600만원)의 기본소득을 지급하려면,
   309조 7,200억원
(3) 월 100만원(연 1,200만원)의 기본소득을 지급하려면,
   619조 4,400억원

엄청난 규모의 예산이 필요하다. 그런데 2020년 현재 명목 GDP는 1,975조원, 공공사회복지지출은 247조원(GDP의 12.5%), 정부예산의 총지출(1~4차 추경 포함)은 554조 7천억원이다. 월 50만원의 기본소득을 지급하려면 연 309조 7,200억원이 필요한데 이는 공공사회복지지출 247조원보다 63조원이나 크고, 예산의 56%나 된다. 만약 사회복지지출 247조원을 전액 기본소득으로 돌릴 경우 국민 1인당 연간 478만원, 월 40만원 정도의 기본소득을 지급할 수 있다.

공공사회복지지출을 모두 없애고 전 국민에게 기본소득을 지급하는 것은 사회보험의 원리, 공정과 정의에 어긋날 뿐 아니라 정치적으로 국민의 동의를 구하기 어렵다. 복지는 정치의 영역임을 절대 잊지 말자. 기존의 사회복지를 유지하면서 기본소득을 도입하려면 대규모 증세에 나설 수밖에 없을 것이다. 소득세, 법인세, 부가가치세 등 기존 세금을 대폭 올리거나 일각에서 말하는 로봇세, 국토보유세 등 새로운 세금을 도입하는 수밖에 없는데, 어느 방법이든 기본소득을 감당할 만큼의 증세가 과연 현실적으로 가능한지는 의문이다. 현재의 사회복지제도를 유지하더라도 복지지출은 빠른 속도로 늘어나 증세가 불가피한 상황임을 잊지 말아야 한다.

기본소득은 사회보험의 원리에 맞지 않고 공정과 정의의 가치에 반한다. 그런데 일각에서는 기본소득을 사회보장이 아니라 '경기부양이라는 경제정책의 수단'으로 주장하는 목소리도 있다. 1차 재난지원금을 전 가구에게 지급할 때에도 소비를 촉진하여 코로나로 인한 경제침체를 막는 효과를 기대했듯이, 기본소득도 소비를 촉진시켜 경기를 부양하는 효과가 있다는 것이다. 전 국민에게 돈을 지급해 소비를 하게 한다는 뜻이다. 소득주도성장의 또 다른 버전이다. 국민들 전부 내지 일부에게 현금을 살포하면 소비를 진작하는 효과는 어느 정도 있을 것이다. 기본소득은 전 국민에게 현금을 살포하여 경기를 부양하자는 것이다. 밀턴 프리드먼 Milton Friedman이 심각한 경제위기를 타개하는 방법으로 주장한 '헬리콥터 머니helicopter drop of money,' 혹은 코로나 사태 이후 유럽에서 얘기하는 '바주카포big bazooka'와 같은 아이디어인데, 정부가 예산으로 하느냐 중앙은행이 발권력으로 하느냐의 차이가 있을 뿐이다. 그러나 '헬기에서 돈을 뿌리는 정책'이 경기부양에 가장 효과적인 정책이냐는 의문이다. 경기부양의 관점에서도 부자든 가난하든 똑같은 현금을 주는 것보다는 한계소비성향(같은 돈을 지급할 때 누가 더 많이 소비하느냐)이 더 높은 저소득층에게 더 많이 주는 것이 더 효과적이기 때문이다.

결국 최선의 해법은 사회보험의 철학과 원리에 맞게 기존 복지제도의 내실을 기하고 복지지출의 효율성을 높이고 중복지출을 없애며 사각지대가 없는 튼튼한 사회안전망을 제공하는 것이다. 그리고 미래세대의 부담을 줄여주기 위해서 복지와 국민부담이 같이 가도록 보편적이고 공정한 증세에 나서야 한다. 기본소득은 '장기적으로 검토할 대안 중의 하나'일 뿐이다. 대선에서 어느 정당이 집권하더라도 기본소득은 도입할 수도 없을 것이며 도입해서도 안될 것이다.

이상과 같은 이유로 나는 기본소득에 반대한다. 아무리 최소한으로 말해도 기본소득은 상당기간 동안은 시기상조다. 따라서 국민의힘 정강정책의 기본소득은 마땅히 폐기되어야 한다. 이를 폐기하지 않고 그대로 두는 것은 국민을 속이는 행위다. 기본소득 대신 나는 공정소득을 제안한다. 공정소득이란 부負의 소득세와 원리가 같으며 낮은 단계부터 시작해볼 필요가 있다. 공정소득의 경우 기존의 사회보장제도를 어떻게 할 것이냐의 문제에 대해서는 기존의 현금성 공적 부조 중 일부는 흡수하고 나머지 사회보장제도를 그대로 두면서 공정소득을 확대해나가는 방식이 바람직하다.

한편 앞으로 복지정책의 기본단위를 개인으로 할 거냐, 가구로 할 거냐를 생각할 필요가 있다. 2021년 1인 가구 비중이 처음으로 40%를 넘었다. 전체 2,340만 가구 중 940만 가구가 '나 혼자 산다' 가구인 것이다. 3인 이상 가구는 36%로 1인 가구의 수에 미치지 못하고 있다. 가구의 해체는 저출산 고령화 등 사회 변화의 결과이지만 향후 복지제도 설계에 많은 고민을 던져주고 있다. 현행 복지제도의 기본단위는 가구이지만 가족의 해체로 인해 가구를 기본단위로 계속 삼아야 할 것인지 고민이 시작된다. 가족의 해체로 인해 노인 부양의 의무가 가족에서 국가로 넘어가고, 그에 따라 기하급수적으로 복지비용이 증가할 것이다.

복지제도의 기본단위 문제는 최근에 더욱 명확하게 드러난다. 지난 1차와 5차 전국민 재난지원금 지급 기준을 살펴보면, 각각 가구 중위소득의 100%와 88%였다. 1차의 경우 4인 가구 기준 1인당 25만원씩 산정되었지만 이 금액을 세대주에게 지급해 사실상 개인에게 지급되지 않는 경우가 발생했다. 반면 5차의 경우는 개인 단위로 지급됐지만, '왜 88%냐'는 기준 문제가 제기됐다. 이 과정에서 가구소득 파악과 가구원간 신뢰라는 문제점이 노출됐다. 가족 간에도 개인의 소득이나 재산 정보 공유는 쉽지 않다는 의미이다. 사실 가구소득은 파악하기 어렵다. 가구소득을 공식적으로 추정하는 기관은 통계청이지만, 이는 전수조사가 아니라 표본조사를 바탕으로 해 실제와는 상당한 차이가 있다. 즉, 가구소득 조사에서 설문을 받는 가구원은 다른 가구원의 실제 소득을 제대로 모르고 있는 경우도 많다. 더불어 개인정보 노출을 점점 꺼리는 시대에 아무리 국가의 조사라 해도 본인은 물론 다른 가구원의 소득을 쉽게 알려주지 않기 때문이다.

또 하나 주목할 점은 우리나라의 가장 기본적 복지제도인 국민기초생활보장제도에서 부양의무자 기준이 2021년부터 단계적으로 폐지되기 시작했다는 것이다. 향후 본인의 소득과 재산이 기준을 충족하면 부양의무자 유무와 상관없이 급여를 받게 되는 것이다. 일부 지방자치단체는 이미 폐지한 곳도 있다.

가구와는 반대로 개인의 소득과 재산 파악은 상당한 수준으로 올라와 있고, 국세청을 중심으로 향후 더 잘 파악되는 과정에 있다. 세금을 납부하거나 복지제도 혜택을 받기 위해서는 개인의 동의가 선행되기 때문이다. 또한 파악된 소득을 바탕으로 개인 단위로 세금을 납부하고 복지제도 혜택을 받는다면 소위 낙인효과stigma effect나 복지제도 전달비용 문제가 쉽게 해결되는 장점도 있다.

촘촘하고 두터운 복지체계를 갖추기 위해서는 향후 복지제도가 가구 기준에서 개인 기준으로 재편되고, 중복되는 부분은 도려내야 한다. 씁쓸하지만, 가족이란 테두리 안에서조차 보호받지 못하는 사람이 늘어나는 것이 우리의 현실이기 때문이다.

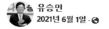

유승민
2021년 6월 1일 · 🌐

< '공정소득'(니트, NIT: negative income tax)를 도입하자 >

보편적 기본소득을 주장한 이재명 지사가 안심소득을 도입하려는 오세훈 시장을 비판했다.

기본소득은 전 국민에게 똑같은 돈을 주는 것이다.

나는 '공정소득'(negative income tax: 이하 NIT)을 도입하겠다.

공정소득(NIT)은 소득이 일정액 이하인 국민들에게 부족한 소득의 일부를 지원하는 것이다.
근로능력이 없거나 열심히 일해도 빈곤 탈출이 어려운 저소득층에게 정부가 보조금을 지급하는 것이다.

안심소득도 NIT의 일종이다.

같은 정부예산이라면 기본소득과 공정소득(NIT) 중에서 어느 정책이 더 나은가?

기본소득에 쓸 돈을 소득 하위 50%에게 주면 2배를 줄 수 있다.
소득 하위 33.3%에게 주면 3배를 줄 수 있다.
따라서 양극화와 불평등을 완화하는 효과는 공정소득(NIT)이 훨씬 우월하다.
기본소득은 反서민적이라고 내가 비판하는 이유다.
기본소득에 비하면 공정소득(NIT)이 훨씬 더 親서민적이다.

공정의 관점에서는 어떤가?
심한 양극화, 불평등이 존재하는 현실에서 저소득층, 빈곤층에게 조금이라도 더 지원하는 정책이 공정의 가치에 더 부합할 것이다.
마이클 샌델 교수가 강조한 대로, 공정한 사회에 필요한 "기회의 평등, 조건의 평등" 차원에서 기본소득보다 공정소득(NIT)이 훨씬 더 공정한 정책이다.

소비 촉진효과는 어떤가?
KDI나 조세연구원의 연구결과를 보면 저소득층의 소비성향이 더 높기 때문에 기본소득보다 공정소득(NIT)의 소비 촉진효과가 훨씬 더 크다.

어떤 기준으로 보더라도 공정소득(NIT)이 기본소득보다 훨씬 더 나은 정책이다.

이지사가 오시장에게 "재원대책이 없으면 헛공약"이라고 따져묻는 것은 어처구니가 없다.
기본소득이든 공정소득(NIT)이든 국민 세금인 것은 똑같다.
그런데 1인당 지급액이 똑같다면, 공정소득(NIT)보다 기본소득에 훨씬 많은 예산이 필요하다.
재원 마련 차원에서 기본소득이야말로 헛공약인 것이다.
이지사는 본인의 기본소득의 재원대책이나 고민해야 할 것이다.

이지사는 "왜 부자들은 돈을 안주고 차별하나"고 한다.
이 말은 조삼모사(朝三暮四)의 속임수다.
그런 논리라면 부자들이 세금을 더 내는 건 차별 아닌가?
그리고 이지사는 앞으로 기본소득을 하겠다고 부자들과 중산층에게 세금을 지금보다 훨씬 더 많이 거두어갈 것 아닌가?
그러면서 소액의 기본소득을 주는 것을 갖고 마치 중산층, 부자들을 대단히 위하는 것처럼 속이려는 것이다.

공정소득(NIT)이 기본소득보다 훨씬 나은 정책이지만, 공정소득(NIT)도 당장 도입하기에는 현실적인 장벽들이 있다.

가장 중요한 문제는 기존의 사회복지를 어떻게 할 거냐이다.
공정소득(NIT)을 도입할 때, 기초생활보장의 생계급여나 근로장려세제같이 폐지할 수 있는 것도 있다.
그러나 저소득층의 건강보험, 무주택자들의 주거복지는 폐지할 수 없다.
공정소득(NIT)으로는 병원에 갈 돈이 안되고 주거를 해결할 돈은 안되기 때문이다.

사회복지의 개혁은 철학과 원칙, 그리고 현실에 대한 정확한 진단 위에 이루어져야 한다.
나는 공정소득(NIT)을 도입하겠다.
공정소득(NIT) 도입을 목표로 나아가되 공정소득(NIT)으로 해결 안되는 의료, 주거, 산재 등 기존 사회안전망을 병행하는 복지제도의 개혁을 추진할 것이다.

지속가능한 국가재정 : 정부의 선관의무

경제학자로서, 정치인으로서 나는 수십년 동안 "국가재정은 우리 경제의 최후의 보루last resort"라는 말을 자주 했었다. 국회 예결위, 기재위의 내 속기록에는 이 단어가 여러 번 등장한다. 1997년 IMF위기를 당했을 때 IMF와 IBRD로부터 달러를 빌리고 구조조정에 필요한 공적자금을 마련하고 대외신인도를 회복하는 데 우리 정부의 건실한 재정은 매우 중요한 역할을 했다. 1997년의 국가채무는 60.3조원으로서 GDP의 11.4%였고, IMF위기에서 어느 정도 회복된 2003년의 국가채무는 165.8조원으로서 GDP의 19.8%였다. 2008년의 금융위기를 극복할 때에도 건전한 국가재정의 역할은 마찬가지로 중요했다. 국가재정이 왜 중요한지는 2010년대 들어서 위기를 겪은 유럽의 이탈리아나 그리스 사례를 보면 금방 알 수 있다. 국가부도 사태에 직면해서도 돈을 빌릴 곳이 없어서 혹독한 구조조정을 약속하고 겨우 돈을 빌리고, 그러고도 경제위기에서 빠져나오는 데 필요한 충분한 자금을 확보하지 못한 나라들이다.

부채는 가계, 기업, 정부 모두에게 있다. 2019년의 경우 우리나라 국가채무(중앙정부와 지방정부의 채무; D1)는 728.8조원(GDP의 38%), 가계부채(가계신용)는 1,600.3조원(GDP의 83.4%, 국민 1인당 3,095만원), 기업부채는 1,118조원(GDP의 58.3%)였다. 국가채무에 공공기관부채 525.1조원과 연금충당부채 944.2조원을 합치면 2,198.1조원으로 GDP의 114.6%, 국

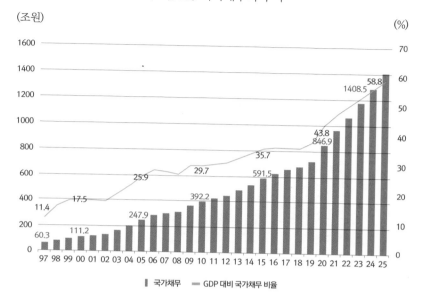

〈그림 20〉 국가채무의 추이

출처 : 기획재정부

민 1인당 4,251만원이다. 국가, 가계, 기업의 부채들을 모두 합하면 무려 4,916.4조원으로 5천조원에 육박하는 숫자다.

〈그림 20〉에서 보듯이 국가채무(D1)는 IMF위기가 시작된 1997년 60.3조원, GDP의 11.4%에서 2020년 846.9조원, GDP의 43.9%(2020년의 4차 추경까지 반영한 수치)로 절대금액과 GDP 대비 비율 모두 23년 만에 크게 증가했다. 정권별로 임기 중 국가채무의 증가금액은 김대중 정부 85.4조원, 노무현 정부 143.2조원, 이명박 정부 180.8조원, 박근혜 정부 170.4조원였다. 문재인 정부는 2017~2020년 사이에 186.7조원, 임기 5년인 2017~2022년에는 417.6조원으로 증가하여 2022년에 국가채무는 1,077.8조원이 될 전망이다.

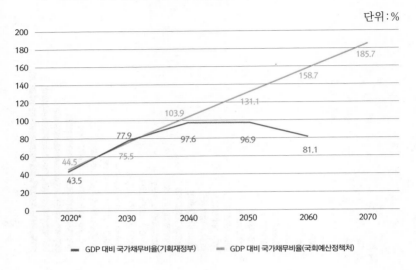

〈그림 21〉 기획재정부·국회예산정책처의 국가채무 장기전망 비교

단위 : %

- GDP 대비 국가채무비율(기획재정부) — GDP 대비 국가채무비율(국회예산정책처)

〈그림 21〉는 기획재정부와 국회예산정책처가 국가채무에 대해 장기 전망을 한 결과다. 기획재정부는 GDP 대비 국가채무의 비율이 2020년 의 43.5%(3차 추경 기준), 2030년 77.9%, 2040년 97.6%, 2050년 96.9%, 2060년 81.1%로서 2045년에 99%로 정점 도달후 2045~2060년 기간 에는 "그 비율이 줄어든다"는 전망을 내놓았다. 반면, 국회예산정책처 는 2020년 44.5%, 2030년 75.5%, 2040년 103.9%, 2050년 131.3%, 2060년 158.7%, 2070년 185.7%로 거의 일직선으로 가파르게 증가할 것이라는 전망을 내놓았다. 이 두 전망은 2050년에는 34.3%p의 차이를, 2060년에는 77.6%p라는 엄청난 차이를 보이고 있다. 국회예산정책처의 전망에 따르면 2020년 846.9조원의 국가채무는 2070년이 되면 8배 수 준인 6,789.9조원(불변가격 기준)으로 급증하여 국민 1인당 국가채무가 1 억 8천만원까지 된다고 한다.

이 두 전망이 이렇게 큰 차이를 보이는 가장 큰 이유는, 기획재정부는 '총지출'이 경상성장률 수준으로 증가한다고 가정했고, 국회예산정책처는 '재량지출'이 경상성장률 수준으로 증가한다고 가정했기 때문이다. 그러나 사회보장지출 등 의무지출이 경상성장률 이상으로 빠르게 증가하기 때문에 기획재정부는 재량지출이 경상성장률보다 훨씬 더 낮은 속도로 증가한다고 가정한 셈이다. 이는 미래 정부는 새로운 사업들을 거의 추진하지 않을 것이라는 비현실적인 가정이다. 문재인 정부 자신은 의무지출과 재량지출 모두 경상성장률보다 훨씬 더 높게 예산을 펑펑 쓰면서 미래의 정부들은 돈을 쓰지 않을 거라는 황당한 주장을 하는 셈이다. (기획재정부 보도자료, 「재정혁신과 미래 성장동력 확충을 통해 '60년 국가채무비율 60%대 수준으로 관리: 재정준칙 도입 및 사회연금보험 개혁 필요」, 2020년 9월 2일 / 국회예산정책처, 『2020 NABO 장기 재정전망』, 2020년 9월)

국회예산정책처의 전망대로 GDP 대비 국가채무 비율이 앞으로 50년 동안 1년에 3%p 가까이 급증한다면, 이 상황을 그대로 방치해도 우리 경제는 과연 무사할까?

한국경제학회가 2020년 9월말~10월초에 경제학자들에게 실시한 여론조사에서 "국가채무비율이 아직 OECD 평균의 절반 이하이므로 큰 문제가 없다는 입장에 대해 어떻게 생각하느냐"라고 물어본 결과 75%가 "동의할 수 없다"고 답변했다. 경제학자들 대다수가 급증하는 국가채무는 우리 경제의 큰 위험이라고 경고한 것이다.

그러나 정부와 정치권에서는 다른 목소리들이 버젓이 존재한다. 우선 문재인 정부는 2018년 기준 OECD 평균이 108.9%, 일본 224.2%, 이태리 148.3%, 영국 116.6%, 미국 106.7%, 독일 70.3%인데, 2020년 현재 우리는 아직 43.9%이기 때문에 재정건전성은 양호하고 재정여력이 충분하다고 주장한다. 2015년 9월 새정치민주연합의 문재인 대표는 "(박근혜) 정부가 발표한 2016년 예산안에서 국가채무비율이 사상 처음으로 GDP 대비 40% 선을 넘었다 (실제 2016년 국가채무비율은 38.2%였음). 재정건전성을 지키는 마지노선으로 여겨왔던 40%가 깨졌다. 새누리당 정권 8년, 박근혜 정부 3년만에 나라 곳간이 바닥나서 GDP 대비 40%, 730조원(이 숫자는 잘못된 것. 2017년 국가채무가 660.2조원)에 달하는 국가채무를 국민과 다음 정부에게 떠넘기게 되었다"라고 신랄하게 비판했었다. 그러나 집권 후 2019년 5월 16일 국가재정전략회의에서 문재인 대통령은 "국가채무비율이 미국은 100%, 일본은 200%를 넘는데 우리 정부는 40% 안팎에서 관리하겠다는 근거가 뭐냐?"라고 말했다. 이재명 경기지사는 "재난지원금을 30만원씩 오십 번, 백 번 줘도 선진국의 국가부채비율에 도달하지 않는다"라고 말했다.

2015년 당시 문재인 새정치민주연합 대표가 '재정건전성을 지키는 마지노선'이라고 말했던 국가채무비율 40%라는 숫자에 무슨 대단한 이론적 근거가 있는 것은 아니다. 그러나 우리나라는 앞으로 수십년 동안 사회보장 등 법적 의무지출의 가파른 증가로 국가채무비율은 세계에서 가장 빠른 속도로 증가할 것이라는 점, 그리고 공공기관채무와 연금충당채무가 다른 나라들보다 더 크기 때문에 정부가 책임져야 할 부채는 훨씬 더 크다는 점을 생각하면 지금 40%에서 몇 %p가 더 오른 것을 두고 논쟁을 벌일 때가 아니다. 미국, 일본, 유럽과 같은 기축통화국의 국가채무비율과 직접 비교하는 것도 넌센스다. 우리나라는 비기축통화국에다 대외의존도가 매우 높은 경제이기 때문에 기축통화국과 결정적 차이가 있다. 글로벌 금융시장에서 우리 경제의 대외신인도는 경제성장률, 국가채무비

율 등으로 결정되는데 성장률은 낮고 국가채무비율은 높으면 대외신인도
가 하락하여 우리 국채의 가격은 하락하고 국채금리는 올라갈 것이며 외
화조달비용은 증가되고, 그렇게 되면 환율, 물가 등이 악순환에 빠져 결
국 국가채무위기에 봉착할 가능성이 높아진다.

따라서 국가채무비율은 낮을수록 좋다. 이 비율이 낮을수록 대한민국
정부가 '최후의 보루'로서의 역할을 잘 할 수 있다. 문재인 정부에서 이
비율이 올라가도 그 이후 안정될 수만 있다면 큰 문제가 아닐 수도 있다.
그러나 앞의 〈그림 21〉은 그럴 가능성이 거의 없음을 보여주고 있다. 실
제로 2020년 글로벌 3대 신용평가사인 S&P, Moody's, Fitch 중 Fitch
는 한국의 국가채무비율이 2023년 46%까지 높아지면 국가신용등급 하
락요인으로 작용할 수 있다고 경고했으며, Moody's는 중장기적으로 고
령화, 저성장, 국가채무를 신용등급 하락의 요인으로 경고했다. 이것이
냉엄한 국제현실이며, 기축통화국과 함부로 국가채무비율을 단순 비교해
서는 안되는 이유다.

민법에 '선관의무(선량한 관리자의 주의 의무 : duty of care, due diligence)'라
는 개념이 있다. 타인의 재산을 관리할 때에는 일반적, 객관적 기준에 의
해 요구되는 정도의 주의를 기울여야 할 의무가 있다는 뜻이다. 민법 제
695조는 "자기 재산과 동일한 주의"를 말하고, 제922조는 "자기의 재산
에 관한 행위와 동일한 주의"라고 말한다. 정부가 국민의 세금이나 국채
발행으로 조성된 예산을 마치 눈먼 돈처럼 함부로 쓴다면, 시민들은 "저
사람들이 자기 돈이면 저렇게 쓰겠나"라고 말한다. 바로 이 말은 대통령
과 관료들의 선관의무를 정확하게 말하고 있는 것이다. 대통령과 관료들
은 국민으로부터 권한을 위임받는 국민의 대리인이다. 이들은 근원적으

<표 6> OECD 국가의 재정 트릴레마(2018년, GDP 대비 %)

	공공사회복지 지출	조세부담률	국민부담률	국가부채
한국	11.1	20.0	26.8	39.3
덴마크	28.0	44.8	44.0	47.8
미국	18.7	18.2	24.3	106.7
영국	20.6	27.1	33.5	116.6
프랑스	31.2	30.0	46.1	121.6
핀란드	28.7	30.8	42.7	72.7
독일	25.1	23.0	39.2	70.3
노르웨이	25.0	28.9	39.0	45.8
OECD 평균	20.1	24.9	34.0	108.9

출처 : KOSIS, OECD, 국회예산정책처

로 선관의무를 다해야 하는 사람들이다.

국가채무가 〈그림 21〉과 같이 급증하지 않도록 하는 것은 대통령과 관료들의 선관의무다. 복지지출과 세금과 국채의 관계는 재정 트릴레마 trilemma라고 한다. 이 삼중의 딜레마를 어떻게 해결할 것인가? 복지를 제대로 하려면 돈이 필요하다. 돈은 세금을 걷거나 국채를 발행하는 수밖에 없다. 세금은 현 세대가, 국채는 미래 세대가 부담한다. 복지를 늘리는 건 정치적으로 인기가 있다. 세금을 올리는 것은 정치적으로 가장 부담스럽다. 국채를 늘리는 것은 사람들이 당장은 별 느낌이 없어서 정치적으로 세금보다 부담이 훨씬 적다. 5년마다 정권이 바뀌면서 우리는 복지는 늘리고 세금은 못 늘리고 국채는 늘리는 방향으로 가고 있다. 미래 세대의 부담으로 현 세대의 복지를 늘리는 것이다. 이 트릴레마의 밖에서 문제를 해결하는 방법은 없을까? 경제가 다시 성장하는 길이 있다. 경제가 성

장하여 일자리가 늘어나고 세율을 올리지 않고도 세금이 더 많이 걷혀서
복지지출에 쓰고 국채발행을 줄일 수 있도록 하는 길이다. 그리고 복지를
개혁하는 길이 있다. 국민연금, 공무원연금, 건강보험 등 복지를 개혁하
지 않을 수 없는 이유가 여기에 있다.

주거사다리를 복원하라

문재인 정부는 '국가채무를 역사상 가장 많이 늘린 정부,' '소득주도성장이라는 실험에 실패한 정부,' '소득분배의 불평등을 더 악화시킨 정부,' '일자리가 가장 많이 사라진 정부'로 훗날 역사에 기록될 것이다. 그 기록 중에는 '집값과 전월세를 가장 많이 올린 정부'도 순위에서 결코 빠지지 않을 것이다. 서울 아파트 평균 매매가격은 2017년 5월의 6억 708만원에서 2022년 4월의 12억 7,722만원으로 두 배 이상 올랐다. (월간 KB주택가격동향)

집 문제로부터 자유로운 국민은 한 명도 없다. 사람의 행복은 집을 떠나서는 생각할 수 없다. 우리 헌법이 말하는 "인간으로서의 존엄과 가치, 행복을 추구할 권리, 인간다운 생활을 할 권리"는 내가 사는 집과 얼마나 밀접한 관계가 있는가. 힘든 노동에 지친 몸이 휴식할 수 있는 유일한 공간, 가족끼리 위로와 사랑을 나누는 공간, 세상의 스트레스와 간섭으로부터 자유를 누리는 공간, 이게 바로 내 집 아닌가. 그래서 헌법은 "모든 국민이 쾌적한 주거생활을 할 수 있도록" 노력해야 할 국가의 의무도 따로 명시하고 있다 (헌법 제35조 제3항).

그런데 집은 삶의 터전인 동시에 재산이다. 자동차와 주식이 재산이듯이 집도 재산이다. 집을 소유한 사람은 소유권을, 전월세로 임차한 사람은 재산을 빌린 임차권을 행사한다. 집에 대한 재산권은 헌법과 법률에 의해 보장된다. 집은 사람에게 꼭 필요한 것이지만, 그 값이 매우 비싸다. 값이 비싸기 때문에 집을 장만하는 것은 대다수 사람들에게 시간이 걸리는 일이고, 끝내 감당하기 어려운 사람들도 많다. 집은 비싸기 때문에 다수의 주택소유자에게는 집이 1호 재산일 정도로 소중한 재산이다. 실제로 우리나라 가계는 평균적으로 자산의 3/4 정도를 부동산으로 갖고 있을 만큼 집은 중요한 재산이다.

집이 중요한 재산이기 때문에 사람들은 집값에 매우 민감할 수밖에 없다. 집을 이미 소유한 사람은 집값이 올라서 재산의 이득이 생기면 좋아하지만 집을 사야 할 사람은 집값이 내리면 좋아한다. 이건 사람의 본능이다. 사람들의 본능이면 그것이 시장의 본능이다. 집값이 장기간에 걸쳐 계속 오르는 것을 경험하면 사람들은 재산증식의 수단으로 내집 마련을 꿈꾼다. 장기간에 걸쳐 집값이 하락한다면 누가 집을 소유하려고 하겠나. 그래서 내집 마련은 많은 사람들에게 일생의 꿈이고 프로젝트다. 부모의 집에서 태어나 하숙, 자취, 원룸에 살다가 결혼하고 월세, 전세를 살다가 집값이 상대적으로 싼 도시 외곽의 작은 집에서 시작하여 더 살기 좋은 동네로, 더 큰 평수로 이사하는 것이 보통 사람들의 인생이다.

사람들에게 집이 재산이고 투자의 대상이고 재산증식의 수단이라는 점, 내집 마련의 꿈은 본능이라는 점, 이 분명한 사실을 부정하기 시작하면 주택정책이 꼬이기 시작한다. 2020년 들어서 주택의 매매가격이 급등하고 전월세 대란이 발생한 근본적인 이유도 문재인 정권 사람들이 주택이 재산이며 재산증식의 수단이라는 사람들의 본능을 부정하면서 정책을 만들었기 때문이다. 사람의 본능을 부정하는 정책은 곧 시장의 본능을 부정하는 정책이 되고, 시장을 역행하는 정책은 결국 큰 대가를 치르게 된다.

집을 한 채 이상 보유한 가구, 남의 집에 전월세로 사는 가구, 전월세도 못 구할 형편의 가구... 우리 국민들은 소득과 재산에 따라 이 세 범주 중의 하나에 속한다. '주택정책의 목표가 무엇이냐?'라는 질문에 대해 전문가들은 '국민의 주거안정'이라고 답한다. 그러나 '주거안정'이라는 말은 위의 세 가지 범주 중에서 어디에 처한 사람이냐에 따라서 그 의미가 다르다. 내 집을 갖고 싶어 하는 국민들에게는 '내집마련의 꿈'을 실현시켜주는 주택정책이 있어야 하고, 전월세로 싸고 좋은 집에 살기를 원하는 국민들에게는 임대차시장을 안정시켜주는 주택정책이 필요하고, 전월세도 못 구할 형편의 저소득층에게는 가난한 국민도 인간다운 존엄을 지키며 생활할 수 있는 최소한의 주거를 보장하는 주택정책이 필요하다. 이 세 가지 주택정책이 결합하여 국민의 주거안정이라는 목표를 달성할 수 있다. 즉, 임대차시장을 안정시키며 중산층 서민의 내집마련의 꿈이 이루어지도록 도와주고, 저소득층에게는 국가가 주거복지를 보장하는 것이 주택정책의 목표인 것이다.

주택시장에서 국가와 시장의 역할분담은 어떻게 되어야 하는가? 공산주의 계획경제 국가가 아니라면, 주택의 공급은 다른 재화나 서비스와 마찬가지로 원칙적으로 시장에 맡겨야 한다. 국가가 아니라, 이윤을 목적으로 주택을 짓는 기업이 공급을 담당하는 것이다. 공산주의 국가라도 중국을 보면 모든 토지는 국가의 소유라 법적으로 땅이 아닌 주택 건물만 소유하고 주택소유자가 정부에 사용료를 내고 70년간 토지를 빌려 쓰는 법적 형식을 취한다. 그러니까 사실상의 소유권이 시장에서 거래되고 있고, 베이징, 상하이, 셴젠의 어지간한 아파트는 서울 아파트보다 더 비싸다.

주택의 공급을 시장에 맡긴다는 것은 기본적으로 가격의 결정도 시장의

수요 공급의 원리에 맡긴다는 뜻이다. 물론 정부가 공급자나 수요자에게
다양한 규제를 가할 수는 있다. 분양가상한제, 분양후 전매에 관한 규제,
주택조합에 관한 규제, 재건축과 재개발 규제, 개발이익환수에 관한 규제,
용적률과 건폐율 같은 건물/대지의 비율에 대한 규제, 특별한 이유에 따른
고도제한 등 여러 가지 규제를 가할 수 있다. 이러한 규제에도 불구하고
기본적으로 주택의 공급을 민간이 담당하고 가격이 수요 공급에 의하여
결정된다면 시장기능이 작동하는 것이다. 주택의 공급은 시장에 맡기더라
도 택지의 개발과 공급을 정부가 출자한 공기업이 담당하기도 하는데 우
리나라의 경우 LH나 광역·기초단체의 개발공사 등이 대규모 택지의 개발
및 분양을 담당하기도 한다. 임대차 시장도 마찬가지다. 전세와 월세 주택
의 공급은 기본적으로 시장에서 임대업자 내지 개인이 하는 것이다. 전세
와 월세의 가격 결정도 시장에서 수요와 공급의 원리에 따라 이루어진다.

디즈니 애니메이션 '뮬란'에서 "쌀 한 톨이 저울을 기울게 한다. 한 명
의 용사가 승패를 가를 수 있다 A single grain of rice can tip the scale. One man
may be the difference between victory and defeat"라는 대사가 기억난다.

유튜브 화면 갈무리

시장에서 수요와 공급에 의한 시장가격의 결정이 바로 그런 것이다. 쌀한 톨이 더해서 저울이 기울어지듯이 가격은 수요와 공급 중 어느 힘이 더 크냐에 따라 매우 예민하게 움직인다. 때로는 오르기도, 때로는 내리기도 하는 것이 시장가격이다. 임대차 시장에서도 수요와 공급에 따라 임대료가 결정되는 것은 마찬가지 원리이다. 내집마련이나 전월세를 구하는 사람들에게 너무나 중요한 매매가격과 전월세의 결정은 이처럼 수요와 공급이 어떻게 움직이느냐에 따라 결정된다.

〈그림 22〉, 〈그림 23〉은 1986년 11월 이후 2022년 3월까지 월별 매매가격과 월별 전세가의 변화 추이를 보여준다. 가격의 움직임은 지역별로 차이가 나는데, 이는 전국이 하나의 시장이라고 볼 수 없기 때문이다. 서울의 수요 공급이 지방의 수요 공급과 다르기 때문에 지방에는 미분양 아파트가 넘쳐나 (공급>수요) 가격이 내려도, 서울 강남에서는 공급이 부족해서 가격이 오를 수도 있는 것이다.

〈그림 22〉를 보면 전국과 서울 아파트 매매가격의 변화는 시기별로 큰 차이가 있었음을 알 수 있다. 전두환 정부 말기 3저 호황 이후 노태우 정부 초기 88올림픽 때부터 전국과 서울의 아파트 매매 가격은 급등했다. 주택가격 급등은 경제호황과 시중 유동성의 증가, 수도권으로의 인구유입, 올림픽 특수 등이 모두 매매와 전세에 대한 수요를 올리는 요인으로 작용했기 때문이다. 주택가격 급등에 대한 노태우 정부의 대응은 1989년 4월 발표된 주택 200만호 건설계획이었다. 수도권에 90만호, 지방도시에 110만호, 서민들을 위한 영구임대주택 25만호를 공급한다는 계획이었다. 영구임대주택을 포함하면 225만호 공급이라는 엄청난 계획이었다. 수도권 90만호는 서울에 40만호, 서울 외곽에 50만호였는데, 200만호의 핵심은 1기 신도시인 분당, 일산, 중동, 산본, 평촌이었다. 박병원

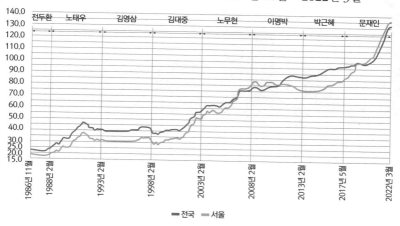

〈그림 22〉 아파트 매매가격 변동 : 1986년 11월 ~ 2022년 3월

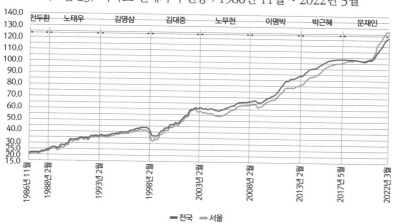

〈그림 23〉 아파트 전세가격 변동 : 1986년 11월 ~ 2022년 3월

출처 : KB통계 자료실(202203_월간시계열)

노태우 대통령 시절 아파트 건설 현장
출처 : 2019년 11월 27일, 시사저널, 탐사기획 신도시 30년 '일산은 신도시가 아니었다'

전 경제수석은 "한국 역사에서 서울 강남 집값을 12-13년간 꼼짝 못하게 잡아놓았던 적이 있다. 노태우 대통령 시절 200만호 공급정책을 펴던 때였다. 그 시절 만든 가장 대표적인 도시가 분당과 일산인데, 서울 집값을 10년 이상 꼼짝 못하게 붙잡고 있었다"라고 했다.

노태우 정부 후반기부터 김대중 정부 중반기까지 10년 이상 전국과 서울의 집값은 안정되었다. 김대중 정부 후반기부터 노무현 정부까지 다시 집값이 급등하자 노무현 정부는 2003년 2기 신도시 계획을 발표했다. 김포 한강, 인천 검단, 화성 동탄1·2, 평택 고덕, 수원 광교, 성남 판교, 송파 위례, 양주 옥정, 파주 운정 등 수도권과 충남 아산, 대전 도안 등 12개 지역이 지정되었다. 수도권 2기 신도시의 경우 판교와 위례를 제외하고는 서울에서 반경 30~40km 위치에 건설되어 20km 이내에 건설된 1기 신도시에 비해 서울 도심으로의 접근성이 떨어져 판교를 제외하고는 계획한 만큼 건설되지 못했거나 미분양 상태가 오래 가기도 했다. 2기 신도시 이후 〈그림 22〉에서 보듯이 서울 아파트 매매가격은 이명박 정부에서 박근혜 정부 초반까지 안정세를 보였으나, 전국 아파트 매매가격과 전국 및 서울 전세는 계속 오름세를 보였다. 3기 신도시는 문재인 정부가 2018년 9월 21일 발표한 주택공급대책으로서 남양주 왕숙 1·2, 하남 교산, 인천 계양이 선정되고 그 후 2019년 5월에 고양 창릉, 부천 대장, 광명·시흥, 의왕·군포·안산, 화성 진안 등이 선정되었다.

노태우 정부의 200만호 건설로 서울과 수도권의 집값이 10여년간 안정된 이후, 김대중, 노무현 정부 때 가격이 오르다가 이명박, 박근혜 정부 때 가격이 안정되고, 박근혜 정부 후반 이후 다시 가격이 오르는 현상은 어떻게 설명해야 할까? 우선 2기 신도시를 포함하여 김대중 정부 이후 주택공급이 충분하지 않았던 것이 중요한 이유다. 금리가 내리고 통화량, 즉 유동성이 늘어나면 부동산 가격과 주가가 오른다는 것은 시장에서 수요의 증가로 나타나는데 그런 측면도 있을 것이다.

주택문제, 어떻게 할 것인가?

'주거사다리'를 복원하자

내집마련의 꿈은 사람의 본능이다. 이런 꿈들이 모여서 주택시장을 형성하고 거래가 일어나는 것이다. 이 꿈, 이 본능을 부정하는 정책은 성공할 수 없다. 그 동안 우리나라 주택시장의 오랜 경험을 보면 시장을 이기는 정부는 없었다. 그리고 규제와 세금으로 부동산 문제를 해결한 역사도 없었다. 많은 국민들에게 내집마련의 꿈이 최대한 빨리 이루어지게 해주려면 주거사다리를 타고 빨리 쉽게 올라갈 수 있도록 해줘야 한다. 그런데 문재인 정부의 주택시장은 주거사다리가 무너져 없어진 상황이다. 이

사다리를 복원해주는 것이 주택정책의 첫 번째 목표가 되어야 한다. 복지와 교육에서도 사다리를 튼튼하게 만들어줘야 하듯이 주택문제에 있어서도 사다리를 튼튼하게 만들어주는 것이 중요하다. 베이비부머의 에코세대(1955~1967년생인 베이비부머 세대의 자식세대)에게도 내집마련은 여전히 중요하다. 주택시장에서 갭투자, 영끌을 하는 30대가 바로 이들이기 때문이다.

우선 살고 싶은 곳에 좋은 주택이 공급되어야 한다는 원칙부터 확고해야 한다. 즉, 엉뚱한 곳에 공급해봐야 소용이 없으니 '수요가 있는 곳에 공급하라'는 말이다. 수도권 주택가격 폭등의 원인에 대한 문재인 정부의 인식은, 수도권 내에 주택공급은 충분하지만 다주택자나 주택임대사업자의 갭투자에 의해 시장에 매물이 부족하다는 것이다. 그러나 서울과 지방에 아파트를 가진 다주택자의 경우 규제를 한다고 서울 아파트를 매각할 가능성은 낮다. 서울에 두 채 이상을 가지고 있더라도 규제와 세금을 더하면 할수록 비싼 집, 소위 '똘똘한 한 채'를 남길 것이기 때문에 강남을 표적으로 삼는 정책도 효과를 보기 어렵다.

그리고 단순히 주택수를 가구수로 나누어 주택보급율이 100% 이상이니까 공급에 문제가 없다고 생각한다면, 국민들이 살고 싶어 하는 주택의 본질을 모르는 무식한 생각이다. '빠져나오고 싶은 반지하방, 40년이 넘는 연립주택, 녹물이 나오는 10평대 아파트'에 사는 사람들은 언젠가 형편이 되면 그 곳을 탈출하고 싶은 게 인지상정이다. 영화 기생충에 나오는 반지하방은 누구나 빠져나오고 싶은 곳 아니겠는가. 노태우 정부 때 저소득층을 위해 전국 곳곳에 지은 영구임대아파트에는 빈곤노인, 장애인들이 많이 살고 알콜중독, 고독사 같은 문제가 끊이지 않는데, 이 5층 아파트에는 노인과 장애인을 위한 엘리베이터조차 없다. 인간으로서 최소한의 존엄을 유지하면서 살기 힘든 곳이다. 이런 주택의 수까지 다 포함하여 주택보급율이 100% 넘으니까 공급에는 문제가 없다고 말하는 것은 주택시장의 현실과 사람들의 희망을 모르는 처사다.

주택공급이 부족한 문제는 전국적인 문제가 아니라 국지적인 문제이고 수도권, 더 좁게는 서울의 문제이고, 더 좁게는 서울 동남권(강남4구: 강남, 서초, 송파, 강동)의 문제다. 사람들이 살고 싶어하는 곳에 공급이 늘 부족한 것이다. 윤주선 홍익대 교수는 "1가구 1주택과 같은 이념적 정책을 버리고 실질수요를 바탕으로 역동적 정책을 펴야 집값을 잡을 수 있다. 강남 집값을 잡기보다 다른 지역의 경쟁력을 강남처럼 올려야 한다. 향후 5년 이내 서울 강남 4구 진입을 원하는 가구는 도심밖 대기수요만 85만 가구에 이른다. 제2, 제3의 강남을 만들어야 한다"고 했다 (한국경제매거진, "제2,3의 강남을 만들어야 집값 잡는다", 2020년 11월).

전적으로 동의한다. 나는 오래 전부터 강남 집값 문제를 잡는 방법은 세금과 규제로 강남을 때린다고 해결되는 게 아니라 강남처럼 사람들이 살고 싶어하는 동네를 서울과 서울 인근에 많이 만들면 된다고 생각해왔다. 노태우 정부 때 분당에 97,600호를 건설해서 10년간 강남 집값을 안정시켰던 경험을 잊지 말아야 한다. 그런 의미 있는 경험을 망각하고 책상 위에서 기발한 해결책을 찾는다고 되는 것이 아니다. 서울내 모든 구區와 서울 인근 지역은 모두 그런 잠재력을 가지고 있다.

서울과 서울 인근의 공급확대는 결국 신규택지 공급과 기존 주택의 재건축·재개발, 리모델링으로 가능하다. 신규택지는 서울 내의 상대적으로 작은 규모의 택지나 서울 외곽의 대규모 신도시를 건설할 만한 큰 땅이다. 현재 3기 신도시의 경우는 공공임대와 산업시설의 비중이 높아 내집

마련 수요를 충족시키기에는 한계가 있다. 우선 재건축·재개발, 리모델링에 대한 규제는 순차적으로 완화하고 공공참여가 아닌 민간개발이라도 용적률을 올려줘야 한다. 재건축·재개발에 공공주도, 임대주택, 초과이익부담금, 분양가상한제 같은 규제를 많이 할수록 조합원들은 이를 추진할 이유가 없다. 참여자들에게 합당한 이익을 주지 못하면 사업이 진행되지 않는다.

그리고 도심내 미개발지를 최대한 찾아볼 필요가 있다. 서울 안의 유휴부지, 국공유지, 공기업이전 후적지, 장기미집행시설, 공실이 많은 상업용 건물 등의 토지나 건물을 최대한 파악해볼 필요가 있다. 그린벨트는 최후의 수단으로 보존하되, 그린벨트라도 그린이 없고 그린벨트의 역할을 못하는 곳은 개발이 가능할 것이다. 신도시의 경우 도심으로의 접근성을 높이기 위한 교통 인프라와 아이들을 키우는 데 꼭 필요한 보육, 교육 인프라가 매우 중요하다. 이런 인프라의 구축이 너무 늦어지지 않도록 정부가 지원을 아끼지 않아야 한다. 출퇴근 시간이 줄어들고 생활여건이 좋다면 주거 만족도를 높여 저절로 수요가 발생할 것이다. 신도시를 자꾸 새로 만들 게 아니라 이미 건설된 신도시의 경우도 교통과 보육, 교육 인프라에 문제가 있는 곳이 허다하기 때문에 정부가 투자할 부분이 많다. 실제로 경기도의 신도시 주민들을 만나보면 대부분 출퇴근 교통, 아이들 교육과 보육, 병원 등 필수시설 등과 관련된 고통을 호소하는 목소리를 듣는다.

내집마련이든 전·월세자금이든 필요한 자금의 100%을 모두 본인의 돈으로 충당해야 한다면 내집마련도, 전월세 구하기도 그만큼 늦어지고 어려워질 것이다. 현금 있는 부자만 집을 살 수 있다면 중산층 서민들은 무슨 수로 내집을 마련하겠는가. 주택담보대출이나 전세대출 같은 주택금융이 주거사다리 복원에 중요한 이유다. 내집마련에 도움을 주는 가장 효과적인 방법은 제도권 금융의 주택담보대출이다. 문재인 정부는 LTV(loan to value : 주택담보대출비율 혹은 주택담보인정비율)와 DTI(debt to income : 총부채상환비율) 규제를 더 엄격하게 했다. 제도권 금융에서 LTV, DTI, DSR(debt to service ratio : 총부채원리금상환비율) 규제가 강화되면 하고 싶은 거래를 못하거나 금리가 더 높은 비제도권 금융에 의존할 수밖에 없을 것이다.

특히 정부가 담당하는 공적금융 영역의 주택금융은 저소득층과 무주택자들이 내집마련을 조금이라도 더 쉽고 빨리 할 수 있도록 도와주는 역할을 해야 한다. 공적 주택금융의 당연한 역할 아니겠는가. 주택도시기금의 디딤돌대출, 한국주택금융공사의 보금자리론, 적격대출 등 공적 모기지론은 무주택자로서 생애최초구매자, 청년, 신혼부부를 포함하여 대체수요를 가지고 있는 자녀를 가진 가구 등 다양한 사람들이 내집마련의 지렛대로 활용하도록 LTV 비율을 최대한 허용하고 더 낮은 금리를 적용함으로써 주택구입이 가능하도록 도와주고, 부채증가에 따른 미상환 리스크는 DTI 규제를 통해 통제하는 것이 바람직하다. 향후 주택금융을 확대하기 위해 주택도시기금의 여유자금(2021년 12월 기준 45조원)을 활용할 필요가 있으며, 이 자금이 부족할 경우 정부예산으로 이차보전을 해주는 방법도 검토할 수 있다.

임대차 시장 안정대책

국토교통부 주거실태조사를 보면 2020년 자가보유율은 60.6%이고, 이 중 자기 집에 살고 있는 자가점유율은 57.9%, 따라서 임차가구 비율은 42.1%이다. 통계청 자료로 보면 임차가구 중에서 전세 비중은 계속 낮아져서 2020년 39.9%, 월세 비중은 60.1%이다. 2020년의 전체 2,093만 가구 중 자가점유가 1,199만 가구, 임차가구가 894만 가구이다. 이 894만 임차가구 중에서 공공임대와 등록된 민간임대가 327만 가구, 비제도권 임차가구가 567만 가구이다. 등록되지 않은 민간임대시장에서 전체 임차가구의 63.4%인 567만 임대주택을 공급하고 있는 것이다.

민간임대시장에서 567만호의 임대주택 공급자 역할을 하는 이들이 바로 다주택자들이다. 문재인 정부가 "1가구 1주택만 보유하면 주택공급은 충분한데 다주택자들 때문에 집이 부족하다"면서 마치 죄인 취급하고 있는 그 다주택자들이 전월세 시장에서 공급의 중추 역할을 담당하고 있는 것이다. 그런데 문재인 정부와 민주당은 2020년 4월 총선에서 압승하자 그 해 7월 임대의무기간을 기존의 2년에다 2년 더 연장하는 소위 2+2 계약갱신청구권, 임대료 인상률 상한을 5%로 한 전월세상한제, 전월세신고제 등을 내용으로 하는 임대차 3법을 단독으로 통과시켰다. 그리고 다주택자들에 대한 보유세, 거래세, 양도소득세를 대폭 강화했고, 주택공시가격 현실화도 계속 진행되어 다주택자들의 세금부담이 급격히 늘어났다. 임대차 3법은 통과되기 전부터 전문가들이 그 부작용을 걱정했던 법들이다. 이런 법들이 통과되면, 전세가격이 급등하고 장기적으로는 전세계약 자체를 회피하여 전세매물은 부족해지고, 임대주택의 품질은 나빠지고, 임대인들이 전세를 월세로 바꾸어 임차인의 임대료가 상승할 가능성이 크고, 임대인과 임차인의 다양한 갈등이 발생하는 등 전월세 시장에 큰 부작용과 일대 혼란을 초래할 것이라고 경고했다. 이러한 지적은 법개정안이 통과되기 전인 2020년 6월 여당인 더불어민주당이 개최한 세미나에서도 지적된 바 있다.

2020년 7월 임대차법 시행으로 7월부터 전세값은 매우 가파르게 올랐다. 우선 전반적인 입주물량이 감소하고 있었다. 국토교통부의 장기주거종합계획에 따르면 2013~2022년 기간 중 연평균 신규주택수요는 약 39만 가구이고 멸실주택, 혼인과 이혼 등을 고려하면 연평균 40~45만호 수준은 공급되어야 수요를 충족할 수 있다. 사람들이 가장 선호하는 아파트를 기준으로 보자. 2018년 전국 아파트 입주물량은 46만호라 적정한 편이었으나 2019년에는 입주물량이 42만호, 2020년에는 36만호, 2021년에는 28만호에 불과하다. 실질적인 수요에 비해 약 10만호 이상이 부족한 것이다. 입주물량의 감소는 전세난으로 이어진다. 그렇지 않아도 입주물량이 감소하는데 엎친 데 덮친 격으로 2020년 7월 임대차 3법이 통과된 것이다.

임대차 3법은 곧바로 전월세 대란으로 이어졌다. 통계가 말해주고 있다. KB부동산의 통계에 따르면 2020년 10월 서울 아파트 평균 전셋값은 5억 3,677만원이었는데, 임대차법 시행 직전인 7월의 4억 9,922만원에 비교하면 석달 사이에 무려 7.5%, 3,755만원 급등하였다. 이는 2019년 한 해 동안의 전셋값 상승폭 718만원과 비교하면 엄청나게 빠른 속도다. 상승률을 보면 수도권 주택 전세가격 상승률은 7월 0.63%, 8월 0.76%, 9월 1.23%, 10월 1.11%로 임대차법 시행 이후 급격히 올랐다. 전세물량 역시 8월부터 급속히 부족해졌다. 2020년 10월 전세수급지수는 191.1인데 2018년 10월의 124.3, 2019년 10월의 148.7과 비교하면 극심한 전세수급의 불균형이 발생한 것이다. (지수가 100을 초과하는 만큼 전세 공급이 부족함을 의미)

임대차법 시행 이후 문재인 정부는 "임대차법 때문에 전월세가 오른 것이 아니다. 저금리와 풍부한 유동성 때문이다. 전 정권의 잘못된 부동산

정책 때문이다"라고 했지만 법 통과 이후의 각종 통계는 분명히 임대차법의 영향을 보여주고 있다. 전월세 대란이 일어나면서 임대인과 임차인 사이의 갈등도 깊어지고 그 전에 보지 못했던 일들이 발생하였다. 집주인이 세입자들에게 면접을 요구하거나, 세입자들끼리 제비뽑기로 입주자를 정하거나, 임차인을 내보내기 위해 위로금이나 이사비용을 뒷돈으로 대줘야 하는가 하면, 계약갱신청구권을 둘러싸고 분쟁이 벌어지기도 한다. 오죽하면 경제정책을 총괄하고 있는 문재인 정부의 경제부총리가 자기 집의 임차인을 내보내기 위해 위로금을 뒷돈으로 지급하는 해프닝까지 있었겠는가. 임대차 3법이 개정되어 시행되고 있는 상황에서 전월세 대란은 앞으로 어떻게 할 것인가? 임대차 3법을 개정 이전으로 원상복구할 수 있을까? 그렇게 하면 일시적 혼란이 있겠지만 과도기의 혼란을 정리하면서 원상복구할 수만 있다면 해결책이 될 것이다. 그러나 국회 다수를 차지한 민주당이 자기들 잘못을 인정하고 그렇게 할 가능성은 낮다. 28회에 걸쳐 부동산 대책을 발표하고 다주택자를 범죄자 취급하면서 각종 규제와 세금을 부과하고, 2+2와 전월세상한제로 임차인들을 보호한다고 생각하는 그들이 생각을 고쳐서 법개정을 백지화시킬 가능성은 낮다.

결국 해결책을 찾기 위한 첫 질문은 공공임대와 민간임대를 어떻게 믹스mix해서 수요를 충족시킬 수 있는 임대주택을 충분히 공급할 것인가이다. 저소득층, 청년실업자, 무주택 신혼부부, 빈곤노인층, 소년소녀가장, 장애인 등을 위한 공공임대주택의 공급은 주거복지 차원에서 국가가 담당해야 할 의무이다. 원룸에서 시작해서 월세, 전세를 구하고 저축하고 대출을 해서 내집마련의 사다리를 타고 올라가고자 하는 중산층 서민을 위해서는 임대차 시장이 안정을 되찾는 것이 무엇보다 중요하다. 입주물량이 감소하지 않도록 민간이 주택을 공급할 이윤동기를 보장할 필요가 있다. 임대차 시장에서도 시장기능을 인정하고 임대인과 임차인의 경제적 동기를 인정해야 전월세 공급이 비로소 원활하게 이루어질 것이다. 법 개정이 쉽지 않겠지만, 임대차 3법을 개정한 민주당을 상대로 새 정부는 전월세 시장에서 임차인의 보호와 임대인을 위한 인센티브가 균형을 되찾도록 해야 한다.

전월세 공급에서 높은 비중을 차지하는 민간임대주택 시장을 외면하고 공공임대로 문제를 해결하겠다는 발상은 수백조원의 비용이 드는 비효율적인 정책이므로 신중할 필요가 있다. 그러나 문재인 정부는 임대차 3법으로 민간임대시장을 마비시켜놓고 공공임대 공급으로 이 문제를 해결하겠다는 생각을 갖고 있다. LH와 SH, GH 등을 동원하여 '질 좋은 중형 공공임대주택'을 공급하기 위해 공공임대 면적을 기존 전용면적 60㎡에서 85㎡로 늘리고 다양한 유형의 공실주택을 정부가 매입하거나 임대해서 전세로 다시 내놓는 기존주택 매입, 전세임대 방식을 동원할 계획이다.

민간임대시장을 억제하고 공공임대를 정부가 직접 하겠다는 발상은 참으로 이해하기 어렵다. 정부가 최우선적으로 할 일은 저소득층 등의 주거복지이고, 기존에 전월세 시장이 담당하던 부분까지 공공임대 형태로 정부가 나서서 시작하면 그 재원을 감당하기가 쉽지 않기 때문이다. 임대주택사업자들을 갑자기 갭투자라고 매도하면서 세제와 규제를 강화하고, 정부 지원 없이도 잘 굴러가던 민간임대시장을 짓뭉개면서 혈세를 들여 중형 공공임대주택을 짓겠다는 발상이 나오는 것은 넌센스다. 정부가 중산층을 겨냥한 중형 공공임대주택까지 직접 개입하기보다는 민간임대주택특별법을 활용하여 임대주택사업자 스스로 등록임대주택을 늘릴 수 있도록 인센티브를 부여할 필요가 있다. 10년 이상 운영하는 경우 세제상의 혜택을 부여하고, 주택임대관리회사에 대해 세제 및 금융 인센티브를 제공해서 임대차를 임대인이 직접 관리하기보다는 기업형 관리회사에 맡기도록 유도하는 것이 선진국형이다.

기본적으로 문재인 정부는 다주택자가 등록임대주택사업자로 활동하는 것을 사실상 폐지하였다. 그러나 이는 등록임대주택사업자가 임대시장의 최대 공급자인 현실을 외면하는 비현실적인 정책으로 전세대란을 야기했다. 지금이라도 이들에 대한 세제 등 인센티브를 강화해서 등록임대주택사업자로 다시 유도해서 시장에 물량이 공급되도록 해야 한다. 그래야만 투명하고 효율적인 시장이 만들어지고 무엇보다 임대시장 공급이 늘어나 전월세 가격을 안정시킬 수 있을 것이다. 다주택자에 대한 정치적 혐오가 잘못된 정책으로 이어져 그 피해를 다수의 서민 중산층이 보는 것은 옳지 못하다.

저소득층, 청년, 노인, 장애인 등을 위한 주거복지 대책

집을 사기는커녕 민간 전월세도 구할 형편이 안되는 저소득층, 청년, 신혼부부, 빈곤노인층, 소년소녀가장 등을 위해서는 공공임대주택을 대폭 늘려나가야 한다. 진정한 민주공화국이라면, 경제적으로 어려운 이웃들이 "인간으로서의 존엄과 가치를 가지며 행복을 추구할 권리"(헌법 제10조), "인간다운 생활을 할 권리"(헌법 제34조)를 보장할 의무가 국가에 있으며, 국가는 이 분들의 주거복지를 위해 최선의 노력을 다해야 한다. 국민의 세금은 이를 위해 동원될 수밖에 없으며 어려운 분들의 주거복지를 위해 세금을 쓰는 것은 국민들이 이해하고 동의할 것이다. 국가는 저소득층, 청년실업자, 무주택 신혼부부, 노인빈곤층 등의 현황을 정확하게 파악해서 이들에게 얼마 만큼의, 어느 품질 수준의 공공임대주택을 공급할

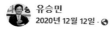

유승민
2020년 12월 12일 · 🌐

< "니가 가라 공공임대" >

어제 문재인 대통령은 동탄에서 "굳이 자기 집을 소유하지 않더라도 (공공)임대로 주거사다리를 만들라"고 했다.
13평 아파트에 가서는 "4인 가족과 반려견이 살아도 되겠다"고 했다.
보통 사람들은 내집마련의 꿈을 갖고 있는데, 대통령은 그런 '바보같은 꿈'은 버리라고 한다.
보통 사람들에게 주택의 사다리란, 월세·전세에서 시작해서 변두리 집으로 갔다가 더 살기 좋은 동네의 더 큰 평수로 이사가는 내집마련의 사다리다.
그런데 '대통령의 사다리'는 13평의 공공임대에 4인 가족과 반려견이 살다가 18평, 25평의 공공임대로 이사가는 것이다.
대통령이 무슨 권리로 내집마련의 꿈을 버리라고 하는가.
왜 집을 소유하면 안된다는 것인가.
집이 뭐길래 개인은 소유하면 안되고, 국가나 LH가 소유해야 하는가.
24회의 부동산대책으로 '미친' 집값, '미친' 전월세를 만든 장본인이 문재인 대통령이다.
내집마련의 꿈과 주택사다리를 걷어찬 장본인이 문재인 대통령이다.
530만호의 민간임대시장을 마비시킨 장본인이 바로 문재인 대통령이다.
시장과 국가의 균형을 잃어 부동산 대참사를 만들어놓고 조금도 반성할 줄 모른다.
자신의 무능과 비뚤어진 오기 때문에 고통받는 국민들의 신음소리가 들리지도 않는가 보다.
오히려 눈 한번 깜빡하지 않고 '왜 굳이 소유하려 하는가, 공공임대에 살면 되는데...'라며 국민들에게 타박을 준다.
그리고는 소득 6-7분위, 소득 7-8분위의 중산층을 위해 중형 공공임대주택 건설에 과감하게 세금을 투입하겠다고 한다.
그 돈이 있다면 집 때문에 더 절박한 소득 3-4분위 이하의 주거복지부터 해결하는 게 우선이라는 건 상식 아닌가.
문재인 대통령은 퇴임후 양산 사저로 간다고 한다.
경호동 짓는 데만 62억원의 세금이 들어간다.
이 정권 사람들 중에 공공임대에 살겠다는 사람은 한 명도 못봤다.
자기들은 공공임대에 살기 싫으면서 국민들은 공공임대에 살라고 한다.
그래서 이런 말들이 나오는 거다.

"평생 공공임대나 살라고?"
"니가 가라 공공임대"

것인가를 계획하고 집행해야 한다.

이 문제는 중앙정부와 지방정부의 협력이 필요한 부분이다. 서울과 경기도 같으면 LH와 SH, GH의 협력이 필요한 부분이다. 지금까지 공공임대주택은 2020년 임대주택 894만호 중 174만호가 공급되었는데, 이는 경제적 형편이 어려운 무주택자들을 위한 것이었다. 공공임대주택의 공급은 주택도시기금과 정부의 재정자금을 활용하여 LH, SH, GH 등 공기

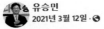

유승민
2021년 3월 12일 · 🌏

< LH를 주거복지공사로 개혁하자 >

LH 땅투기 사건에 분노한 시민들이 신도시 취소와 LH 해체를 요구하고 나섰다.
시민들의 허탈과 분노를 생각하면 그 마음을 이해하고도 남는다.

그러나 LH 해체만이 해결책일까?
국가경영의 책임을 지는 자리에 있는 사람들은 LH의 진정한 개혁방안을 찾아야 할 때다.
나는 LH(한국토지주택공사)를 주택복지공사로 개혁할 것을 제안한다.

나의 이 제안은 '앞으로 주택공급에서 정부와 시장의 역할분담의 올바른 방향이 무엇인가?'라는 질문에서 출발한다.

앞으로 주택공급은 내집마련의 꿈을 실현하는 부분은 과감하게 시장에 맡기고, 무주택 저소득층, 청년, 노인 등 주택복지가 꼭 필요한 부분은 국가가 공공임대주택을 공급하는 것으로 나누는 게 바람직하다.

시장에 맡기는 부분은 신규주택의 건설, 기존 주거지의 재개발 재건축, 개발이익환수 등에 대해 정부가 적절한 법과 규제를 만들면 된다.

시장에 맡길 수 없는 무주택 저소득층의 주거복지를 위해서는 정부가 국민세금을 투입해서 헌법이 보장하는 인간의 존엄과 가치, 인간다운 생활을 보장하는 따뜻한 공동체를 만들기 위해 공공임대주택을 공급하는 것이다.

바로 이 공공임대 공급으로 주거복지를 실현하는 역할을 LH를 주거복지공사로 개혁하여 담당하도록 하는 것이다.

LH를 해체하더라도 주거복지를 담당할 공기업은 어차피 또 만들어야 한다.
그럴 바에는 LH를 주거복지공사로 개혁하는 것이 혼란을 줄이고 저소득층 주거복지에 대한 국가의 역할과 책임을 다하는 길이다.

업을 통해 공급하는 체제다. 정부는 전체 공공임대를 174만호에서 (건설임대, 매입임대, 전세임대 포함) 2025년까지 240만호로 늘려서 전체 가구수의 10%를 목표로 하고 있다. 주택도시기금의 확충과 공기업의 재정적자 대책도 마련되어야 한다. 공공임대주택은 물량적 확대보다는 우선 안정적이고 지속가능하고 쾌적해야 한다. 장기임대가 가능한 국민임대주택, 행복주택에 비하여 10년 분양전환주택의 경우 임대주택으로서는 한시적 운영만 가능하다는 점에서 분양전환은 폐지하는 것이 바람직하다.

정부가 공공임대주택을 중산층까지 겨냥하여 중형으로 확대하고 직접 공급에 뛰어들 것이 아니라 민간을 활용하되 공익성을 높이는 방법을 생각해볼 필요가 있다. 이를 위해 공공임대사업자, 민간임대사업자와는 다른 공익성 높은 제3의 임대인(협동조합, 사회적기업, 중소기업 등)에 의한 유럽형 사회주택의 점유율을 높여가는 방안을 검토해볼 필요가 있다.

국가가 책임지는 주거복지는 공급 측면에서는 공공임대주택의 충분한 공급, 수요 측면에서는 주거급여를 비롯한 주거보조금 지급이 있다. 주거급여는 2021년 129만 가구에 월 15.5만원 수준의 월세보조가 지급되고 있으며, 공공임대주택에 입주하지 못한 경우 정부가 제공한다. 2021년 주거급여는 중위소득의 45% 이하인 가구에만 적용되고 있어서 (2인 가구 기준, 소득 130만원 이하 대상) 저소득층을 위한 제도이다. 공공임대주택과 주거급여는 통합적으로 운영되지 못하고 있어서 이를 통합적으로 운영하면서 전체 가구의 20% 선까지 지원하면 소득하위 20~40%의 주거복지에 도움이 될 것이다. 주거급여 100만 가구와 공공임대 240만 가구의 지원수준을 정할 때 소득 1~2분위(400만 가구)에서 소외되는 계층이 없도록 형평성 차원에서 주거복지를 제공해야 할 것이다. 현재 주거급여는 저소득층에게 연간 2조원 전후로 지급되고 있다.

이에 더하여 월세 세액공제를 도입하자는 의견도 있으나 이는 세금을 납부하는 계층에게만 의미가 있기 때문에 오히려 역진적일 수 있다. 전월세 전환율을 낮추는 것도 신규 전월세 전환은 법적 제약을 받지 않기 때문에 큰 의미가 없다. 차라리 전세에서 월세로 전환되면서 저소득층이 아닌 청년, 신혼부부, 노인의 월세부담을 도와주는 주택바우처(주거급여와 별개의 월세보조금)를 도입할 필요도 있다.

부동산 세금은 어떻게 해야 하나?

부동산 때문에 국민들이 납부해야 하는 세금은 보유세(재산세, 종부세 등), 거래세(취득세 등), 양도소득세, 상속증여세 등이 있다. 보유세, 거래세, 양도세가 어느 수준이면 적당한가에 대해 답을 찾는 것은 쉽지 않다. 다른 세금들과 비교할 때 부동산 세금이 과연 적절하냐라는 의문에 답하기도 쉽지 않다. 다만 상식적인 수준에서 다른 자산과 부동산 세금을 비교해 볼 수 있다. 예컨대 시세가 3천만원인 자동차와 6억원인 주택을 비교할 때 시세는 20배의 차이가 나는데 보유세도 20배 차이가 나는지 보는 것이다. 과거 자동차세는 너무 높고 주택의 재산세는 너무 낮은 적이 있었으나 지금은 그렇지 않다. 또 주식이나 현금자산을 6억원 가진 것에 대해서는 보유세가 부과되지 않는데, 6억원 짜리 집은 상당한 재산세를 납부해야 한다면 이것을 공정하지 않다고 생각할 수도 있다. 부동산은 가격이 오르기 때문에 세금을 더 내야 한다는 논리는 양도소득세에나 해당하는 말이지 보유세에 해당하는 말은 아니며, 주식도 시황이 좋을 때 주가가 오르는 것은 똑같다. 거래세도 마찬가지다. 20억원 어치의 주식을 사고 팔 때 내는 세금과 같은 가격의 부동산을 거래할 때 내는 세금은 큰 차이가 있다. 양도차익이라는 자본소득에 대한 과세도 마찬가지이다.

　부동산의 보유와 거래에 세금을 부과하는 이유는 무엇인가? 조세수입 이외의 목표가 있는가? 세금은 부동산 가격을 잡고 부동산 투기를 억제하는 효과가 있다고 주장하는 목소리가 있다. 세금이 오르면 집주인이나 새로 집을 사는 사람 입장에서는 그만큼 소유권의 가치가 떨어지므로 집을 소유할 동기가 줄어들 것이다. 집에 대한 수요가 감소하면 당장은 집값이 하락할 것이나, 이와 동시에 신규주택건설이 위축될 것이고 공급이 안되면 시간이 지나면서 집이 부족한 시기가 올 것이고 가격은 급등하게 된다. 집값이 급등하면 그 때 가서야 업체들은 수익을 노리고 집을 공급하게 될 것이다. 결국 세금이 오른 만큼 집값에 '전가'되는 모양이 되고 집값을 올려놓은 결과로 나타날 수 있다. 가격이 수요와 공급에 의하여 결정되는 원리는 집이나 다른 것들이나 똑같다.

세금을 올려 수요와 공급이 위축된 이후의 결과는 집값 하락이 아니라 상승이었기 때문에 "세금을 올려 집값을 때려 잡는다"는 말은 틀린 말이다. 세금으로 집값을 잡겠다는 정책, 특히 1가구 1주택을 무슨 이념처럼 떠받들고 다주택자에게는 세금을 더 중과하고, 재건축 재개발을 규제하고 공공임대를 확대하는 정책은 노무현 정부와 문재인 정부의 공통점이다. 그런데 이렇게 세금은 올리고 민간임대시장은 죽이고 공급은 억제하는 정책을 편 정권은 어김없이 집값과 전월세만 올려놓았다. 집주인들이 바보인가? 집주인들은 문재인 정부보다 더 똑똑하다. 정부가 세금을 올리면 집주인들은 전세를 월세로 돌려 임차인에게 세금을 전가했고 결국 임차인들이 집주인의 종부세와 재산세를 대신 내주는 결과가 된 것이다. 경제학 교과서에 나오는 '조세의 전가'다.

노무현 정부와 문재인 정부에서 집값과 전월세가 오른 것은 기본적으로 시장의 수요와 공급을 고려한 정책을 펴지 않고 다주택자, 고가주택자에 대한 세금과 규제로 집값을 잡을 수 있다는 잘못된 생각 때문이다. 특히 문재인 정부는 보유세, 거래세, 양도소득세 등 부동산세금을 전방위적으로 올렸다. 특히 공시가격 현실화율과 집값이 동시에 가파르게 올라감으로써 세금부담이 훨씬 더 커지게 되었다.

국민의힘 유경준 의원의 최근 분석에 의하면 문재인 정부 들어 급격히 인상된 부동산 관련 세금(거래세+보유세+상속증여세, 경우에 따라 부동산 양도소득세를 포함하기도 함)은 급기야 2020년에는 OECD 회원국 중 1위를 기록(양도소득세를 포함하는 경우는 압도적 1위, 제외하는 경우는 프랑스와 공동 1위)하게 되었다. 문재인 정부의 시작인 2017년에 우리나라의 GDP 대비 부동산 자산세 비중은 OECD 국가 중 8위였지만, 2018~19년에는 6위로 상승했고, 2020년 1위로 분석되었다. 또한 2020년 개인 양도소득세 부담도 세계 1위를 기록하였다.

부동산 관련 세금의 국제비교는 통상 GDP 대비 부동산 세금 징수액으로 한다. 즉 그 나라의 경제 규모에 비하여 한 해 동안 부동산 관련세금이 얼마나 징수되었나를 비교하는 것이다. 문재인 정부는 이 수치가 급증하게 되자 실효세율(부동산 총가치 대비 부동산 관련 세금)이라는 새로운 지표를 제시한 바 있다. 그러나 이 실효세율이라는 지표를 국제비교에 사용하는 나라는 어디에도 없다. 이유는 부동산의 총가격를 측정하는 국가가 많지 않고, 측정하더라도 그 방법이 다르기 때문에 국제비교에 사용하기가 부적합하기 때문이다.

특히 강조되어야 할 부분은 부동산 보유세다. 문재인 대통령이 "세제 강화로 보유세 부담을 높였지만 다른 선진국에 비해서는 아직도 낮은 편"(2020년 8월 11일 청와대 수석보좌관회의)이라고 말한 것은 보유세율의 인상, 집값의 가파른 상승, 공시가격 현실화율 인상이 맞물려 시간이 지날수록 사실과 거리가 멀어질 것이다. 문재인 정부는 공시가격현실화 로드맵을 만들어 공시가격을 10년에 걸쳐 올리고, 공정시장거래가액비율을 100%로 올리고 종부세율을 크게 올렸다. 그 결과 2017년에는 OECD 국가 중에서 보유세의 비중이 평균 이하였으나, 2020년에는 평균보다 높은 국가로 바뀌게 되었다. OECD 평균을 보면 2017년 1.83%에서 2020년 1.62%로 계속 보유세를 낮추고 있는 것과 거꾸로 가고 있다.

이에 따라 2020년 이후 우리나라는 부동산 거래세와 상속증여세, 양도소득세는 OECD 선진국에 비하여 가장 많이 내는 국가이며, 보유세의 경우도 평균보다 더 많이 내는 국가가 되어 문재인 정부는 한국을 부동산 세금을 가장 많이 받는 국가로 만들어 놓았다.

노무현 정부와 문재인 정부에서 똑같이 겪었듯이 세금과 규제는 집값, 전월세를 잡기는커녕 올려놓기만 했다. 문재인 정부가 민간임대시장에서 중요한 역할을 하는 다주택자들을 무슨 범죄자 다루듯이 과도한 규제와 세금을 적용하고, 1가구 1주택을 대단히 중요한 원칙인 것처럼 떠받들면서 다주택자가 공급해오던 567만호의 거대한 민간임대시장을 망가뜨리고, 공공임대에 살면 된다고 말하면서 사람의 본능인 내집마련의 꿈을 버리라고 주택 사다리를 걷어차는 주택정책을 채택하면서 많은 중산층 서민들은 좌절하고 있다.

이러한 상황에서 부동산 세금은 어떠해야 적절한가? 상식적인 수준에서 몇 가지 정책의 기본방향을 생각해보자.

우선 과도한 세금부담은 곤란하다. 우리나라의 전반적인 세금부담과 국민부담은 앞서 복지와 세금 논의에서 보았듯이 아직도 낮은 편이다. 그런데 부동산 세금은 추정기준에 따라 결과가 조금씩 다르긴 하지만 이제는 모두 OECD에서 가장 높은 편이다. 또한 증세를 한다면 골고루 증세를 해야지 부동산만 증세를 할 이유가 없다. 부동산 문제의 본질이 우리나라라고 해서 특별히 다르지는 않기 때문이다. 문재인 정권 들어서 보유세, 거래세, 양도소득세를 모두 올리는 것은 "세금(재산세, 종부세) 때문에 집을 팔고 싶어도 세금(양도소득세, 거래세) 때문에 집을 팔 수 없는 상황"을 만든다.

보유세를 올리려면 거래세와 양도세는 낮추어야 한다. 다주택자가 집을 팔게 하는 게 정책의 목표라면 당연히 거래세와 양도세는 낮추어야 한다. 특히 보유세를 올리려면 거래세를 낮추라는 것이 오래된 전문가들의 부동산 세제개편 방향이었다. 모든 세금을 다 올리는 것은 일방적인 증세

효과 말고는 무슨 효과가 있는지 의문이다.

보유세는 재산세와 종부세를 따로 둘 필요가 없이 재산세로 통합해야 한다. 보유세를 강화하려면 재산세를 일관된 원칙에 따라 보편적으로 강화하면 될 일이다. 중앙정부와 지방정부가 누가 재산세를 얼마씩 나누어 가져갈 것인가는 그 다음의 문제다. 자산 보유에 대한 과세인데 국민 입장에서는 재산세 따로, 종부세 따로 납부하는 것은 납득하기 어렵다. 또한 종부세를 그대로 둔다고 하더라도 주택의 수보다는 시장의 가격 총액에 비례하여 세금을 부과하는 것이 합리적이다. 10억원 주택 세 채를 소유한 사람이 50억원 주택을 한 채 소유한 사람보다 훨씬 더 많은 세금을 낸다면 과세 형평성의 원칙은 무너진다.

공시가격의 현실화율을 높이는 것은 명백한 증세이고, 헌법 제59조에서 "조세의 종목과 세율은 법률로 정한다"라고 규정한 조세법률주의 위반이다. 토지와 건물, 같은 건물이라도 주택과 상가 사이에 공시가격의 형평성이 맞느냐는 문제가 제기된다. 지금 공시가격은 국회의 통제를 벗어나 전적으로 행정부의 재량에 따라 결정되고 있다. 헌법이 정한 조세법률주의 원칙을 준수할 수 있도록 제도를 개선해서 적정공시가격을 정하는 룰을 만들어야 한다.

집을 한 채밖에 소유하지 않은 사람이 별다른 소득이 없음에도 불구하고 감당하기 어려운 보유세를 부담해야 하는 상황은 상식적으로 바람직하지 않다. 2018년 통계청의 가계금융복지조사에 따르면 우리나라 국민들의 자산에서 전월세 보증금을 포함하여 부동산이 차지하는 비중은 76.5%나 된다. 특히 60세 이상의 경우에는 80.9%나 된다. 일본의 경우 60~69세 인구의 부동산 자산 비중은 57.5%(2014년), 미국의 경우 65세 이상 인구의 부동산 자산 비중은 45%(2016년)인데 우리나라의 경우에는 부동산 이외에는 노인층의 자산이 거의 없는 수준이다. 따라서 이 분들에게 과도한 세금은 가혹하며 노인 경제력에 큰 마이너스 요인이 된다. 이 분들에게는 지나친 세금이 자산을 과도하게 잠식하지 않도록 세제상의 예외규정을 두는 것이 상식적이다. 그렇지 않으면 징벌적인 보유세를 감당할 소득이 없는 노년층들은 집을 팔고 떠나야 한다. 수십년간 살던 정든 동네를 떠나도록 강요하는 정책은 바뀌어야 한다.

7

문제는 경제, 해법은 정치

잘사는 나라, 못사는 나라

왜 어떤 나라는 잘살고, 어떤 나라는 못사는가?
왜 어떤 나라는 후진국이고, 어떤 나라는 선진국인가?

이 질문은 정치와 경제의 오랜 화두다. 그러나 이 질문에 대한 답은 멀리 있지 않다. 대한민국이 바로 그 답이다. 오랜 가난을 극복하고 우리는

한반도 위성사진(2016년 12월 28일 밤)

출처 : NASA worldview

어떻게 이만큼 살게 되었을까? 앞 페이지의 사진은 2016년 12월 28일 인공위성에서 한반도와 동북아시아를 내려다본 사진이다. 대한민국, 일본, 중국 동부는 불빛으로 가득 차 있는데, 북한은 평양과 원산의 작은 불빛만 겨우 보이고 나머지는 칠흑 같은 어둠이다. 미국의 럼스펠트 전 국방장관은 사무실에 이 사진을 두고 찾아오는 손님들에게 한미동맹의 중요성을 설명했다. 또한 이 사진은 대런 애스모글루Daron Acemoglu와 제임스 로빈슨James A. Robinson의 저서, 『국가는 왜 실패하는가』(2012년, 시공사)에서 제도의 차이가 빈곤과 번영의 엇갈린 운명을 가져오는 대표적인 사례로 실려 있다. 수천년 동안 역사, 문화, 인종, 언어, 지정학적 위치가 같았던 우리 민족이 1945년 이후 남과 북으로 분단되고 각각 미국과 소련의 영향력 하에 놓이게 되면서 서로 다른 정치제도와 경제제도를 채택한 것이 77년 만에 어떠한 격차를 만들었는지 극명하게 보여준다.

애스모글루와 로빈슨은 미국과 멕시코의 국경선에 의하여 둘로 갈라진 노갈레스Nogales라는 도시를 또 하나의 분명한 사례로 들고 있다. 담장 하나로 나뉜 미국 애리조나주 노갈레스 주민들은 평균소득이 3만달러 가량인데, 멕시코 소노라주 노갈레스 주민의 소득수준은 그 3분의 1에 불과하다. 두 곳은 소득 뿐 아니라 주민들의 건강, 복지, 교육, 안전, 환경 등 모든 면에서 큰 격차가 있다. 인종, 역사, 문화가 동일한 이 도시 두 곳의 극명한 대조는 오로지 국경선이 그어진 후 발생한 제도의 차이가 지금의 격차를 낳았음을 보여준다.

애스모글루와 로빈슨은 포용적inclusive 제도가 경제발전에 중요하다고 강조한다. 포용적 제도란 착취적extractive 제도의 반대말로 이들은 "경제성장에는 포용적 시장의 잠재력을 활용하고, 기술혁신을 장려하며, 인재

멕시코의 노갈레스 vs 미국의 노갈레스

양성에 투자하고, 개인의 재능과 능력을 동원할 수 있는 경제제도가 필요하다. 한 나라의 빈부를 결정하는 것은 지리적 형세나 조상의 풍속이 아니라 인간이 만든 제도다. 왜 그토록 많은 경제제도가 이런 간단한 목표를 달성하지 못하는가? 한 나라의 빈부를 결정하는 데 경제제도가 핵심적인 역할을 하지만, 그 나라가 어떤 경제제도를 갖게 되는지를 결정하는 것은 정치와 정치제도다. 정치 및 경제제도의 상호작용이 한 나라의 빈부를 결정한다는 것이 이들이 제시하는 세계 불평등 이론의 골자다. 오늘날 국가가 실패하는 원인은 착취적 경제제도가 국민에게 인센티브를 마련해주지 못하기 때문이다. 착취적 정치제도는 착취적 경제제도를 뒷받침해준다. 상황에 따라 다르지만 착취적 정치·경제제도는 국가가 실패하는 근본 원인일 수밖에 없다"고 말하면서 번영의 길로 가려면 포용적인 사회를 만들어야 한다고 주장했다.

　이처럼 애스모글루와 로빈슨이 잘사는 나라들과 못사는 나라들의 역사를 통해 비교 검증한 결론은 '제도의 차이'였다. 그런데 제도를 만드는 것은 정치이고, 정치는 사람이 하는 것이다. 역사의 진보에 필연이나 예정된 운명 같은 것은 없다. 역사의 흐름은 숱한 우연에 부딪쳐 방향이 바뀌었고 앞으로도 그럴 것이다. 하지만 제도의 포용성이 지속적인 발전에 결정적인 요인이라는 점은 변하지 않을 것이다. 착취를 막고, 사유재산권과 공정한 경쟁환경으로 창조적 파괴를 장려하며, 권력을 분점하고 공정한 경쟁을 통해서 공직에 진출하며, 사회의 개방성과 다양성을 확대하고 법치주의를 확립하기 위한 강력한 정치제도를 수립하는 것이 경제발전에 결정적인 요소이다. 진실된 자유, 평등, 공정의 사회만이 진정한 혁신에 불을 지피고 이에 수반되는 창조적 파괴를 수용할 수 있다. 한 나라의 빈부를 결정하는 것은 인종, 지리, 질병, 문화가 아니라 제도와 정치이며, 포용적 경제제도를 뒷받침하는 포용적 정치제도가 번영을 다지는 열쇠다. 모두를 끌어안는 포용적인 정치, 누구나 재능을 발휘할 수 있도록 동기를 부여하고 유인을 제공하는 경제제도가 발전과 번영을 불러온다. 지배계층만을 위한 수탈적이고 착취적인 제도는 정체와 빈곤을 낳는다. 국가 실패의 뿌리에는 이런 유인을 말살하는 수탈적 제도가 있다.

　북한에 비해 우리나라를 잘살게 해준 것도 제도의 힘이었다. 그렇다면 1990년대 이후 5년마다 1%p씩 추락하며 성장의 힘이 바닥을 드러내고 있는 이유는 무엇인가? 그것 또한 제도의 실패 때문인가? 제도가 경제의 성공을 가져왔다가, '똑같은 제도'가 경제의 실패를 초래한 것인가? 앞뒤가 맞지 않는 이야기 아닌가? 어떻게 된 것인가?

정부 수립 후 우리나라는 민주주의, 자유시장경제, 자본주의를 채택했다. 그러나 제헌 헌법이 이러한 제도를 형식적으로 채택했다고 해서 5백년 조선왕조, 35년의 일제강점기, 3년의 전쟁을 거친 신생국 대한민국의 정치, 경제, 사회의 작동원리가 우리보다 100년, 200년 앞서 이 제도를 채택한 나라들과 금방 똑같아질 수는 없었다. 초기의 한국경제는 자유시장경제, 자본주의를 기본으로 했지만 그와 동시에 관치경제, 계획경제의 성격이 강했다. 특히 1960~70년대의 박정희 모델은 다분히 국가주도형이었고 박정희 모델이 큰 성공을 거둠에 따라 1980년대 이후 수십년 동안 그 성공신화의 그림자가 드리워졌다. 박정희 모델 이후에 우리 경제가 새로운 도약을 하기 위해서는 경제제도의 선진화와 이를 뒷받침하는 정치의 선진화가 필요했으나 둘 다 미흡한 상태에서 IMF위기를 맞게 된 것이다.

1960년 이후 30년 동안 고속성장을 가능케 했던 제도는 1990년 이후 더 이상 성장에 플러스로 작동하지 않고 오히려 장애물이 되었다. 초기의 성공을 가져온 제도가 계속 성공을 보장한다는 법은 없다. 기업과 개인도 마찬가지다. 과거의 성공방식에 머물러 새로운 변화를 못하면 기업도 개인도 정체하듯이, 국가도 마찬가지다. 과거의 성공방식에 머물러서는 정체하고 쇠락할 수밖에 없다. 박정희 모델로 성공한 경제가 박정희 모델을 극복하지 못함으로써 정체된 것이다.

1990년 이후 한국경제의 성장을 막아온 제도적, 구조적 요인들은 무엇인가? 재벌, 금융, 노동, 교육, 규제 등 다양한 요인이 있음을 앞에서 얘기했다. 재벌은 고속성장의 주역이었으나, 과도한 차입경영과 상호채무보증은 IMF위기를 초래했고 부실재벌 계열회사들의 연쇄부도와 대량실업을 가져왔다. 은행은 특혜여신으로 산업과 재벌의 성장을 뒷받침하는 핵심적 수단이었으나, 정부의 산업정책을 뒷받침하는 수단으로 전락하여 금융의 경쟁력은 약해졌다. 노동은 1987년 민주화 이전의 노동억압 시대와 민주화 이후의 이중구조와 경직성의 노동시장으로 뚜렷이 구분되고, 규제는 고속성장기를 거치면서 갈수록 많아져서 시장경제의 활력을 갉아먹는 규제공화국이 되었다. 세계 최고의 교육열과 양질의 노동력은 한 때 성장의 원동력이었고 기회의 사다리, 신분상승의 사다리였으나, 지금의 교육은 새로운 산업이 요구하는 혁신적 인재를 양성하기에 부족하고 사교육비 부담은 불평등을 가속화하고 신분세습의 사다리가 되었다.

기업, 산업, 금융, 노동, 교육, 복지, 주택 등 경제의 주요 영역이 발전하려면 애스모글루와 로빈슨이 주장한 포용적 제도의 발전이 지속적으로 이루어져야 한다. 개인이 각자의 재능과 능력을 발휘하도록, 땀 흘려 성실하게 일하도록, 공정한 경쟁을 통해 성과를 가질 수 있도록, 기술혁신과 창조적 파괴가 가능하도록 경제사회의 다양성, 개방성, 공정성이 보장되고 경쟁의 패자에게 다시 기회가 주어지는 포용적 제도가 필요한 것이다.

1990년대 이후 우리 경제제도를 혁신하지 못했던 이유는 우리 정치가 잘못되었기 때문이다. 여기서 나는 다시 민주공화국의 공화주의를 소환하고자 한다. 자유와 평등, 공정과 정의, 인간의 존엄과 가치와 같은 헌법 가치들을 제대로 구현하는 포용적 제도는 단순한 민주주의를 넘어서, 민주주의의 결함을 보완하는 공화주의가 제대로 실현될 때 가능한 것이다. 1987년의 민주화 이후 지난 35년 동안 5년 단임의 7개 정권이 집권할 동안 우리가 '제대로 된 민주공화국'을 만들지 못했던 것이 경제제도의 혁신에도 장애물이 된 것이다.

문제는 경제, 해법은 정치다. 폴 그루그먼Paul Kurgman 교수는 "In 21st

Century America, everything is political"이라고 했다. 『새로운 미래를 말하다』에서 그는 자본주의가 실패했다고 보는 증거들, 즉 중산층 몰락, 소득 양극화, 의료보험의 모순 등에 대해 분석하고 빈부격차를 해소하기 위한 해답이 무엇인지 제시하면서 경제적 불평등을 정치적 의지로 해결할 수 있다고 주장한다.

민주주의를 맹신하지 마라?!

잘사는 나라를 만드는 제도개혁의 해법이 정치에 있다면, 왜 우리 정치
는 경제발전에 도움이 되는 제도를 채택하지 못하는가?
우리 정치가 후진적이기 때문인가?
아니면 민주주의 정치의 본질이 원래 그런 것인가?
더 나은 세상, 더 나은 미래를 건설해가는 개혁은 우리 정치 현실에서는
불가능한 꿈인가?

시대의 과제를 해결하기 위해 개혁이 필요함은 더 이상 말할 필요가 없
다. 앞서 살펴본 인재양성, 교육개혁, 노동개혁, 규제개혁, 자유롭고 공정
한 시장경제를 만드는 개혁 등은 모두 다시 성장으로 가기 위해 필수적인
개혁이다. 또 지속가능한 복지제도를 향한 개혁은 저출산 양극화라는 시
대의 과제를 해결하며 성장과 복지가 선순환하는 공동체를 만들기 위한
것이다.

개혁改革, reform은 한자 그대로 '가죽을 바꾼다'는 뜻이다. 나라 발전을
위해 낡은 제도와 관행을 뜯어고쳐서 새로운 것으로 만드는 것이 개혁이
다. 제도는 정치가 만드는 것이기에 제도개혁도 정치의 영역이다. 개혁은
기존의 질서와 제도를 뒤엎는 혁명革命, revolution과 다르다. 개혁은 기존의
질서와 제도 중 유지할 것은 그대로 두면서 고쳐야 할 부분만 변화시키는

것을 의미한다. 따라서 개혁은 기존 체제와 질서의 붕괴나 전복이 아니고, 법치의 테두리 안에서 목표를 정해서 변화를 추구하는 것이다.

보수는 개혁을 거부한다는 지적이 있다. 그러나 진정한 보수주의자는 '역사의 진보'를 가져오는 개혁의 필요성을 인정한다. '(역사의) 진보에 대한 믿음belief in progress'은 진보주의자만의 전유물이 아니다. 보수주의자들도 변화할 능력을 가진 사회만이 생존할 수 있다고 생각한다는 점에서 역사의 진보를 믿는다. 국가의 미래에 대해 진심으로 고민하는 정치인이라면, 더 나은 세상을 만들기 위해 고민하는 정치인이라면, 누가 국가의 발전, 역사의 진보를 바라지 않겠는가? 따라서 스스로 진정한 보수주의자라면 당연히 역사의 진보, 국가의 발전에 대한 믿음을 가진다.

앞서 말했듯이 보수주의의 창시자 에드먼드 버크Edmund Burke는 『프랑스 혁명에 관한 성찰』에서 프랑스 혁명가들의 경솔하고 무분별한 개혁을 비판하면서 "분노와 광란은 신중함, 숙고, 선견지명으로 100년 동안 건설할 수 있었던 것보다 더 많은 것을 30분 만에 파괴할 수 있다 Rage and phrenzy will pull down more in half an hour, than prudence, deliberation, and foresight can build up in a hundred years"라고 하면서도 역사의 진보에 대한 믿음을 부인하지 않았다. 버크는 "변화의 수단이 없는 국가는 보존의 수단을 갖지 않은 것과 다름없다. A state without the means of some change is without the means of its conservation"라고 하면서 개혁의 필요성을 말했다. 이성보다 경험과 전통을 중시하는 보수주의는 인간의 본성과 사회제도가 필연적으로 선과 악의 혼합체라고 보고, 선은 조심스럽게 보존하고 악은 조심스럽게 치유해야 한다고 본다.

따라서 나같은 보수주의자의 입장에서 개혁은 고도의 신중을 요한다. 버크는 국가란 신성한 것이기 때문에 그 결함이나 부패를 개혁하려는 자

2018년 아일랜드 더블린 트리니티 칼리지의 에드먼드 버크 동상 앞에서

는 무척 신중하게 접근해야 하며 기존질서의 전복을 통해 개혁을 시도해
서는 안된다고 했다. "국가의 결함에 접근함에 있어서 마치 아버지의 상
처를 치유하는 심정으로, 곧 경건한 두려움과 떨리는 마음으로 임해야 한
다 He should approach to the faults of the state as to the wounds of a father, with
pious awe and trembling solicitude"라는 버크의 말은 개혁에 대한 보수주의의
태도를 가장 잘 말해주고 있다.

　다시 원래의 질문으로 돌아가자. 국가발전, 경제발전에 꼭 필요한 개혁
을 우리 정치는 과연 해낼 수 있는가?
　앞에서 우리는 스웨덴, 독일, 덴마크, 네덜란드, 아일랜드 같은 나라들이 경제위기를 극복하기 위해 어떻게 노동개혁, 복지개혁을 했는지 살펴 봤다. 바로 그 나라들의 정치가 해낸 개혁이다. 우리 정치는 우리에게 필요한 노동개혁, 복지개혁, 연금개혁 같은 개혁을 과연 해낼 수 있는가? 우리 정치는 못할 것이라고? 여러분의 답이 부정적이라면, 잘사는 나라들의 정치는 해낸 개혁을 왜 우리 정치는 못하는 것일까?

마르크스가 사망한 1883년에 큰 족적을 남긴 경제학자 두 사람이 출생 했다. 케인즈와 슘페터다. 이 두 사람은 경제를 보는 시각도 달랐지만 정치를 보는 시각도 달랐다. 케인즈는 사회 전체의 이익을 고려하는 지적 엘리트로 구성된 정부가 정책을 결정할 수 있다고 전제했다. 그러나 슘페터는 케인즈의 이러한 국가관이 지나치게 낙관적이라고 비판했다. "공익公益이라는 이름의 형이상학적 실체나 형이상학적인 국가, 즉 하늘 높이 구름 위에 자리 잡고 인간세상의 투쟁과 집단이해에서 벗어나 그것들을 초월하여 공익이라는 후광을 주는 국가를 만들어내는 데에는 아무런 과학적 의미가 존재하지 않는다. 비즈니스는 자본가의 이윤 추구에 의해 움직이고 있음을 전제로 하는 경제학자들이, 정치는 정치가의 이해득실로 이해해야 한다는 자명한 사실로부터 왜 계속 눈을 돌렸던 것일까? 국가를 구름 위에서 끌어내려 현실적인 분석의 대상으로 삼은 점이야말로 마르크스의 중요한 과학적 공적이었던 데 반해, 케인즈는 오류를 범하고 있다. 이것이 바로 슘페터가 케인즈를 비판하는 두 번째 쟁점이다." (『조셉 슘페터: 고고한 경제학자』, 이토 마쓰하루, 네이 마사히로 지음. 민성원 옮김. 소화. 14-15쪽)

슘페터는 그의 저서 『자본주의 사회주의 민주주의』(1942년)에서 18세기까지의 민주주의 이론을 고전적 민주주의 학설이라고 명명하고, "그것이 공익 또는 국민(또는 인민people)의 의지라는 비현실적인 전제 위에 기초하고 있다는 것, 또는 아무리 그러한 것의 존재를 전제할 수 있었다고 해도 그것의 실현이 매우 어렵다"는 것을 지적했다. 슘페터는 민주주의를 "정치결정에 도달하기 위해 개개인이 국민의 투표를 획득하기 위한 경쟁적 투쟁을 함으로써 결정력을 얻는 정치적 장치"라고 정의했다. 이는 유권자가 선거에 참여하여 정부를 구축하는 과정을 중시한 민주주의 이론으로서, 공익의 실현을 기대하는 규범적인 민주주의 이론이 아니라 경험적, 실증주의적 입장에서 민주주의의 본질을 파악한 것으로서, 그 이후 민주주의 연구에 큰 영향을 미쳤다. 당선을 목표로 하는 정치가와 득표 최대화를 목표로 하는 정당이라는 현대 정치학의 전제가 슘페터에서 유래한 것이다.

슘페터의 민주주의 정의는 '우리 정치가 개혁을 할 수 있느냐?'라는 질문에 대해 어둡지만 과학적인 시사점을 제공한다. '국민의 투표를 획득하기 위한 경쟁적 투쟁,' 만약 이것이 민주주의 정치의 본질이라면, 그리하여 공익이나 국민의 의지는 실체가 없는 것들이라면, 정치는 그저 득표를 극대화하기 위한 행위일 뿐이다.

한 표라도 더 받기 위해 수단과 방법을 가리지 않는 것이 민주주의 정치와 선거의 본질이라면, '개혁을 할 수 있느냐'라는 위의 질문은 '개혁이 표가 되느냐?'로 귀결된다. 예컨대, 노동개혁은 표가 되느냐? 연금개혁은 표가 되느냐? 증세는 표가 되느냐? 복지개혁은 표가 되느냐? 등의 질문이 바로 그것이다. 이는 민주주의가 빠져들기 쉬운 포퓰리즘populism(대중영합주의)과 직결된다.

세금은 깎아주고, 복지혜택은 더 주고, 연금은 덜 내고 더 받게 해주고, 모든 국민들에게 기본소득을 주고, 군대 가기 싫으면 안 가도 되고, 노동자들에게는 천국 같은 근로조건과 정년을 보장해주고 해고를 없애주고, 실업자들에게는 무한정 실업혜택을 주는 등 온갖 달콤한 것들을 다 해줄 것처럼 약속하는 후보나 정당이 있다고 하자. 그런 후보, 그런 정당이 선거에서 득표를 쉽게 해서 집권한다면 민주주의 정치는 그런 방향으로 쉽게 흘러갈 것이다. 고통을 수반하고 기득권의 저항을 수반하는 제도개혁은 결코 득표하기가 쉽지 않을 것이다.

사실은 민주주의의 이러한 위험성에 대해 수많은 선각자들이 오래 전부터 경고했다. 벤저민 프랭클린, 토머스 제퍼슨, 존 애덤스 같은 미국 건국의 아버지들은 예외 없이 민주주의가 빠질 수 있는 심각한 위험에 대해 경고했다. 벤저민 프랭클린은 "민주주의는 늑대 두 마리와 양 한 마리가 점심에 뭘 먹을지 투표로 결정하는 것이다... 사람들이 투표를 통해 자신에게 돈이 생기게 할 수 있다는 것을 알아채는 순간 공화국은 종식을 고하게 될 것이다"라고 했다. 토머스 제퍼슨은 "(민주주의는) 51%의 사람들이 49%의 권리를 빼앗는 폭도들의 지배에 지나지 않는다"라고 했다. 알렉시스 드 토크빌, 에드먼드 버크, 존 스튜어트 밀, 토마스 매콜리 같은 고전적 자유주의자나 18~19세기 지식인들도 대부분 민주주의에 비판적이었다. 에드먼드 버크는 "단언컨대 민주주의에서는 다수의 시민이 소수를 상대로 가장 잔혹한 억압을 행사할 수 있다"라고 우려했다. 19세기 영국의 정치인이자 작가인 오버론 허버트Auberon Herbert는 "방 안에 다섯 사람이 있는데, 세 사람이 나머지 두 사람에게 자신들의 생각을 강요할 권리를 갖는가? 단지 수적으로 한 명 많다는 이유로 갑자기 나머지 두 사람의 몸과 마음을 소유할 수 있는가? 비열하고 추악한 미신이다"라고 했다.

(『민주주의를 넘어서』 프랭크 칼스턴Frank Karsten, 커렐 베크만Karel Beckman, 2014, A-북스)

민주주의에서는 국민이 통치한다. 'democracy'는 글자 그대로 '민중

demos이 지배kratos하는 정치체제'다. 우리 헌법 제1조 제2항도 "대한민국의 주권은 국민에게 있고, 모든 권력은 국민으로부터 나온다"라고 주권재민主權在民의 원칙, 즉 국민통치의 원칙을 내세웠다.

문제는 그 demos, 즉 국민이 누구냐는 것이다. 나? 너? 우리? 국민은 누구인가? 국민의 실체는 무엇인가? 사람들이 똑같지 않고 각기 다른 생각을 가진 수백만, 수천만, 수억명의 사람들이 있다면 국민은 대체 누구를 말하는가? 네덜란드의 한 코미디언은 "민주주의는 국민의 뜻대로 한다. 나는 매일 아침 신문에서 내가 원하는 것이 무엇인지 확인하고 깜짝 놀란다"라고 했다. 민주주의에서 '국민의 뜻, 국민의 의지'는 무엇인가?

정확하게 말하면 다수결 민주주의에서 결정을 내리는 건 국민이 아니라 국민의 다수, 유권자의 다수다. 소수에 속하는 국민은 결정을 하는 다수의 국민에 포함되지 않는다. 100%의 국민이 통치한다는 생각은 허구다. 나라의 일들을 국민의 다수가 결정한다면, 세금, 복지, 보육, 교육, 결혼, 노동시간과 노동권, 실업수당, 연금, 주택, 선거연령, 음주와 흡연 연령, 술집 영업시간, 상품라벨, 금리, 부실기업 부실은행 구제, 의사와 병원의 진료, 죽을 자유, 경찰의 발포 권한, 군복무기간, 전쟁... 이런 것들을 국민의 다수가 결정할 수 있다. 국민의 다수가 결정권을 갖는다는 점에서 민주주의는 우리가 생각하기보다 더 집단주의적 제도이며 자유와 민주주의가 항상 같이 가는 것은 아니다. 다수에 의한 독재, 즉 민주주의 독재라는 말이 나오는 이유다.

칼스턴과 베크만은 민주주의의 함정에 대해 다음과 같이 주장한다:

민주주의만이 최선이라는 신념에 너무 깊이 빠진 사람들은 민주주의를

옳고 정당한 모든 것과 동일시한다. 그러나 자유, 평등, 공정, 정의, 공공선, 연대 등의 가치가 민주주의라고 해서 당연히 따라오는 것은 아니다.

예컨대 민주주의가 자유와 동일하다는 생각은 민주주의의 가장 끈질긴 신화다. 사람들은 자유와 민주주의를 해와 달처럼 짝짓지만, 사실상 자유와 민주주의는 언제든 거꾸로 갈 수 있는 개념이다. 민주주의에서는 모두가 정부 결정에 복종한다. 다수가 그랬든 통치자 한 명이 그랬든 강제는 강제다. 아리스토텔레스Aristotle는 "한정 없는 민주주의는 과두제와 마찬가지로 다수에 의한 압제"라고 했다. 다수가 지배하는 민주주의에서는 소수자의 권리를 빼앗을 수 있는 게 민주주의다. 오늘날 사람들은 민주주의가 도래하기 전까진 시민들이 왕의 권위에 복종했다는 사실을 쉽사리 이해하지 못한다. 그런데 다수의 권위는 군말 않고 인정하다니 이상한 일이다. 서구 민주주의에서 사람들이 상당한 자유를 누리고 있는 것은 민주주의여서가 아니라 민주주의를 하기 이전의 17~18세기에 일어난 고전적 자유주의 혹은 리버테리언libertarian 전통 때문이라는 지적도 있다.

자, 그렇다면 국민의 다수는 항상 옳은가? 다수가 통치하는 곳에서 나온 결과물은 자동적으로 정당하고 선한 것이 되는가? 옳은 일을 하기 위해 우리는 민주주의를 하는 것 아닌가? 어떤 것을 믿는 사람의 수가 많다고 해서 그것이 진실이 되는 것은 아니다. 집단적 착각의 비극적인 사례는 역사에 많았다. 만약 사람들이 민주주의를 지지하는 중요한 이유가 그들 자신이 다수에 속함으로써 다른 사람들의 재산을 가로채 혜택을 누리길 바라거나 기대하기 때문이라면, 이는 매우 당황스럽고 불편한 사실이다. 그들은 자신의 짐을 다른 이들과 나누고 자신이 누리는 혜택의 대가 또한 다른 이들이 지불하길 바란다. 이건 도덕에 반하는 행동이며 사실

강도짓과 다를 바 없다. 다수가 모든 것을 지배하는 민주주의의 구조는 그런 점에서 부도덕할 수 있다. 민주주의에서는 다수의 의지가, 어떤 것을 원하는 사람의 숫자가 도덕성과 합리성에 우선한다. 결국 소수는 철저하게 다수에게 휘둘리고 만다.

나는 민주주의를 부정하려고 민주주의의 한계와 문제점을 말하는 것이 아니다. 민주주의의 한계를 알아야만 왜 우리 정치가 국가발전에 필요한 제도개혁에 실패하는지를 알 수 있기 때문이다.

티머시 스나이더는 『폭정』에서 민주주의의 내생적 한계를 분명히 경고하고 있다.

> 우리는 민주주의의 유산이 자동적으로 우리를 폭정의 위협으로부터 지켜줄 거라고 생각하기 쉽다. 잘못된 생각이다. 우리는 20세기에 민주주의가 파시즘과 나치즘, 공산주의에 굴복하는 것을 보았던 유럽인들보다 결코 더 현명하지 않다. 자유를 얻으려면 끊임없이 경계해야 한다 Eternal vigilance is the price of liberty. 우리는 역사가 한 방향으로, 자유민주주의를 향해 움직일 수 있다는 필연의 정치학을 수용했다. 그렇게 함으로써 우리는 방어태세를 낮추었고, 상상력을 억제했으며, 결코 다시는 되풀이되지 않을 것이라고 자신했던 바로 그 체제들이 되돌아 올 길을 열어놓았다. 필연의 정치학은 우리 스스로 자초한 지적 혼수상태이다. 한편 영원의 정치학은 국가주의적 대중주의자들이 역사 속에서 존재한 적이 없었던 신화화된 과거로 우리를 유혹하여 최면상태에 빠트린다. 젊은이들이 역사를 만드는 데 나서지 않으면 필연과 영원의 정치인들이 역사를 파괴할 것이다.

개인들이 자기 이익을 극대화하고 개인들의 선택이 다 모여서 나라 전체의 발전이 이루어진다는 것이 아담 스미스Adam Smith의 『국부론』이다. 소비자는 효용(만족)을 극대화하고 기업은 이윤을 극대화하고 그런 개인들의 선택이 모두 모여서 국부가 증진된다는 것이다. 아담 스미스는 '보이지 않는 손invisible hand'이 작동해서 그렇게 된다고 한다. 개인의 선택이 전체의 이익으로 이어지지 않을 경우 시장실패가 발생한다고 보고 정부 개입을 정당화한다. 국방, 치안, 환경, 안전 등이 그 예들이다. 시장의 보이지 않는 손에 비유해 정부의 '보이는 손visible hand'이 개입한다는 것이다. 사실 아담 스미스 이후의 경제학은 개인들의 선택이 다 모일 때 경제가 어떻게 될 것인지를 규명하는 학문이었고, 정부가 어떤 경우에 개입할지를 연구하는 학문이었다.

그렇다면 정치는? 공익이니 국민의 의지니 일컫는 형이상학적 실체는 존재하지 않으며 정치가와 정당은 국민의 투표를 획득하기 위한 경쟁적 투쟁을 하는 존재들이라는 슘페터의 전제가 진실이라면, 국민의 선택과 정치가들, 정당들의 선택이 다 모인 총합의 결과는 무엇인가? 왜 어떤 나라의 정치는 포용적 제도개혁에 성공하고 어떤 나라의 정치는 실패하는가? 경제에서 개인들의 이기적인 선택이 모여 '보이지 않는 손'의 작용으로 국부를 창출한다면, 정치에서도 국민들의 이기적인 선택이 모여서 '정치의 보이지 않는 손'에 의하여 국가이익에 도움이 되는 정치가 될 것인가?

정치에도 보이지 않는 손이 존재하는지는 아무도 말하지 않는다. 그 대신 위에서 보았듯이 다수결 민주주의가 초래할 수 있는 심각한 폐해에 대해 말할 뿐이다. 사실 민주주의 정치는 보이지 않는 손이라고 할 만한 것도 없다. 그냥 선거에서 행사되는 사람들의 투표가 있을 뿐이다. 비밀투표여서 기표소 안에서 누구를 찍는지 모르지만 개표를 하면 결과는 드러난다. 이 표들이 모여서 다수가 되면 그게 국민의 뜻, 국민의 의지, 국민의 선택이 되는 것이고, 민심民心이라 불리는 것이다. 흔히 '민심이 천심天心'이라고 한다. 이처럼 투표에서 다수가 되면 국민의 뜻을 넘어 '하늘의 뜻'으로 격상되기까지 한다. 문제는 그 선택의 결과가 잘사는 나라를 만드는 포용적 제도를 향한 개혁이 되느냐, 아니면 다수에 의한 포퓰리즘이나 착취적 폭정이 되느냐이다. 이에 대한 답은 시대마다, 나라마다 달랐다.

제2차 세계대전 이전에 히틀러와 나치당에게 전폭적인 지지를 보냈던 독일 국민들이 패전 후 아데나워, 에르하르트, 브란트, 슈미트, 콜, 슈뢰더, 메르켈 총리 같은 걸출한 지도자를 선출한 역사를 생각해보면 독일 국민들의 뜻도 시대에 따라 달랐다. 슈뢰더 총리의 경우는 하르츠 개혁을 추진했으나 그 다음 선거에서는 개혁에 대한 거부감 때문에 패배했다. 스웨덴의 살트셰바덴 협약, 네덜란드의 바세나르 협약 같은 개혁도 국민의 뜻에 따라 선출된 정부가 해낸 것이다. 미국도 마찬가지다. 2008년 흑인 대통령 오바마를 선출한 국민들이 8년 후에는 트럼프 대통령을 선출했다.

우리 정치에서는 국민의 다수가 선출한 정부가 역사의 진보를 이루는 제도개혁에 성공해왔느냐? 이승만의 정부 수립과 박정희의 산업화는 대한민국의 초석을 세웠다. 민주화 운동으로 1987년 체제가 들어서서 산업화와 민주화에 성공한 것도 역사의 진보였다. 그러나 김영삼 김대중 노무현 이명박 박근혜 문재인 정권의 30년 동안 제도개혁에 성공하지 못했기 때문에 저성장, 저출산, 양극화의 문제를 갖게 된 것이다.

결국 제도개혁을 좌우하는 힘은 국민으로부터 나온다. 국민의 선택이 잘못되어도 어쩔 수 없다. 5년의 임기가 보장되어 있으니 싫어도 5년을 또 기다릴 수밖에 없다. 겪어봐야 안다고 하지 않는가. 경험을 통한 학습 learning by doing이라는 것이다. 군사독재도 겪어봤고 3김시대도 겪어봤다.

노무현이 싫어서 이명박을 찍었고, 박근혜가 싫어서 문재인을 찍었다. 이 과정에서 우리 국민들, 투표자들은 경험을 축적했다. 이 축적된 경험이 언젠가 시대의 문제를 해결하는 정부를 선택하는 데 도움이 될 것인지는 오롯이 국민들의 선택에 달려 있다. 시간이 걸리고 답답한 부분이 있더라도 어쩔 수 없다. 달리 방법이 없지 않은가. 저성장, 저출산, 양극화가 더 진행되고 국가안보가 더 위태로워져도 어쩔 수 없다. 문제가 있더라도 국민들이 그 문제를 해결할 정부를 내세우지 못하는 한, 나라의 운명은 달라지지 않는다. 민주주의의 수준은 국민의 수준이다. 어느 나라나 국민의 수준에 맞는 지도자를 가질 수밖에 없다. 우리 국민들이 반복적으로 수준 낮은 대통령을 선택하면 결국 나라의 미래가 밝을 수가 없다. 공화주의 가치에는 자유, 평등, 공정, 정의, 법치 등 공공선이 있지만, 공화주의의 전제에는 시민의 덕성, 소위 비르투virtu가 있다. 비르투를 갖춘 시민들이 선택하는 정부, 그런 정부가 들어서야 역사의 진보를 앞당기는 제도개혁을 이룰 수 있을 것이다.

흔히 헌법을 개정해서 소위 '제왕적 대통령제'를 순수내각제나 분권형 대통령제로 바꾸면 더 나은 정치가 될 것이라고 말한다. 일리가 있는 주장이긴 하다. 그러나 내각제든 분권형 대통령제든 국민 다수가 선출하는 정부가 과연 시대의 문제를 해결하는 제도개혁에 나설 것이냐 여부는 정부 형태가 아니라 국민 다수의 생각에 달려 있다는 점에는 변함이 없다.

포퓰리즘과의 전쟁에서 이기자

다산 정약용은 "이 나라는 털끝 하나라도 병들지 않은 것이 없다. 지금 당장 개혁하지 않으면 나라가 망하고 나서야 그칠 것이다 蓋一毛一髮 無非病耳 及今不改 其必亡國而後已"고 탄식하면서 "나의 낡은 나라를 새롭게 하겠다 新我之舊邦"고 개혁의 필요성을 외쳤다. (정약용, 『경세유표經世遺表』) 다산이 살았던 18세기말~19세기초의 조선이 부국강병에 매진하고 민생을 살리는 개혁의 길로 들어섰더라면 1868년 메이지유신으로 근대화에 성공한 일본의 식민지가 되었을까? 나는 역사가 달라졌을 것이라고 믿는다. (박종인, 『대한민국 징비록』, 2019년 / 신상목, 『학교에서 가르쳐주지 않는 일본사』, 2017년)

지금도 역사의 교훈은 똑같지 않을까? 성장이 정체되고 인구가 급감하고 양극화는 심해지고 북한의 핵무기와 미중갈등 앞에서 안보를 지켜야 하는 대한민국의 현실을 보면, '지금 당장 개혁하지 않으면 나라가 망하고 나서야 그칠 것'이라는 다산의 탄식이 틀린 데가 하나도 없다. 어떤 이들은 우리나라의 GDP가 세계 9위이고 군사력이 세계 6위인데 무슨 문제냐, 대한민국은 선진강국이라고 주장하면서 개혁의 필요성을 무시한다. 그러나 지난 30년 동안 추락해온 성장률과 출산율, 핵무기라는 비대칭전력을 가진 북한과 언제든 우리를 무력으로 위협할 수 있는 중국과 일본을 바로 옆에 두고 경제와 안보에 문제가 없다고 주장하는 것은 참으로 한가

한 이야기다. 더 잘살고 더 강해지는 게 무엇이 잘못이라는 말인가?

경제학자 폴 로머Paul Romer 교수는 "모두가 성장을 원하지만 아무도 변화를 원하지 않는다"고 했다. 국민의 다수가 지배하는 민주주의에서 성장을 위한 개혁을 하려면 다수가 개혁에 찬성해야만 가능하다. 개혁에 대한 국민들의 지지를 획득하기 위해서는 포퓰리즘에 맞서서 포퓰리즘이 나라를 어떻게 망치는지, 왜 개혁이 필요한지, 고통스러운 개혁을 어떻게 추진할 것인지를 설득하는 정치세력이 존재하고 성공해야 한다. 이는 백번 맞는 말이지만 정치적으로, 현실적으로 매우 어려운 일이다. 앞서 보았듯이 민주주의 자체가 국민의 다수가 소수에게 희생을 강요하고 이득을 취할 수 있는 제도이고, 자신이 손해 보더라도 공동체의 안녕에 기여하겠다는 사람들은 많지 않기 때문이다.

민주주의의 포퓰리즘은 경제성장에 해가 된다. 타인의 희생을 대가로 이익을 취하고 자신이 져야 할 부담을 남에게 전가할 수 있는 게 민주주의라면 그런 제도는 경제적 번영을 이루는 데 방해가 될 것이다. 많은 사람들은 자신의 사적인 바람들, 예컨대 더 많은 복지혜택, 의료혜택, 교통지원, 주택지원, 실업수당, 양육보조금, 무상교육, 자기 집 앞의 도로 등을 실현하는 데 필요한 비용을 타인이 물도록 해주는 정당에 투표할 것이다. 그 결과는 비효율과 낭비이며 경제에는 재앙이 될 것이다. 사치스러운 '민주적 저녁 식사'의 걷잡을 수 없는 결과는 엄청난 재정적자와 국가부채다. 유권자들은 이 공짜 파티가 가능한 한 오래 계속되길 원하고, 이는 결국 폭탄 돌리기 게임이 되는 것이다. '공짜점심은 없다'는 경제학의 기본원칙도 이들에게는 통하지 않는다. 다수가 지배하는 민주주의는 사유재산을 존중하지 않는 결과를 낳는다. 돈을 낭비하고 세금을 탕진해도 다수가 원하면 정치는 '돈 꼭지'를 계속 틀어두다가 언젠가 거품이 터지면 공황이 찾아온다.

포퓰리즘은 복지와 분배도 왜곡할 것이다. 포퓰리스트 정치인들이 가난한 이들을 위한 연대와 분배를 얘기할 때 그들의 계획은 실제로 얼마나 진지하고 공정한가? 부를 분배하려면 그 이전에 먼저 부가 만들어져야 한다. 정부보조금이나 공공서비스는 공짜가 아니다. 생산적인 사람들이 버는 소득 중 일부를 정부가 세금으로 가져다가 재분배하는 것이기 때문에 최대한 아껴 써야 한다. 민주주의에서 돈이 정말로 필요한 사람한테 갈까? 공정한 분배를 할까? 보조금, 지원금은 상당부분 이해관계자의 수(표)가 많고 목소리가 큰 집단에게로 갈 가능성이 높다. 농업, 노동자, 부실대기업이 대표적인 경우다. 누구나 공적자금이 놓인 밥상 앞에 앉고 싶어한다. 민주주의 정치는 가장 영향력 있고 가장 잘 조직된 단체들이 남은 자들의 비용으로 이익을 취하도록 한다. 가난한 사람들과 사회적 약자들을 돕기 위해 민주주의가 필요하다는 주장은 그 재분배 기계로부터 이익을 취하려는 사람들이 이기심을 가리려고 쳐놓은 연막이다.

포퓰리즘은 입법도 왜곡한다. 다수결 민주주의에서는 큰 집단에 속할 때 당신의 생각이 법으로 바뀔 기회가 커진다. 미국의 문필가 헨리 루이스 멘켄Henry L. Menken은 "사람들이 이 세상에서 가치를 두는 건 권리가 아니라 특권"이라고 했다. 진정한 권리는 모든 사람에게 똑같이 허용되어야 한다. 특정 그룹에만 적용되는 권리가 특권이다. 다수는 입법을 통해서 다른 사람들이 비용을 지불하도록 강제하고 특권을 누릴 수 있다. 다수는 '우리'라는 말을 교묘하게 함으로써 사람들을 헷갈리게 만들 수 있다. 어떤 정책을 옹호할 때 사람들은 "우리는 어떤 것을 원해. 우리는 어떤 것이 필요해. 우리는 권리가 있어"라고 하며 마치 모두가 자연스럽게 동의하는 것처럼 말한다. 그들이 진짜 의미하는 바는, 원하지만 책임지고 싶지는 않다는 얘기다. 나 아닌 우리라는 말은 결정에 대한 부담을 타인에게 떠넘긴다. 여기에 정당들이 적극적으로 영합하여 법과 예산을 만든다. 이게 과연 선의와 연대의 제도인가? 반사회적이고 기생하는 제도인가? 사람들이 연대를 위해 민주주의를 이용하는 이유는 비용을 부담하지 않아도 되기 때문이다. 어쩌면 민주주의에서 '우리'나 '국민'은 가장 남용되는 단어일지도 모른다.

전후 독일경제에 기적을 일으킨 루트비히 에르하르트Ludwig Erhard 전 총리는 민주주의의 이 같은 문제에 대해 "우리가 점점 더 스스로 책임지려고는 하지 않고 집단주의 안에서 안전하기만 바라는 생활방식을 선호한다면 어떻게 진보해 나아갈 수 있겠는가. 이런 열기가 지속된다면 우리 사회는 모두가 남의 주머니에 손을 집어넣는 시스템으로 퇴화할 것이다"라고 비판했다 (이 부분은 『민주주의를 넘어서』 프랭크 칼스턴Frank Karsten, 커렐 베크만Karel Beckman, 2014, A-북스, 부분 인용함).

이것이 민주주의의 도덕적 해이다. 포퓰리즘이다. 다수가 소수를 착취하는 게 가능하도록 다수결 제도가 그렇게 되어 있는 것이다. 그러나 이런 도덕적 해이가 활개를 치면 성장도, 분배도, 입법도 근본적인 문제가 발생할 수밖에 없다.

민주주의의 이러한 구조적이고 근본적인 도덕적 해이를 치유하는 정치는 어떻게 가능할까?

첫째, 경험을 통해 학습한 시민들의 덕성, 즉 '비르투virtu'가 살아있는 사회를 만들어가야 한다. 얼핏 초등학교 도덕 강의처럼 들리겠지만 오늘날 세계가 부러워하는 선진국들의 국민들은 민주공화국 시민으로서의 덕성을 어느 정도 갖추었기 때문에 국가의 장기적 발전에 필요한 제도개혁에 동의할 수 있었다. 포퓰리스트들의 달콤한 약속이 허구임을 경험으로 아는 시민들, 개인의 자유, 책임, 성실이 공동체 발전의 원동력임을 아는 시민들은 개혁에 동의할 것이다.

둘째, 양 극단의 정치를 지양하고 진영을 넘어 합의를 할 수 있는 정치를 만들어가야 한다. 2015년 나는 국회에서 "진영을 넘어 미래를 위한 합의의 정치를 합시다"라는 제목으로 대표연설을 했다. 이 제목은 7년 전 나의 진심이었고 지금도 나의 진심이다. 좌파 포퓰리즘이든 우파 포퓰리즘이든 모든 포퓰리즘은 극단적이다 (『포퓰리즘의 세계화』, 존 주디스John B. Judis, 2017년, 메디치). 따라서 포퓰리즘에 맞서 싸우기 위해서는 중도에 가까운 개혁적 보수와 합리적 진보 세력이 그 나라 정치의 중심에 자리를 잡아서 국가발전을 위해 합의할 수 있어야 한다. 진영간 득표경쟁은 마치 '죄수의 딜레마 게임prisoner's dilemma game'과 같아서 합의하지 않고 각자 이기적으로만 선택하면 나라를 위해서는 최악의 결과를 낳게 될 것이다.

셋째, 다수가 소수를 착취할 수 있는 민주주의의 문제를 최소화하려면, 다수의 선택을 개인에게 강요할 게 아니라 개인이 각자 자유롭게 선택할 수 있도록 해야 한다. 개인의 자유와 책임의 폭이 커질수록 다수의 도덕적 해이는 그만큼 줄어들 것이다. 이런 점에서 자유롭고 공정한 시장에서는 다수의 횡포가 작용할 수 없기 때문에 민주주의의 도덕적 해이를 줄여줄 것이다. 자본주의 시장경제를 하는 나라마다 헌법이 사유재산권을 보호하는 이유도 개인의 재산권이 충분히 보호되어야 다수의 착취에 대항할 수 있기 때문이다. 가장 최고의 법인 헌법에 재산권에 대한 확실한 보호장치를 넣어둬야만 다수가 장악한 의회에서 다수가 소수의 재산권을 함부로 침해하는 법률을 만들어내는 것을 어느 정도 막을 수 있다. 세금과 규제도 사유재산권에 대한 침해이기 때문에 과도하지 않도록 원칙이 필요하다.

넷째, 복지의 원칙과 철학을 충실하게 지켜야만 도덕적 해이를 막을 수 있다. 앞서 능력에 따라 세금을 내고 필요에 따라 복지를 하는 사회안전망이 필요하다고 말했다. 복지는 국가의 도움이 절실하게 필요한 사람, 국가의 도움 없이는 가난과 질병으로부터 인간으로서의 최소한의 존엄과 가치를 지켜낼 수 없는 사람, 그런 분들에게 가야 한다는 원칙과 철학을 지키라는 것이다. 그리고 감당할 수 있는 만큼의 복지를 하라는 원칙이다. 전 국민 재난지원금, 기본소득의 경우 이 원칙을 지키지 않는 것이다. 그리고 버는 돈보다 씀씀이가 훨씬 더 크다면 개인이든 기업이든 정부든 파산이 예정되어 있기 때문이다. 문재인 정부의 복지가 지키지 않은 원칙이다.

다섯째, 개인의 재산권 뿐만 아니라 자유, 평등, 공정, 정의와 관련된 개인의 기본권도 충분히 보장되어야 한다. 헌법과 법률이 가치와 권리를 확실하게 보장하면 할수록 민주주의에서 다수에 의한 포퓰리즘과 도덕적 해이의 여지는 줄어든다. 민주주의에서 법치, 법의 지배가 중요한 이유다.

우리 정치는 과연 포퓰리즘과 싸우고 있나?

대선과 총선에서 후보들이 약속한 정책공약들을 보면 대부분이 '복지는 늘리겠다, 세금은 더 걷지 않겠다'라고 한다. 그들의 복지공약과 지역개발공약을 모두 합치면 후보마다 수백조원의 비용이 든다. 대선 때마다 예외 없이 그랬다. 그러나 국민들이 싫어하는 세금에 대해서는 후보들이 입을 다문다. 세금 쓰는 방식을 바꾸고 아껴 쓰는 재정지출 개혁으로 자신들의 공약을 달성하기 위한 재원을 마련할 수 있다고 큰소리를 친다.

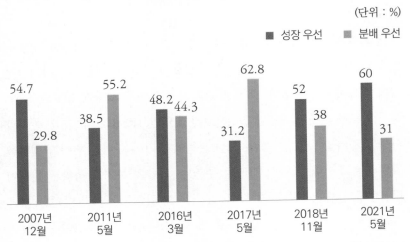

〈그림 24〉 경제성장과 소득분배에 대한 국민 인식 변화

(단위 : %)

■ 성장 우선　　■ 분배 우선

54.7　38.5　48.2　44.3　31.2　62.8　52　38　60　31

29.8　55.2

2007년 12월　2011년 5월　2016년 3월　2017년 5월　2018년 11월　2021년 5월

자료 : 미디어리서치·한국리서치·엠브레인·한국갤럽·케이스탯·코리아리서치
출처 : 주간조선 2021년 6월 1일, "4년만에 반대로 '분배보다 성장!' 대선 빅이슈로 뜬다"

후보들의 공약가계부에 어김없이 등장하는 것이 세출개혁, 지하경제 양성화 등이다. 그러나 역대 어느 대통령, 어느 정부도 증세 없이 재정지출 개혁으로 복지재원을 마련하지 못했다. 결국 지키지도 못할 달콤한 공약空約만 남발한 것이다. 결국 대다수 후보들은 포퓰리스트였다. 나는 2015년 국회대표연설에서 "증세 없는 복지는 허구"라는 말을 했다가 정치적 시련을 겪었다. 너무나 당연하고, 지극히 상식적인 말도 받아들이지 못하는 대통령이 이해되지 않았다. 돈을 더 걷지 않고 어떻게 더 쓸 수 있겠는가? 그런데 문재인 대통령은 박근혜 대통령에 비해 훨씬 더 많이 쓰고 증세는 하지 않으니 나라살림은 더 망가졌다. 그 결과는 역사상 최악의 재정적자와 국가부채다.

앞으로는 제도개혁에 성공하는 정치가 나타날까?

저성장, 저출산, 양극화라는 시대의 숙제를 해결하는 개혁을 단행하고 포퓰리즘의 고리를 끊어내는 정치가 과연 우리나라에도 시작될 수 있을까?

이 답은 국민 다수의 의지에 달려 있다. 한 가지 중요한 사실은 성장, 인구, 분배와 같은 문제에 대한 사람들의 인식은 계속 변하고 있다는 것이다. 사람들은 겪어보고 아는 것이다. 2021년 5월 실시한 여론조사에서는 성장과 분배 중 더 중요한 것은 성장이 60%로, 분배 31%보다 훨씬 높게 나타났다. 문재인 정부 출범 당시엔 분배가 62.8%로 성장 31.2%의 두 배였지만, 민심이 바뀐 것이다.

영혼 있는 대통령, 영혼 있는 관료가 필요하다

위에서 살펴본 대로 민주주의에서는 다수의 국민이 선거를 통해서 행정부와 입법부 권력을 만들어 나라의 운명을 좌우한다. 그러나 때로는 역사에서 지도자의 리더십이 나라를 구하기도 한다. 플라톤의 철인정치나 영웅주의heroism 같은 거창한 것을 꼭 말하려는 게 아니다. 특출한 철인이나 영웅이 아니더라도 시대의 과제가 무엇인지를 정확하게 인식하고 공직에서 자신의 소명을 다하는 정치인과 공직자들이라면 역사의 진보에 기여할 수 있다. 그들이 역사적 소명을 다한다면 훗날 '큰바위 얼굴'로 역사에 기록될 것이다. 박정희 대통령, 중국의 덩샤오핑, 싱가폴의 리콴유, 일본의 사카모토 료마 등 수많은 지도자들을 생각할 수 있다.

우리나라는 대통령제이고 대통령의 리더십이 가장 중요하다. 5년 단임제이기 때문에 대통령으로 당선된 사람은 본인의 의지만 확실하다면 포퓰리즘의 유혹을 뿌리치고 훗날 역사의 평가에 자신을 맡길 수 있을 것이다. 심지어 포퓰리즘 공약들을 내세워 다수의 표를 획득한 대통령도 그런 변신을 할 수 있다. 수도이전 같은 공약을 하고 집권한 노무현 대통령이 한미FTA와 제주해군기지 같은 결심을 한 것이 그 사례다. 독일 사회민주당 슈뢰더 총리의 하르츠 개혁도 유사한 사례다.

대통령이 정말 개혁을 하겠다면 그 결심을 막을 사람은 아무도 없다. 대한민국에서 대통령이 마음만 먹으면 할 수 있는 일들이 많다. 그만큼 대통령에게 부여된 헌법상, 법률상 힘은 막강하다. 예산편성과 법안제출, 인사, 그리고 각 부처와 자치단체를 움직일 수 있는 권한과 수단이 있다. 그래서 시대의 과제들은 사실 '대통령 프로젝트'가 되어야 한다. 만약 대통령이 "다시 성장의 길로 가기 위해 노동개혁, 규제개혁, 교육개혁을 해내겠다." "저출산 문제 만큼은 무슨 수를 써서라도 해결해보겠다," "양극화 불평등을 해소할 수 있는 모든 수단과 방법을 동원해서 평등하고 공정한 기회의 나라를 만들겠다"는 등, 이런 결심을 확고하게 하고 그 일을 해낼 만한 능력이 있는 장관들로 내각을 구성해서 5년 내내 밀어붙인다면 왜 긍정적인 변화가 없겠나. 대통령은 지엽적인 일들에 시간을 낭비해서는 안된다. 시대의 과제를 해결하는 일에만 매진해도 5년의 임기는 너무나 짧은 시간이다.

대통령과 관료의 '케미'도 매우 중요하다. 개혁을 하겠다는 대통령과 이 개혁을 뒷받침할 능력 있는 관료들이 결합한다면 최선이다. 대통령과 관료들이 한 팀이 되어 개혁을 추진한다면 입법부가 동의하지 않더라도 행정부가 현실적으로 할 수 있는 일들이 많다. 만약 대통령이 개혁에 관심도, 의지도 없다면 관료들만으로 개혁을 추진하는 것은 쉽지 않을 것이다. 기껏 소극적 저항이나 개혁의 시늉 정도만 가능할 것이다. 그러나 만약 대통령이 개혁을 진두지휘하거나 아니면 최소한 유능한 각료나 참모를 중용해서 개혁한다면 사정은 달라진다. 박정희 대통령과 남덕우 부총리의 관계가 그러했다. 그러나 5년마다 단임 정권이 들어서고 여야가 교대로 집권하면서 관료들의 행태는 변해왔다. 다음 정권에 줄서기를 하지 않으면 출세할 수 없는 세상이 되면서 관료들의 복지부동과 책임회피가 심해졌다.

2010년 2월 국회 예산결산특별위원회에서 당시 윤증현 기획재정부 장관은 "그래서 공무원은 영혼이 없다고 하지 않습니까"라는 답변으로 폭소를 터트렸다. 사실 윤증현 장관을 두고 '영혼 없는 관료'라는 평가는 하지 않는다. 오히려 노무현 정부의 금융감독위원장 시절 청와대 386에 맞선 소신 있는 관료라는 이미지가 있었다. 윤장관이 말한 '영혼 없는 관료'란 관료의 숙명과 한계를 말해준다. 5년만에 정권이 바뀔 때마다 대통령이, 때로는 여당이 주문하는대로 뒤치다꺼리나 하는 게 관료라는 자조 섞인 표현이다. 영혼 없는 관료가 된 데에는 관료들의 책임도 있지만 관료들을 그렇게 만든 정치의 책임이 더 크다.

그런 점에서 미국, 독일, 영국, 프랑스, 일본 등 우리보다 앞서가는 나라들의 관료제를 연구할 필요가 있다. 이들 나라들의 관료제, 그리고 정치-관료의 관계는 나라마다 다르다. 직업관료의 정치적 중립, 임기 보장, 자신의 책임과 권한에 대한 명확한 규정, 관료의 인사와 상벌에 대한 엄격한 원칙, 엽관제spoil system의 범위 등이 어떻게 제도화되어 있느냐에 따라서 정치권력이 흔들릴 때 관료들이 나라의 중심을 잡아주는 기능을 할 수 있느냐가 결정된다. 대통령에게 개혁 의지가 없더라도 관료들이 정권의 부침에도 흔들리지 않고 장기적 시야에서 개혁을 추진할 여건이 된다면 그런 나라는 희망이 있다.

그리고 대통령과 의회의 '케미'도 매우 중요하다. 어느 나라든 의회는 포퓰리즘에 더 가까이 있을 것이다. 의원들은 늘 선거의 압력에 노출되어 있으며, 단임이든 중임이든 재임 횟수에 제한이 있는 대통령과는 달리 의원들은 당선 횟수에 제한이 없고, 다음 선거를 치러야 하기 때문에 유권자들의 포퓰리즘 요구에 민감할 수밖에 없다. 우리나라 국회도 마찬가지다. 국회를 구성하는 300명의 국회의원들은 대부분 포퓰리즘의 요구에 매우 민감하다. 좋게 말하면 지역주민들의 목소리를 직접 들으니까 바닥 민심을 잘 안다고 할 수 있고, 나쁘게 말하면 시대적 과제를 해결하는 개혁보다는 당장 다음 선거의 공천과 당선을 위한 진영의 요구와 포퓰리즘에 취약할 수밖에 없다. 국회의 예산과 법안 심의과정에서 우리는 그러한 예를 수도 없이 본다.

우리 헌정사를 돌아보면 대통령의 권한은 여전히 막강하지만 과거보다는 의회의 권한이 갈수록 강해지는 추세다. 포퓰리즘에 취약한 국회를 상대로 개혁을 추진하려면 설득의 리더십이 반드시 필요하다. 박근혜 정부의 성과로 기록된 2015년의 공무원연금개혁이 좋은 사례다. 당시 야당인 민주당은 전공노(전국공무원노동조합), 전교조(전국교직원노동조합) 등 공무원연금개혁에 극렬하게 반발하는 민주노총의 목소리에 휘둘리고 있었다. 국회선진화법 때문에 야당이 합의해주지 않으면 공무원연금법을 개정하는 것은 불가능했다. 개혁을 하려면 어떻게든 야당인 민주당을 설득하는 수밖에 없었다. 나는 새누리당 원내대표로서 민주당을 상대로 끈질기게 설득한 결과 겨우 합의를 이끌어낼 수 있었다. 이 합의는 당초의 개혁안에 비하면 후퇴한 내용이었다. 그러나 개혁을 아예 하지 않는 것보다는 하는 게 당연히 낫다고 생각했다. 공무원연금개혁의 사례와 같이 법개정을 수반하는 개혁의 경우 이익집단의 저항에 민감할 수밖에 없는 의회를 어떻게 설득하느냐가 관건이다.

대통령, 관료, 의회의 경제 리더십이 어떠냐에 따라 경제발전이 영향을 받는다. 이승만, 박정희 대통령 시절부터 지금까지 대통령과 관료, 의회가 경제발전에 얼마나 큰 비중을 두고 리더십을 발휘했는지를 돌이켜보면 1990년대 이후 30여년에 걸친 우리 경제의 추락과 1997년 IMF위기의 원인을 알 수 있다. 우리 경제가 다시 성장으로 가기 위해서는 성장을 위한 개혁을 해낼 수 있는 리더십이 반드시 필요하다.

영혼 있는 대통령, 영혼 있는 의회, 그리고 영혼 있는 공무원이 정말 필요하다. 개혁으로 시대의 문제를 해결하겠다는 소명의식으로 무장된 공직자들이 필요하다. 그런 공직자들이 없다면 누가 시대의 과제를 해결할 수 있겠는가? 티머시 스나이더는 『폭정』에서 "직업윤리를 명심하라"고 했다. 나라를 이끌어가는 지도자들에게 소명의식이 없고 그 나라의 지식인과 국민들은 필연의 정치학, 영원의 정치학 같은 허구를 믿고 그저 '다 잘 되겠지'라고 무사안일에 빠져 있다면 그 나라가 어떻게 잘 되겠는가? 대한민국은 저성장, 저출산, 양극화로 공동체가 내부로부터 붕괴되고 있는데 다산 정약용과 같은 위기의식과 개혁의지가 없다면 누가 무슨 요행으로 이 문제들을 치유할 수 있겠는가? 끔찍한 미래가 눈앞에 있는데 적당히 회피하면 그 미래는 누가 책임지는가? 대통령, 관료, 국회의원, 판·검사, 군인, 기업가, 노동자, 언론인, 종교인, 교수, 교사, 의사, 간호사 등 우리나라를 움직이는 사람들의 직업윤리와 소명의식이 어느 때보다 절실하다. 사회를 리드해나가는 사람들이 직업윤리와 소명의식에 충실하다면 민주주의의 한계라고 지적한 다수 국민의 의식도 변할 것이라는 기대가 있다.

막스 베버Max Weber는 『직업으로서의 정치』에서 직업윤리를 강조했다. 내가 미국을 대단한 나라라고 생각하는 이유 중 하나는 공직자, 군인, 기자들의 직업의식 때문이다. 트럼프 같은 사람이 대통령으로 당선되어 헌법을 유린하고 거짓말을 해도 그것을 정면으로 비판하는 장관과 군인과 기자들이 있다. '스피릿spirit과 소울soul'이 살아있는 것이다. 미국의 제임스 매티스 국방장관 같은 사람이 그렇다. 스탠리 맥크리스털 아프가니스탄 주둔 미국 사령관은 오바마 대통령의 아프간 정책을 대놓고 비판하고 미련 없이 옷을 벗었다. 더글러스 맥아더 UN군 사령관은 한국전쟁에서 트루먼 대통령과 의견 차이로 군복을 벗었다. 미국 장군들의 용기와 결기와 그들의 지식은 대단하다. 미국이라는 나라가 경제와 과학기술만 세계 일등이 아니라, 계속 전쟁을 해온 나라여서 그 군사력은 가공할 만하다. 중국의 군사력이 비록 신장했다고 하지만 전쟁 경험이 부족한 중국이 미국을 당할 수가 없는 이유가 여기에 있다. 최근 우크라이나에서 러시아군이 고전하고 있는 것도 이유가 있다.

대통령의 경제 리더십과 관련하여 흔히 "대통령은 경제를 몰라도 된다. 사람만 잘 쓰면 된다"는 말을 한다. 이 주장에 대해서는 억지로 정답이 무엇이라고 우길 일은 아니다. 그건 세계 각국의 역사가 보여준다. 영화배우 출신 미국 레이건 대통령은 레이거노믹스라고 불리우는 시장주의 정책과 불법파업에 대한 단호한 대응으로 미국 경제의 호황을 만들어냈다. 정치인 출신 영국의 대처 수상도 과감한 민영화와 규제완화 등 친시장 정책으로 영국병을 고쳤다는 평가를 받았다. 독일 사회민주당의 슈뢰더 총리도 사민당의 전통적인 노선에서 벗어나 노동시장을 개혁하는 하르츠 개혁을 단행했다. 프랑스의 마크롱 대통령은 중도적 정책으로 프랑스의 오랜 국가주의적, 사민주의적 정책에 긍정적인 변화를 가져오고 있다. 레이건과 대처의 신자유주의 이후 양극화와 불평등이 심각한 문제로 대두되자 미국과 영국의 지도자들은 신자유주의의 폐해를 극복하고 양극화를 치유하는 데 노력을 했다.

우리나라에도 걸출한 경제 리더십이 있었다. 산업화로 오랜 가난을 극

새마을 運動

1. (1) 지금 全國 坊々曲々 에서 새마을運動 이 요원의 불길처럼 展開되고 있다 (지로도 大衆을 利用하기를 提唱)

나도 그동안 여러部落 을 찾아 가보고, 高速道 를 通過 해 볼때, 우리 農民들이 누구나 한번 잘살아 보겠다고 몸부림 치는 그모습을 보고 깊은 感銘을 받았다.

(2) 道知事以下 郡守, 郡長 其他 모든 一線 公務員들이 土曜日도 日曜日도 없이 잠바 바람에 밤낮을 가리지 않고 뛰어 다니면서 이들을 指導 하고 激勵 하면서도 지칠줄 모르고 보람을 느끼는 것도 우리農民들의 그 부지런 모습에 感動 되었기 때문이라고 생각한다.

(3) 確實히 이運動은 우리 農村社會 에서의 일어나고 있는 새바람 이요. 明朗하고 有望 이라고 본다.

우리 歷史上 過去 에도 이런 일은 없던 일이다.

대통령비서실

3. 새마을 運動 이란뭐냐. (意義. 槪念)

(1) 僑談 에 論語 를 읽느데 論語 의 뜻을 모르다 는말이 있다.

(2) 시멘트 와 鐵筋 가지고 橋梁짓고 다리놓는 것이다. 하는 ....

(3) 쉽게말 하자면 잘살기運動 이다.

(4) 어떻게 사는것이 잘사는 거냐.
○ 貧困脫皮.
○ 所得이 增大 되어 農村이 富裕 해지고, 보다더 餘裕있고 品位있고 文化的인 生活.

○ 이웃끼리 서로사랑하고 相扶相助 하고.

○ 안정하고 아름답고 살기좋은 내마을.

◎ 물론 오늘의 우리가 잘살 겠다는 것도 重要하기 하나 ...... 來日을 爲해서 우리의 子孫 하는 後孫 들을 爲해서 잘사는 내고장 을 만들 겠다는 데 보다더 큰 뜻이 있다 (새마을 運動이 위한 향상적인 民族 發展이라)

대통령비서실

4. 어떻게 해야 잘살수 있느냐 ?
(1) 方法은 다 알고 있다.
問題는 實踐 이다.

(2) 부지런 해야 잘산다.
(3) 自助 精神 이 强 해야.
(4) 온마을 사람의 協同精神 이 强해야.

혼자 부지런 해도 안된다. ── 온집안 食口 全部가 부지런 해야 하고,

한집 만 부지런 해도 안된다.
온洞里사람 全部 부지런 해야 한다.

온洞里사람 이 全部 부지런 하면 協同 도 잘 된다.

5. 協同의 原理.
(1) 協同의 生産性 ── 1+1 = 2+α
○ 能率 이 오른다.
例: 農繁作業, 堆肥, 지붕개량

○ 團結心 이 强 해진다.

○ 自信 이 생긴다.
1+1이 하면 얼마어마 한 힘 이 생기므로 自信이 생길 것

能率 ── 團結心 ── 自信

안되는 일이 없다.

대통령비서실

박정희 대통령의 메모
새마을운동 취지문 / 새마을운동의 개념과
추진방법이 담긴 박정희 대통령 친필 메모.

고속도로공사 관련 메모. 고속도로 건설에 따른 예산, 노폭, 공사기간, 건설장비, 건설자재 등을 꼼꼼하게 기록한 박정희 대통령 친필 메모.

출처 : 박정희 대통령 기념도서관

복한 박정희 대통령은 군인 출신이지만 경제에 관한 분명한 철학, 전략과 용인술을 갖춘 지도자였다. 포항제철(현 포스코), 울산·구미·창원·여수의 중화학공업, 경부고속도로, 새마을운동과 농어촌 근대화, 복지제도 도입 등 1960~70년대의 수많은 업적들은 박정희 대통령과 우수한 경제관료들, 그리고 무엇보다 성실하고 근면한 국민들이 만들어낸 합작품이다. 그 이후의 대통령들과 정권들은 박정희 정권이 만들어놓은 토대 위에 경제성장을 이루었으나 박정희 정권만큼의 경제적 성과를 내지 못했다. 군인 출신 박정희 대통령이 한강의 기적이라고 불리우는 경제성장을 이룩한 것은 놀라운 일이었다. 박정희 대통령의 깨알 같은 메모가 얼마나 구체적이고 세부적인지, 박정희 대통령이 등용한 관료들이 얼마나 열심히 일했는지를 보면, 대통령이 경제를 몰라도 된다고 단순히 말할 일은 아니다.

대통령이 경제를 잘 알면 다행이지만 경제를 잘 모른다고 해서 꼭 문제가 되는 것은 아니다. 그러나 대통령이면 최소한 우리 경제를 위해 무엇을 어떻게 하겠다는 것인지 그 생각만큼은 분명해야 한다. 그 생각이란 바로 시대의 문제를 해결하는 것, 즉 시대정신이고 문제를 해결해낼 국가전략이어야 한다. 박정희 시절의 시대정신은 가난을 극복하는 것이었고 올바른 전략으로 그 목표를 성취했다. 지금 대한민국에서 저성장, 저출산, 양극화의 문제를 반드시 해결하겠다는 철학과 전략이 없는 대통령을 갖는다는 것은 나라의 불행이다. 리더의 철학과 목표만 확고하다면 그것을 달성하는 전략과 전술은 용인술의 문제다.

대통령은 경제를 몰라도 사람만 잘 쓰면 된다? 맞는 말이다. 그러나 사람을 잘 쓴다는 것이 우리 정치현실에서 얼마나 어려운 일인지 알아야 한다. 어떤 사람들을 써야 하는지 정도를 판단하는 식견은 갖추어야 한다. 대한민국에는 경험과 지혜를 갖춘 유능한 인재가 많다. 관료, 학자, 기업가, 정치인 중에 나는 그런 아까운 인재들을 많이 봐왔다. 그러나 대선 때마다 여야를 막론하고 유력한 후보 캠프에 부나방처럼 모여드는 사람들을 대한민국의 인재라고 할 수는 없다. 대통령으로 당선된 사람이 흙 속의 진주를 찾아 탕평인사를 해야 하는 이유는, 국민통합도 중요하지만 더 중요한 이유는 대통령이 삼고초려를 해서라도 대한민국 최고의 인재를 등용해야 시대의 난제들을 해결할 수 있기 때문이다.

그러나 현실은 어떠한가? 대선이 끝나면 인수위부터 시작해서 총리, 부총리, 장·차관, 청와대 비서, 공기업과 공공기관 자리들은 대부분 선거캠프에서 뛰었던 사람들이 차지한다. 보수정당이든 진보정당이든 예외 없이 똑같았다. 미국의 관료제를 두고 엽관제라고 하지만 우리나라가 더 심한 엽관제 같다. 1987년 개헌 이후 5년마다 정권이 바뀌니 '선거 때 줄을 잘 서야 출세한다'는 생각이 관료들, 교수들 사이에 팽배해졌다. 현실이 이러니까 자기 분야에서 최선을 다하고 문제를 해결할 깊은 지식과 전문성을 갖춘 최고의 인재들이 발탁될 가능성은 거의 없다. 선거가 끝나고 캠프 인사들 중심으로 전리품을 나누듯이 공적 지위를 나눠먹기 하는 행태의 문제점은 무엇인가? 나라일이 이류, 삼류 아마추어들의 손에 맡겨진다는 것, 그리고 국가 정책이 진영논리에 더 깊이 매몰된다는 것이다. 이는 경제, 복지, 노동, 교육, 주택 분야 뿐만 아니라 외교안보, 국방, 의료, 문화예술 등 국정 모든 분야에 걸쳐 나타나는 현상이다. 또한 대통령이 진영을 뛰어넘어, 캠프를 뛰어넘어 진정한 에이스를 발탁하고 싶어도 사람을 보는 눈, 사람을 고르는 능력이 없으면 어려운 일이다. 인재를 알아보는 인재가 필요한 이유다. 경제를 몰라도 사람만 잘 쓰면 된다는 게 말만큼 쉽지 않다는 말이다.

현실정치에서 확고한 다수를 점유하고 있지 않는 한, 개혁은 진영간, 정당간의 협상과 합의를 통해 이루어질 수밖에 없다. 설사 선거로 압도적인 다수를 점유했더라도 소수의 목소리를 경청하는 것이 진정한 공화주의다. 개혁에 진지한 설득의 리더십이 필요한 이유다. 2015년 4월 내가 국회 대표연설의 제목을 "진영을 넘어 미래를 향한 합의의 정치를 합시다"라고 했던 것은 성장, 복지, 노동, 교육, 세금, 연금, 주택, 의료, 외교, 국방 등 국정의 가장 중요한 분야에서 미래를 위한 개혁을 하려면 진영의 울타리를 넘는 합의의 정치가 반드시 필요하기 때문이다. 중부담-중복지를 위해 증세를 해야 할 때, 국민연금, 공무원연금 등 지속가능한 연금을 위해 저부담-고급여 체계를 개혁해야 할 때, 국방력 강화를 위해 군복무 기간을 늘리고 국방예산을 증액해야 할 때, 이런 인기 없는 개혁을 무슨 수로 추진하겠는가. 정치인들이 이 개혁의 어려움을 회피하고 상대진영에 모든 부담을 떠넘기는 죄수의 딜레마 게임에 몰두하면 개혁은 어려울 것이다. 'statesmanship'을 발휘해야 한다. 진영을 넘는 합의의 정치를 하려면 대통령과 집권여당이 먼저 움직여서 야당을 설득하고 이익단체들을 설득해야 한다.

저성장, 저출산, 양극화로 나라의 미래가 폭풍 속으로 빨려 들어가는 지금, 포퓰리즘과 진영논리를 극복하고 개혁의 리더십을 발휘하는 것은 우리 정치의 숙제이고 집권세력의 숙제다. 이런 이야기를 그저 순진하다고 치부할 수 없는 증거는 우리보다 앞서간 선진국들이 보여주고 있지 않은가? 국가의 미래를 내다보면서 장기적 비전과 그림을 그리는 정치, 진영논리를 극복하고 상대진영과 이익집단들을 개혁에 동참하도록 설득할 수 있는 정치, 달콤한 포퓰리즘의 유혹에서 벗어나 국민들에게 더 나은 세상을 만들기 위해 고통분담을 호소할 수 있는 정치, 이런 정치를 우리는 해낼 수 있는가? 우리 국민들은 그런 정치를 민주적 선거로 선택할 수 있는가? 여기에 대한민국의 운명이 달려 있다.

경제와 안보는 따로 가지 않는다

이 책에서는 외교안보와 국방 이야기를 하지 않았다. 그러나 이 책을 쓰면서도 마음 한 구석에서는 국방과 정치에 관한 생각들이 자꾸만 떠올랐다. 저성장, 저출산, 양극화가 이 시대가 해결해야 할 과제임은 분명하다. 그러나 우리 힘으로 나라를 지킬 수 없다면 모든 게 헛일이다. 경제와 복지는 먹고 사는 문제이지만, 안보는 죽고 사는 문제다. 잘사느냐 못사느냐가 결국 그 나라 정치에 좌우되듯이, 국방이 강하냐 약하냐도 결국 그 나라 정치가 문제다. 그리고 강력한 방위력은 경제의 뒷받침 없이는 불가능하다. 그래서 국방과 정치에 관한 나의 생각을 언젠가는 꼭 써보고 싶다.

이 책을 마무리할 즈음에 러시아가 우크라이나를 침공했다. 북한이 소련과 중공을 등에 업고 남한을 침략한 한국전쟁, 일본이 조선을 침략한 임진왜란과 조선의 식민지화, 청나라가 조선을 침략한 병자호란, 나치 독일이 이웃나라들을 침략한 2차 세계대전과 조금도 다를 바 없는 침략전쟁이다. 오늘도 뉴스는 우크라이나 국민들의 눈물겨운 항전의 소식들이다. 국방력은 러시아에 비해 형편 없지만 애국심으로 똘똘 뭉친 우크라이나 국민들이 총을 들고 저항하는 모습은 가슴을 뜨겁게 한다. 그러나 언제까지 버틸 수 있을지 매일 걱정하는 마음으로 뉴스를 보게 된다.

우리 역사는 침략을 당하고 저항한 역사였다. 중국에게, 그리고 우리보

2017년 7사단 장병들과 함께

다 일찍 서구문명을 받아들인 일본에게도 당했다. 지금은 북한의 핵미사일을 머리에 이고 살고 있다.

경제와 안보는 따로 가지 않는다. 앞에서 인재와 교육이 신성장동력이라고 했듯이 외교안보도 경제다. 대한민국의 외교안보에서 가장 중요한 문제는 핵무기로 우리를 위협하는 북한이지만, 장기적으로 우리의 운명을 결정할 문제는 미·중 패권경쟁 사이에서 우리의 선택이다. 이미 시작된 미국과 중국의 패권경쟁이 초래할 위험은 우리 미래에 매우 중요한 변수다.

대한민국과 미국은 동맹이고 우리와 중국은 인접한 나라다. 역사적으로 미국은 광복, 정부 수립, 한국전쟁, 그리고 전쟁 이후 오늘날까지 대한민국의 안전보장과 경제적 번영에 가장 중요한 역할을 한 동맹국이다. 중국은 북한을 돕기 위해 한국전쟁에 개입하여 결정적으로 통일을 막은 후 오늘까지 북한과 특수하고 밀접한 관계를 유지하고 있다.

그러한 미·중 두 강대국이 지금 패권경쟁을 벌이고 있고, 앞으로 우리가 미·중 패권경쟁 사이에서 어떤 선택이든 선택을 회피할 방법은 없어 보인다. 1978년 중국이 개혁과 개방을 시작하고 1992년 한중수교 이후 지난 30여년 동안 우리는 '안보는 미국, 경제는 중국,' 즉, 안미경중安美經中의 길을 걸어왔으나, 이것이 얼마나 모래성처럼 취약한 것인지 주한미군의 사드 배치와 이에 대한 중국의 경제보복 때 우리는 실감했다.

미국과 중국의 패권경쟁이 갈수록 격화되는 21세기에 대한민국이 이 두 나라와 어떤 관계를 갖느냐는 21세기 대한민국의 운명을 좌우할 국가적 대사다. 안보와 경제는 국가를 지탱하는 두 기둥이다. 그리고 안보와 경제는 따로가 아니라 서로 밀접한 관계를 가지며 움직이고 있다. 미국과 중국 사이에서 우리의 선택에 미래의 운명이 달린 이유이다. 이슈별로 국가이익을 계산하여 입장을 정하면 된다는 기회주의적 양다리 전략은 자칫 양쪽 모두로부터 외면받을 위험을 갖는다. 미국이 바보가 아니고, 중국도 바보가 아니다. 한미동맹을 굳건히 하면서 중국에 대해 상호 국가이익과 평화를 지켜가는 외교를 할 수 있을까? 문재인 정부는, 2021년 바이든 미국 대통령과의 한미정상회담까지는 한미동맹이 위험에 처할 정도로 중국에 편향된 모습을 보여왔다. 문재인 대통령은 중국 방문에서 3不을 약속하였고 중국의 눈치를 보는 모습을 보여왔으며 그에 따라 한미동맹은 흔들렸다.

Build Back Better (더 나은 재건再建)

이 책을 쓰는 내내 코로나 위기가 2년 넘게 계속되었다. 코로나 위기는 일차적으로 생명과 보건의 문제이니 국민 건강을 지키는 것이 최우선이다. 그와 동시에 코로나 위기는 경제에 대해 엄청난 영향을 준다. 이는 이미 온 국민이 지난 2년의 경험을 통해 알고 있다. 코로나 위기는 저성장, 저출산, 양극화라는 시대의 과제와 직결된다. 코로나 위기는 이 세 가지 문제 모두에 부정적인 영향을 주고 있다. 당장 2020년의 성장률은 마이너스(-) 1.0%로 내려앉았다. 특히 식당, 술집, PC방, 노래방, 헬스장, 숙박, 관광, 항공 같은 대면 업종에는 치명적인 타격을 입혔다.

이처럼 코로나 위기가 성장에 미치는 영향은 업종에 따라서, 개인에 따라서 다르게 나타났다. 어떤 업종들, 어떤 사람들은 코로나 위기에도 불구하고 사정이 더 나아진 경우도 있었다. 반면에 대면 업종의 자영업자, 소상공인들처럼 코로나 위기 때문에 사업이 망하고 신용불량자, 실업자가 된 사람들도 많았다. 코로나 위기의 이러한 비대칭적 영향은 양극화를 더 심화시켰다. 나는 코로나 이후의 양극화를 알파벳 K처럼 격차가 더 벌어지는 'K자형 양극화'라고 명명하고, 코로나 위기 때문에 우리는 더 특별한 양극화 대책을 강구해야 한다고 주장해왔다. 코로나 위기로 결정적인 손실을 입은 사람들, 업종들에게 헌법이 정한 손실보상과 함께 복지의 강화를 주문해왔다.

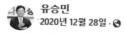

유승민
2020년 12월 28일 · 🌐

< K방역 홍보는 그만 두고, K양극화를 해결할 때다 >

문재인 정부 들어 빈곤층이 급격히 증가했다 (기초생활수급자+차상위계층).

보건복지부 통계에 따르면, 박근혜 정부 4년 2개월 동안 빈곤층은 198만명에서 216만명으로 18만명 늘어났는데, 문재인 정부 3년 6개월 동안 빈곤층은 216만명에서 272만명으로 무려 56만명이나 늘어난 것이다.

특히 코로나 사태로 서민층이 큰 고통을 받은 올해 들어서는 11월까지 빈곤층은 29만명이나 늘어났다.

박근혜 정부보다 문재인 정부에서 빈곤층 인구가 3배나 늘어난 것은 그만큼 양극화가 더 심해졌다는 증거다.

"양극화와 불평등을 해소하겠다"던 문재인 대통령의 약속은 거짓임이 드러났다.

입만 열면 '보수는 부자들을 위한 정권'이라고 매도했지만, 소위 '진보'정권에서 가난한 국민들이 3배나 늘어난 것이다.

코로나 위기 때문에 앞으로 'K양극화'(K자형 양극화)는 훨씬 더 심각한 문제가 될 것이다.

자영업자의 폐업과 저임금노동자의 실업으로 빈곤층으로 추락하는 사람들은 더 늘어날 것이다.

이럴 때일수록 우리는 복지의 철학과 원리를 충실하게 지켜야 한다.

'국민의 세금으로 국가의 도움이 꼭 필요한 어려운 이웃들을 돕는다'는 단순하고 상식적인 원칙을 지키면 된다.

오로지 표만 의식해서 전 국민에게 '보편적으로' 똑 같이 돈을 주자고 주장하는 정치인들은 그들의 주장이 얼마나 비인간적이고, 불공정하고, 정의롭지 못한 악성 포퓰리즘인지를 깨닫고 반성해야 한다.

인간의 존엄과 가치, 인간다운 생활을 할 권리... 이는 헌법 10조와 34조가 보장하는 공화주의의 가치들이다.

국민들을 비참한 가난의 질곡에 빠트린 문재인 정권은 사이비 진보정권일 뿐이다.

K방역으로 더 이상 국민을 속이지 말라.

K방역 홍보는 이제 그만 두고, 빨리 백신을 구해서 코로나의 탈출구를 찾아야 한다.

그리고 이제는 K양극화 해소에 나서야 한다.

우리 야당이라도 복지의 철학과 원리, 그리고 공화주의의 헌법가치에 충실할 때 비로소 정권교체의 길이 열릴 것이다.

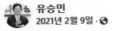 유승민
2021년 2월 9일 · ⊙

< K양극화 이후 'K복지' 구상에 대하여 >

코로나 이후 양극화, 불평등은 더 심화될 것이다.
대면 서비스업, 자영업자와 소상공인, 저임금노동자, 청년실업자, 여성 등이 가장 큰 피해를 입고 있다.

코로나 이후의 소득격차와 빈부격차는 K자형으로 전개된다.
K양극화에 대처하는 복지정책, 즉 'K-복지'를 새로 설계하고 정책으로 만들 때다.

K-복지에서 가장 중요한 원칙은, "어떤 국민도 뒤쳐지지 않도록 (No people left behind)"
사회안전망의 사각지대를 없애고 복지와 일자리의 안전망을 튼튼하게 만드는 일이다.
이렇게 해야 고통받는 국민들께서 삶을 포기하지 않고 희망을 가질 수 있다.

그런 점에서 기본소득을 둘러싼 지금의 논쟁은 하루 빨리 결론을 내려야 한다.

K양극화에 대처하는 K복지에서 기본소득은 가능하지도 않고 바람직하지도 않다.
기본소득은 K양극화 해소에 아무 도움이 되지 않기 때문이다.
월소득 100만원인 저소득층과 1,000만원인 고소득층에게 똑같은 기본소득을 지급하는 것은 공정과 정의에 반하며 소비촉진효과도 부족하다.
이재명지사는 기본소득 구상을 접고 K복지 구상을 내실있게 설계하는 데 동참하기를 바란다.

이지사가 내가 오랫동안 주창해온 중부담-중복지를 말한 점은 환영한다.
다만 중부담-중복지를 하더라도, 그 정책방향은 K양극화를 해소하는 K복지의 원칙에 부합해야만 한다.

기본소득을 포함하여 K-복지 논쟁이 우리 정치권 전체의 건설적이고 생산적인 토론이 되기를 기대한다.
K양극화를 해소하고 우리 경제를 다시 살리는 방법에 대한 토론이라면, 나는 이지사를 포함해서 누구와도 토론할 용의가 있다.
그리고 우리 사회의 토론이 K-복지에만 국한될 것이 아니라, 코로나 이후 한국경제의 새로운 성장모델에 대해서도 활발하게 이루어지길 기대한다.

코로나 위기는 저출산에도 뚜렷한 부정적 영향을 주고 있다. 2019년 0.92명이던 합계출산율은 2021년 0.81명으로 줄어들었을 뿐 아니라 혼인 건수는 2019년의 23만 9,200건에서 2021년 19만 2,500건으로 급속히 줄어들었고, 혼인 건수의 급감은 앞으로 합계출산율에 두고 두고 마이너스 영향을 미치게 될 것이다. 특히 2020년 이후 집값과 전월세의 급등 현상과 실업율 증가는 혼인과 출산에 더 치명적인 타격을 준 것으로 보인다.

코로나 위기는 기업들의 정상적인 구조조정에도 영향을 미쳤다. 코로나 위기 초기인 2020년 초 주식시장은 폭락했으나 그 후 유동성이 늘어나고 기대심리가 호전되면서 주식시장이 상승세로 돌아섰다. 〈그림 25〉에서 보듯이 유동성 공급 증대로 주식시장이 호전되자 초우량기업과 좀비기업의 차이가 시장에서 구별되지 않은 채 좀비기업들의 주가도 덩달아 올라가면서 기업구조조정이 지연되는 효과가 나타났다. 그림의 좀비기업은 2017~2019년 3년 연속 이자보상배율이 1.0배 미만인 84개 기업이고, 초우량기업은 이자보상배율이 23.1배 이상인 84개 기업이다. 2020년 9월 이후 6개월마다 대출 만기연장을 반복함에 따라 부실기업과 정상기업의 구분이 주식시장에서 작동하지 않고 있다. 특히 2021년 3월 이후 좀비기업의 주가가 초우량기업의 주가를 뛰어넘는 이해하기 힘든

〈그림 25〉 초우량기업과 좀비기업의 주가지수(2020년 1월 20일 ~ 2022년 5월 9일)

출처 : 김준경, "The Economic and Financial Impacts of the COVID-19 Pandemic," 미발간논문. KDI 국제정책대학원, 2022년.

현상이 나타났다. 구조조정이 지연되면서 그 부담은 코로나 위기 이후 좀비기업들의 대량도산 위험으로 이어질 수 있기 때문에 정책당국으로서는 이 부분을 매우 주의 깊게 봐야 할 것이다.

코로나 위기는 모든 나라, 모든 정부에게 "코로나 이후를 어떻게 준비할 것이냐?"라는 과제를 던졌다. 각국 정부들, OECD와 같은 국제기구들, 그리고 많은 전문가들은 '더 나은 재건Build Back Better'의 개념에 주목하고 있다. 즉, 단순히 코로나 위기 이전의 세상으로 돌아가는 것이 목표가 아니라, 이전보다 더 나은 세상을 어떻게 만들어 갈 것이냐가 목표가 되어야 한다는 뜻이다. 코로나 위기가 이미 사람들의 생활방식, 노동양식, 새로운 산업의 출현, 교육현장 등에 엄청난 변화를 초래하고 있고, 인터넷과 ICT기술에 대한 의존도도 급격히 올라가고 있고, 의료 등 사람의 노동력이 필수적인 분야의 중요성을 새롭게 인식하는 계기를 주었다. 이러한 모든 변화는 정책에도 근본적인 변화를 요구하고 있다.

에필로그

한 번 사는 인생…

  사람의 병은 유전에 기인하기도 하고, 스트레스, 과로, 술·담배, 음식
등 후천적으로 얻는 병도 있다. 유학을 마치고 KDI에서 밤새워 일할 때
잇몸 여기저기가 붓고 피가 나기 시작하더니 정치에 들어온 이후 치아가
본격적으로 빠지기 시작했다. 심한 치주염, 풍치라고 했다. 부모님이 주
신 치아는 이제 몇 개 없고 대부분 임플란트한 치아로 살고 있다. 내가 다
니는 치과 의사선생께 정말 고마운 것은 그 분의 임플란트 실력이 없었다
면 오래 전부터 아버지처럼 불편한 틀니로 살았을 것이다.

  평생을 불교에 심취하신 어머니가 윤회를 정말 믿으시는지 여쭤보진
않았지만 늘 궁금했다. 인생에 대한 고민이 싹트기 시작한 이래 지금까지
인생은 그냥 딱 한 번 사는 것이라고 심플하게 생각해왔다. 누구에게나
공평한 딱 한 번의 기회, 그러나 어느 나라, 어느 부모 밑에서 태어나느냐
라는 천부적 로또에 따라 한 번 사는 생이 참 불공평할 수도 있는 게 우리
네 인생이다.

  한 번 사는 생에서 경제학자와 정치인, 이 두 가지 일을 해본 것에 참
감사한 마음이다. 그게 가능했던 것은 나 자신의 노력보다 운이 많이 따
랐던 것 같다. 경제와 정치, 두개의 일을 하면서 가슴으로 느꼈던 것은 나
자신이 세상에 대해, 타인에 대해, 사람에 대해 더 깊이 생각하게 되고 조
금씩 알게 되어가는 것이었다. 예순이 넘은 지금도 부족한 게 많지만, 이
경험과 배움의 과정은 한 인간으로서 겪는 성숙의 과정이었다. 이기적이

아닌 사람이 어디 있겠는가? 인간의 본성이 착한지 악한지 단정해본 적은 없다. 그런데 삶을 살아가면서 이 시대를 같이 살아가는 누군가에 대해, 앞서 살아간 분들에 대해, 그리고 내가 죽고도 계속 살아갈 사람들에 대해, 그들의 삶과 운명을 걱정하는 마음의 습관이 길러진 것도 다행으로 생각한다.

풍등에 희망을...

경제학자의 길을 그만 두고 정치를 시작했을 때의 초심은 먹고 사는 문제를 내 손으로 해결하겠다는 것이었다. 아직 미완의 숙제다. 그러나 세상의 참과 거짓 사이에서 희미하지만 분명한 길이 보이는 것 같다. 경제학자로만 평생을 보냈더라면 배우지 못했을 살아 있는 깨우침을 정치를

여러분의 사랑, 평생 잊지 않겠습니다!

2005-2020년 동구을 **국회의원 유승민** 올림

하면서 많이 배웠다. 사람에 대한 이해, 그리고 공동체에 대한 애정이다. 국회의원 16년 동안 지역구였던 대구 동구을의 불로시장, 반야월시장, 방촌시장, 공항시장에는 나를 끊임없이 일깨워준 분들이 계셨다. 사실 전국에 그런 분들이 수없이 계셨다. 그 분들 삶의 이야기를 들으면 일자리, 복지, 세금, 연금, 의료, 주택, 교육, 군대, 경찰과 검찰, 법원 얘기가 그저 책에 나오는 얘기가 아니라 나의, 우리 모두의 이야기로 다가왔다. 내가 자유시장경제만 외치는 경제학자가 아닌 것을 참으로 감사하게 생각한다. 따뜻한 공동체, 정의로운 세상을 만들기 위한 따뜻하고 정의로운 개

혁보수를 외치게 된 것도 그 분들 덕분이다. 우리 정치가 변해야만 이 분들이 행복해진다는 것도 배웠다. 책에서 배운 게 아니라 거리에서 배운 거라 그 배움은 오랫동안 변하지 않는 생각이 되었다. 2020년 5월 국회의원 4선, 16년 동안 정들었던 지역구를 떠나며 페이스북에 이렇게 썼다. "국회의원에게 지역구란, 엄한 아버지이자 따뜻한 어머니 품과 같은 곳입니다."

야수의 본능으로...

1983년 가을 위스콘신에서 미시경제학을 가르쳤던 존 러스트 교수는 수업시간에 "야수의 본능brutal instinct으로 부딪쳐라"고 했다. MIT대에서 경제학 박사를 받고 갓 강단에 선 신참 교수가 학문적, 과학적인 얘기 대신 야수의 본능을 얘기하다니... 다른 학생들은 다들 농담으로 생각하고 웃었지만 공부가 어려워 고생하던 나에게는 그 말이 가슴에 꽂혔다. 그 후 어려운 선택과 마주한 인생의 기로에 설 때마다 나는 머릿속 계산기를 두드리는 대신 내가 들판의 야수였다면 어느 길로 갔을까를 생각했다. 들판의 야수가 무슨 계산을 복잡하게 하진 않을 것이다. 야수는 본능에 충실할 것이다. 나는 내면의 본능이 무엇을 말하는지 들으려고 했다. 그렇게 선택을 거듭해왔고 후회가 되는 일은 별로 없다. 내면의 소리가 들리면 거기에 충실히 따랐기 때문이 아닌가 싶다.

5년 전 바른정당 대선후보로 출마하면서 정치 입문 후 처음으로 책을 썼다. 책 제목이 『나는 왜 정치를 하는가』였다. 거창한 정치철학 질문을 하려는 게 아니었다. 정치가 괴로웠기 때문이다. 어렸을 때부터 아니다 싶으면 아니라고 하고 살아서 막상 정치를 해보니 적성에 잘 맞는 건 아

2017년 대선, 고려대학교 앞

니었다. 그리 살아오지 않았기에 입에서 한 번 나간 말을 뒤집기는 괴로웠고, 생각과 다른 선택을 하기도 괴로웠다. 그래서 정치를 하는 이유를 매일 생각하고 되새겨야만 자신을 설득하고 이 판에서 견딜 수 있었다. 막스 베버Max Weber의 『직업으로서의 정치』, 『직업으로서의 학문』은 대학생 때에는 무슨 소리를 하는지 이해가 안 되었지만, 학문을 하고 정치를 하고 나서 읽으니 공감할 대목이 참 많았다.

젊은이들을 만나서 대화할 때가 많았다. 젊은이들이 가상화폐, 주식, 집값, 취업, 입시, 군대, 남녀갈등 같은 질문을 하면 평소 생각대로 답을 했지만, 정치가 무엇인지, 왜 정치를 하는지, 우리 정치는 왜 이 모양인지를 물어오면 답하기가 참 갑갑했다. 그리고 어떻게 사는 게 잘사는 인생인지 물어올 때에는 그 젊은이의 단 한 번뿐인 소중한 인생에 내 말이 혹시 피해라도 주지나 않을까 걱정되었다. 정치에 관한 질문에 나는 헌법가치, 공화주의, 그리고 프란치스코 교황님의 말씀을 많이 얘기해왔다. 특

2022년 4월 경기도 부천 경청(경기도 청년을 경청하다)

히 아르헨티나 빈민촌의 사제 출신인 교황님이 더러운 정치에 대해 부여한 숭고한 말씀은 정말 감동적이라 젊은이들에게 꼭 소개하고 싶었다. 따뜻한 공동체가 무엇인지, 자유 평등 공정 정의 같은 헌법가치들이 왜 소중한지를 얘기해왔다. 그리고 보수와 진보가 어떻게 다르며 어떤 경쟁을 해야 나라가 발전할 수 있는지 얘기해왔다.

젊은이들에게 내가 가장 힘주어 강조했던 것은 "당신들이 아무리 정치를 욕해도 결국 세상을 바꾸는 힘은 정치다. 그러니까 당신들의 소중한 한 표를 결코 헛되이 던지지 마라"는 말이었다. 앨버트 허시먼Albert O. Hirschman의 *Exit, Voice, and Loyalty: Responses to Decline in Firms, Organizations, and States*를 인용하면서, "아무리 정치가 혐오스럽더라도 그냥 떠나지exit 말고 목소리voice를 내야 세상을 바꿀 수 있다. 왜냐하면 그 혐오스러운 정치인들이 바로 여러분이 선출한 사람들이기 때문"이라는 말도 많이 했었다.

"I made a difference to that one." 바닷가에서 파도에 휩쓸려 해변으로 밀려나온 수많은 불가사리들을 하나씩 바다로 다시 던져주던 소년이 한 말이다. 해변에 밀려온 불가사리들은 수도 없이 많은데 그렇게 한 마리씩 바다로 던져준들 그게 무슨 의미가 있느냐는 행인의 핀잔에 소년이 한 말이다. "저 불가사리에게는 의미가 있다." (Loren Eiseley, *The Star Thrower*, 1969년)

누군가가 자신의 자리에서, 야수의 본능으로, 세상과 부딪치면서 조금씩 세상은 바꾸려고 애쓸 때, 그런 몸짓과 마음들이 모이면 언젠가 세상은 크게 바뀌어 있을 것이다. 그냥 편하게만 사는 인생에 무슨 감동이 있겠나.

이제 젊은이 여러분에게 나의 오랜 길잡이였던 '야수의 본능'을 권하고 싶다. 디즈니 영화 '미녀와 야수Beauty and the Beast'에 나오는 야수처럼 야수라는 말이 여러분에게 친근하길 바란다. 내가 권하고 싶은 야수의 본능이란, 여러분이 어려운 처지에 빠져 어쩔 줄 모르고 막막할 때, 들판에 홀로 버려져서 옆에 아무도 없고 외로울 때, 내 몸 안에 있는 거친 짐승 같은 야수의 본능을 불러내어 그에게 인생의 길을 물어보라는 것이다. 여러분을 인도하는 길잡이는 때로는 다른 어느 누구의 조언보다도 여러분 내면의 원초적이고 본능적인 갈망이라고 말하고 싶다. 그건 자신을 사랑하는 방법이며, 단 한 번의 인생을 후회 없이 내가 원하는 대로 살고 내가 책임지는 방법이기도 하다.

야수의 본능으로 세상에 부딪쳐보자!

'천안함 46용사' 故 민평기 상사의 어머니, 조카와 함께

거리에서 만난 예비유권자

여의도공원에서 젊은이들과

대학생들과의 대화

포항 형산강 너머 포스코의 고로

22사단 병사들과 1월 1일 동해 일출

6·25 참전 소년병 용사들과 함께

야수의 본능으로 부딪쳐라

초판 1쇄 2022년 5월 27일
   2쇄 2022년 6월 15일
   3쇄 2022년 6월 22일
   4쇄 2022년 7월 20일
   5쇄 2022년 8월 24일

지은이 유승민

펴낸곳 도서출판 나루
주소 포항시 북구 우창동로 80
등록번호 제504-2015-000014호
페이스북 www.facebook.com/narubooks
ISBN 979-11-978559-1-7 03300